RECHERCHES

SUR

LES MODIFICATIONS

DE L'ATMOSPHÈRE,

CONTENANT l'Histoire critique du Baromètre &
du Thermomètre, un Traité sur la construction de
ces Instrumens, des Expériences relatives à leurs
usages, & principalement à la *mesure* des *Hauteurs*
& à la correction des *Réfractions moyennes;*

AVEC FIGURES:

DÉDIÉES

A MM. de l'Académie Royale des Sciences de Paris.

Par J. A. DE LUC, Citoyen de Genève. Correspondant des
Académies Royales des Sciences de Paris & de Montpellier.

NOUVELLE EDITION.

TOME TROISIEME.

Sunt aliquot quoque res, quar.m unam discere causam
Non satis est.

LUCRET. De naturâ rerum, Lib. VI.

A PARIS,

Chez la Veuve DUCHESNE, Libraire, rue Saint Jacques.

M. DCC. LXXXIV.

Avec Approbation & Privilége du Roi.

TABLE
DES CHAPITRES
CONTENUS
DANS LE TROISIEME VOLUME,
ET DE LEURS DIVISIONS,
TROISIEME PARTIE.

Préparatifs pour de nouvelles Expériences du Baromètre.

QUATRIEME PARTIE

*Expériences & recherches sur les moyens de con-
noître la densité de l'Air en tout tems & en tout
lieu, & d'appliquer cette connoissance à la
mesure des Hauteurs par le Baromètre.*

est échauffé par le *Soleil*. Manière d'en conſtruire qui ſoient propres à cet uſage. ... 79

TROISIEME

TROISIÈME PARTIE.

PRÉPARATIFS

POUR DE NOUVELLES EXPÉRIENCES

DU BAROMÈTRE.

CHAPITRE PREMIER.

DESCRIPTION *des Instrumens employés aux Observations qui servent de fondement à cet Ouvrage.*

459. JE crois avoir démontré que les expériences qu'on a faites jusqu'à présent sur le *poids de l'air*, n'ont pu donner des résultats ni exacts, ni uniformes à cause des défauts des instrumens qu'on y a employés : & que par conséquent aucune des règles qu'on a données jusqu'ici pour connoître la hauteur des lieux par le moyen du Baromètre, ne peut être regardée comme générale : elles ne sont toutes que l'expression de quelques cas particuliers. On le comprendra mieux encore dans la suite de cet ouvrage. Mais puisque le manque de

Le manque de bons instrumens a été nuisible aux expériences sur le *poids de l'air*.

Nécessité des détails dans les descriptions.

bons inſtrumens eſt la principale cauſe des erreurs dans leſquelles on eſt tombé , & qui ont excité une juſte défiance chez les Phyſiciens ſur tout ce qui tient à cet objet ; je n'aurois aucun droit à leur confiance , ſi je ne détaillois avec ſoin les précautions que j'ai priſes pour me mettre à l'abri de l'erreur.

Ceci annonce quelques détails dans la deſcription de mes inſtrumens ; mais j'eſpère que ces détails ne ſeront point regardés comme inutiles par ceux que la matière intéreſſe. Il n'eſt peut-être rien de plus contraire aux progrès de la bonne Phyſique , que des expériences indiquées ſuperficiellement. Celui qui veut être exact dans ſes deſcriptions , quitte ſouvent le cabinet pour rentrer dans l'attelier ; les réſultats vagues ne le contentent pas ; il répète ſes expériences ; & , ſe ſatisfaiſant ainſi lui-même , il évite de jetter les autres dans l'erreur ou dans le pyrrhoniſme. Je chercherai donc à être exact dans mes deſcriptions , au riſque de quelques détails ſuperflus : je commencerai par la deſcription de deux premiers Baromètres portatifs , pour faire connoître des propriétés du mercure qui peuvent n'avoir pas été obſervées.

Première tentative pour contenir le mercure
dans le Baromètre.

Deſcription d'un Barom. où le mercure étoit contenu par un reſſort.

460. La *Fig.* 1ʳᵉ. de la *Planche* II , repréſente une boîte d'ivoire dont la cavité renferme pluſieurs pièces. Cette boîte ſervoit de réſervoir à un Baromètre. Une ouverture quarrée , garnie d'une glace , permettoit d'obſerver la

hauteur du mercure ; on voit une partie de cette espèce de fenêtre au-devant de la boîte ; mais comme son ouverture ne suffit pas pour découvrir l'intérieur, j'ai supposé que la boîte est coupée d'un côté & par le bas, relativement à cette ouverture.

Le fond de la boîte étoit percé d'un trou rond dans lequel entroit un tuyau d'ivoire : le bout ouvert de la petite branche du tube de verre étoit collé dans ce tuyau, & communiquoit ainsi avec le réservoir. Le couvercle de cette boëte fermoit exactement à vis : il étoit percé d'un trou par lequel on introduisoit du mercure lorsqu'il étoit nécessaire. On fermoit ce trou avec une cheville d'acier, quand le Baromètre n'étoit pas en expérience.

Une petite échelle d'une ligne de largeur, posée sur la glace, servoit à indiquer la hauteur du mercure dans le réservoir. Lorsque le tube étoit rempli pour le transport, on pouvoit ôter l'excédent du mercure, en tirant une cheville placée au bas de la boîte.

L'extrémité inférieure du tube, coupée bien net, passoit, comme je l'ai dit, au travers du petit cylindre d'ivoire, & venoit aboutir précisément à niveau du fond de la boîte. Une soupape d'acier, garnie par-dessous d'une peau mince, s'appliquoit exactement sur l'ouverture du tube. Cette soupape étoit pressée par un ressort fixé dans le haut de la boîte. La résistance occasionnée par le frottement de cette cheville dans son trou, suffisoit pour contenir le ressort. Le côté de la soupape, opposé à la charnière, portoit une espèce de fourchette qui

embraſſoit une petite cheville fixée dans l'i-
voire; ce qui empêchoit la ſoupape de ſe mou-
voir latéralement ; en ſorte que le *mammelon*
qui ſe formoit ſur la peau comprimée à l'orifice
du tube , ſe préſentoit toujours de la même
manière à cet orifice , & ſervoit comme de
bouchon.

Lorſqu'on mettoit le Baromètre en expérience , la ſoupape étoit ouverte. Quand on
vouloit le tranſporter , on faiſoit rentrer le
mercure dans le tube en l'inclinant : on tour-
noit alors la cheville ; la ſoupape s'abaiſſoit , &
le reſſort l'appliquoit ſur le trou avec aſſez de
force pour contenir le mercure.

461. Cette machine fit d'abord très-bien ſes
fonctions : mais peu de tems après , le reſſort
ſe caſſa. J'en ſubſtituai un ſecond , un troiſième ,
& juſqu'à ſix , qui tous eurent le même ſort.
J'aurois été plus loin peut-être , penſant toujours que ces accidens provenoient de quelque
défectuoſité de l'acier ; mais heureuſement , le
dernier reſſort fut fait dans un tems où mes occupations ne me permirent pas d'aller en campagne ; ce qui fit que le réſervoir reſta quelque
tems ſans mercure. Ce reſſort faiſoit très-bien
ſes fonctions , & je croyois avoir atteint mon
but ; mais dès la première fois que je fis uſage
de la machine , & que , pour cet effet , je mis
du mercure dans la boîte d'ivoire , le reſſort
ſe rompit. Je commençai alors à ſoupçonner
que le mercure étoit la cauſe de ces accidens.
Je remarquai que tous mes reſſorts étoient rom-
pus à l'un des plis que le mercure couvroit pendant les expériences ; j'examinai la fracture du

sixième , & je vis que le mercure y étoit attaché. Il me paroît donc certain que les ressorts ,
plongés dans le mercure , ne peuvent y être
fortement bandés , sans risque de se rompre.

Seconde tentative pour contenir le mercure dans le
Baromètre.

462. Ne pouvant plus confier aux ressorts la
compression de la soupape , il fallut chercher
quelqu'autre agent. J'employai , pour cet effet ,
la machine représentée par la *Fig.* 2. *Planche* II ;
elle est semblable pour l'extérieur , à celle dont
je viens de donner la description ; la soupape
est à-peu-près de même ; seulement elle est
plus épaisse , & dans une position différente.
Cette soupape tend toujours à s'ouvrir , par
l'effort d'un ressort presque circulaire , monté
sur deux longues jambes , & fixé par deux vis
aux côtés de la charnière. Ce ressort forme à
son extrémité opposée aux jambes , une espèce
d'anse qui s'abaisse & passe par-dessous la fourchette de la soupape. Je l'ai élevé de cette manière , pour qu'il soit hors du mercure , lorsqu'il est bandé ; c'est-à-dire , quand le mercure
est rentré dans le tube du Baromètre , & que la
soupape est fermée.

J'ai substitué à la cheville d'acier , qui élevoit
la soupape par le moyen de la chaîne (*Fig.* 1.) ,
une autre cheville à-peu-près semblable : elle
porte à son extrémité intérieure une autre
pièce d'acier , qui , dans une partie de son con-
tour, est une portion de spirale. La cheville passe
au-dessus de la soupape, dans une direction qui

A iij

coupe à angle droit la ligne tirée de la charnière à la fourchette ; & le plan de la portion
de spirale s'élève au-dessus de cette dernière
ligne.

Il est aisé maintenant de voir l'effet de cette
machine. Quand elle est dans la situation représentée par la *Figure*, la soupape est fermée.
Mais en faisant tourner la cheville dans le sens
nécessaire, il se présente successivement au-dessus de la soupape, des parties de la courbe,
qui se rapprochent du centre : ce qui permet au
ressort de soulever la soupape. Cette machine
agit donc par une force semblable à celle du
coin ; elle comprime la soupape si fortement
que, pour empêcher l'effet de sa réaction, j'ai
été obligé de faire passer la cheville dans une
pièce quarrée d'ivoire, enchâssée solidement
dans l'épaisseur de la boîte.

Le mercure fait rouiller l'acier. 463. Je me suis servi de ce Baromètre pour
mes premières expériences, mais il s'est trouvé
sujet à un inconvénient que je n'avois pas eu
le tems d'appercevoir dans la première construction : c'est que toutes les pièces d'acier se
couvroient de rouille, pour peu qu'elles séjour-
nassent dans le mercure (*a*) ; ce qui le salissoit
tellement, que ses bords n'étoient plus assez
décidés, pour juger précisément de sa hauteur
dans le réservoir. Je me vis donc obligé, après
cette nouvelle épreuve, d'abandonner absolument tout métal pour contenir le mercure

---

(*a*) J'ai trouvé la même observation dans un Mémoire
de M. *Lister*, dont j'ai fait mention ci-devant (128).

dans le Baromètre. J'ai cru qu'il ne feroit pas inutile de rapporter ces deux tentatives, pour épargner de la peine à ceux qui voudroient employer quelque moyen de même espèce, ou conftruire quelqu'autre machine analogue.

Baromètre portatif.

Je me propofois de paffer un vernis fur les pièces de mon fecond Baromètre, pour effayer de les mettre à l'abri de la rouille ; lorfque je découvris par mes expériences, que les réfervoirs formoient un obftacle à l'uniformité de hauteur du mercure. J'abandonnai alors cette conftruction, pour en chercher une, qui put convenir à un tuyau fimplement recourbé. J'ai réuffi ; & ce troifième Baromètre, avec lequel j'ai fait mes principales expériences, fubfifte depuis douze ans, fans que j'y aie découvert aucun défaut. C'eft celui que je vais décrire, avec toutes les pièces qui l'accompagnent. Je l'ai repréfentai dans la *Fig.* 3.e de la *Planche* II : toutes fes parties font réduites fur une *échelle* de 4 lignes pour un pouce ; en forte qu'on pourra connoître leur grandeur naturelle, en triplant les dimenfions de la *figure*.

464. La boîte qui le renferme eft d'une pièce de *fapin* dont les fibres font ferrées & droites. J'ai déjà eu occafion de dire que le *fapin* eft celui de tous les bois, fur lequel la chaleur & l'humidité influent le moins dans le fens de fa longueur. La pièce du fond de la boîte a un pouce d'épaiffeur ; tant pour lui donner de la

De la boîte du Baromètre portatif. Elle doit être de fapin.

A iv

folidité, qu'afin de pouvoir y enchâffer diverfes pièces. Les côtés ont environ 5 lignes d'épaiffeur ; ils s'attachent à la pièce du fond par des vis, afin de pouvoir les ôter quand il eft néceffaire. Les pièces qui ferment le haut & le bas font de même épaiffeur, & garnies l'une & l'autre d'un couffinet de coton couvert de cuir, qui fert à diminuer l'effet des chocs. La porte a 4 lignes d'épaiffeur : elle tourne fur trois charnières, & fe ferme par autant de crochets. Elle fert non-feulement à renfermer toute la machine, mais encore à l'empêcher de fe courber par l'humidité & par la chaleur, auxquelles elle eft fouvent expofée.

Au travers du couffinet fupérieur, paffe une boucle deftinée à fufpendre la machine. J'ai fait cette boucle avec une *corde filée* de violoncelle : elle a tout l'avantage du métal pour ne pas s'ufer ; mais elle eft préférable, parce qu'elle embraffe mieux le clou, ou tel autre corps auquel on fufpend la machine.

Dimenfions des tubes.

465. Le tube qui fert au Baromètre eft fait de deux pièces : l'une de 34 pouces, outre la courbure d'en bas ; & l'autre de 8 pouces : elles communiquent l'une à l'autre, au travers d'un *robinet.*

Manière de les fixer à la boîte.

Comme les Baromètres, deftinés à fervir fur les montagnes, font fujets à beaucoup d'accidens ; il faut prendre bien des précautions pour les conferver. L'une des principales confifte à fixer le tube de manière qu'il puiffe réfifter aux contrecoups & aux ébranlemens occafionnés par des chocs prefqu'inévitables.

Voici une méthode dont j'ai reconnu l'avantage , par des expériences tant accidentelles que faites à dessein.

Je fais à la planche du fond de la boîte une rainure , dont la largeur est telle , que le tube y entre juste étant enveloppé d'un papier fort , & dont la profondeur est à-peu-près égale à la largeur. Cette rainure doit être faite avec un *bouvet*, afin que ses bords étant droits & tranchans , les divisions puissent s'appliquer exactement au tube.

Le fond de la boîte est couvert d'un beau papier , sur lequel on trace les divisions. Ce papier, qui doit être fort , est aussi destiné à soutenir le tube. Pour cet effet , après avoir enduit de colle le côté du papier qui doit s'appliquer au bois , il faut l'y étendre , & le rendre adhérent sur toute l'étendue du plus grand côté du fond de la boîte. Il convient de l'appliquer aussi, mais plus légèrement , de l'autre côté ; afin qu'il puisse céder en glissant sur le bois. Il faut alors poser le tube sur la rainure , & l'enfoncer précisément à moitié : si l'on passoit au-delà , les divisions ne s'appliqueroient plus au tube. En le pressant de cette manière , il entraîne le papier avec lui dans la rainure , & il s'y moule exactement. Pour retenir le tube dans cette rainure , je me sers de fil de cuivre rouge , recouvert de soie , dont je tords fortement les bouts ; ce que sa souplesse permet , sans risque pour le verre.

L'avantage de cette précaution consiste en ce que , si la boîte tombe sur son fond , toutes les parties du tube pressent également le papier ;

& par ce moyen, leur mouvement étant arrêté dans le même tems, elles ne tendent point à se séparer. Le papier arrête auffi le frémiffement du verre dans les chûtes en avant ; & comme les liens de fil de cuivre font à peu de diftance les uns des autres, il faudroit un choc bien violent pour que le tube pût fe rompre.

Defcription d'un Robinet *pour le* Baromètre portatif.

Difficultés dans la conftruction d'un robinet pour contenir le mercure.

466. Le Baromètre, comme je l'ai dit, eft compofé de deux tubes, qui communiquent l'un à l'autre, par le moyen d'un *robinet*. J'ai fubftitué cette pièce à celles que repréfentent les *Fig.* 1 & 2, qui fervoient à contenir le mercure dans le Baromètre, quand on vouloit le tranfporter.

Je crus d'abord qu'un fimple *robinet* d'ivoire, bien exécuté, fuffiroit pour empêcher la fortie du mercure ; & ne voulant rien négliger pour l'avoir auffi parfait qu'il étoit poffible, j'en donnai la commiffion à un très-habile tourneur de Paris. Il me fit payer bien chèrement deux de ces pièces, où l'on ne pouvoit rien defirer pour la perfection du travail ; & cependant elles laiffoient échapper le mercure aux moindres fecouffes que recevoit le Baromètre.

La clef de ce robinet doit être de liége.

467. Je compris par-là qu'il falloit que la pièce intérieure du *robinet* fût de quelque matière compreffible, qui pût fe prêter à toutes les inégalités du trou. Le liége me parut propre à cet ufage : je dirai bientôt comment je vins à bout de le façonner.

On voit dans la *Fig.* 4 le *robinet* en partie demonté, & de grandeur naturelle. Il eſt compoſé de deux petits cylindres d'ivoire *a*, *b*, percés dans leur longueur d'un trou, dont le diamètre doit être tel, que le tube y paſſe avec facilité ; & d'une pièce d'ivoire quarrée *c*, qu'on voit ici de côté, & en face dans la *Fig.* 3. Cette pièce a 13 lignes de longueur, & autant de largeur, ſur 9 lignes d'épaiſſeur. Elle eſt percée de deux trous : l'un eſt au milieu de la face quarrée, & traverſe la pièce dans ſon épaiſſeur ; il a 3 lignes de diamètre, & il eſt deſtiné à recevoir la *clef f*, *d*, *e* : l'autre traverſe la pièce dans ſa longueur ; ſon diamètre doit être égal au diamètre intérieur du tube : on a réſervé ſur la pièce d'ivoire même, à chaque extrémité de ce trou, des tuyaux de 3 lignes de longueur, qui doivent entrer fort juſte dans les trous des petits cylindres dont j'ai parlé : on voit ces petits tuyaux en *h* & *i* dans la *Fig.* , vis-à-vis des trous cylindriques qui doivent les recevoir.

La pièce la plus eſſentielle du *robinet* eſt la *clef*, c'eſt-à-dire, la pièce qui ſert, en la tournant, à ouvrir & fermer la communication entre les deux tuyaux de verre. Cette *clef* eſt compoſée de *liége* & d'*ivoire* : le *liége* entre dans le grand trou de la pièce *c*, qu'il dépaſſe en *f* : la pièce *d*, *e*, qui eſt d'*ivoire*, eſt collée avec le *liége* ; elle ſert à faire tourner la *clef* : on la voit de côté dans la *Fig.* 4 ; elle eſt en face dans la *Fig.* 3. Pour faire cette *clef*, je pris du meilleur *liége* que je pus trouver, c'eſt-à-dire, du plus compacte, ſans fiſtules, ni

Et les autres pièces d'ivoire.

Manière de tourner le liége.

durillons. Je le traverfai dans fa longeur d'un *arbre* d'acier à pans ; je le tournai fur cet *arbre*, me fervant d'abord pour l'ébaucher d'un outil très-affilé, que je préfentois obliquement au *liége*. Lorfque je l'eus réduit à la groffeur convenable, je pris une lime neuve, fort douce, & d'environ un pouce de largeur ; je la tins appuyée fur le fupport du *tour* ; & à chaque coup d'*archet*, je la faifois baiffer, pour qu'elle touchât le *liége*. Par ce moyen, & avec de la patience, je parvins à le tourner droit, rond & poli, comme le bois le plus doux. Je laiffai fon diamètre d'une ligne plus grand que celui du trou dans lequel il devoit entrer.

Je fis enfuite la pièce d'*ivoire*, ou la *tête* de la *clef*. On voit fa forme dans les deux figures. Je creufai fa partie cylindrique *d* (*Fig.* 4), de quatre lignes de profondeur, & d'une largeur telle, que le cylindre de *liége* y pût entrer avec force.

Inconvénient produit par la trop grande flexibilité du liége.

La flexibilité du liége, abfolument néceffaire à divers égards, produit cependant un inconvénient. J'ai dit que le diamètre du cylindre de liége eft d'une ligne plus grand que celui du trou qui doit le recevoir : cela eft néceffaire pour qu'il foit fortement comprimé. Mais il en réfulte que le mouvement ne fe tranfmet pas également d'un bout du cylindre de *liége* à l'autre bout, quand on fait tourner la *clef*. La première lame circulaire du *liége*, qui communique immédiatement avec l'*ivoire*, cède à l'effort de celui-ci ; mais la feconde lame ne cède pas entièrement à la première, à caufe de leur flexibilité ; elle refte donc un peu en arrière.

la troisième en fait autant , & ainsi de suire ; tellement que le cylindre de *liége* se tord un peu.

J'ai remédié à ce défaut par le moyen d'une lame d'acier mince & plane , que j'ai introduite dans le cylindre de *liége* , dans le sens de sa longueur , en partant de la pièce d'ivoire *d* , *e* ; & jusqu'au trou de la *clef.* Cette lame a 6 lignes de largeur , & 7 de longueur. Je fendis le *liége* avec un instrument tranchant & mince , en observant de ne pas l'ouvrir latéralement ; mais seulement de la largeur de la lame , que je rendis un peu plus mince par le bout qui devoit entrer le premier. Avant de l'enfoncer dans cette fente du *liége* , je la chauffai , & je l'enduisis de colle de poisson , pour que le tout fût mieux lié.

Ces pièces étant préparées , je savonnai le cylindre de *liége* , pour diminuer son frottement , & je le fis entrer dans la pièce *c* , en le laissant déborder d'environ 4 lignes. Je garnis de colle de poisson cet excédent ; & je le fis entrer dans la cavité cylindrique de la pièce *d* , *e* , en appuyant fortement , pour que le bord circulaire de la pièce *d* portât exactement sur la pièce *c.* Quand la colle fut sèche , je pus faire tourner la *clef* , & la retirer , comme si elle eût été d'une seule pièce.

Il s'agissoit alors d'avoir un trou bien net au travers du *liége* , afin que le mercure pût y passer librement. Pour cet effet , je mis la *clef* à sa place , en tournant sa *tête* dans le sens où la représentent les *Fig.* 3 & 4. Introduisant ensuite une pointe d'acier dans les petits tubes saillans de la pièce *c* , je traçai sur le *liége* la forme de leur trou. Cette opération faite , je retirai la *clef* ; & suivant exactement les traces de la pointe d'acier, je perçai le *liége* , d'abord avec un foret , & ensuite avec une lime ronde. Mais ce canal , quoiqu'affez net , n'avoit pas un poli fuffifant pour fournir un paffage libre au mercure ; & d'ailleurs il fe tordoit & fe rétréciffoit quand le *liége* étoit comprimé dans fa place.

Il eft fait d'un tuyau de plume d'oie.

Pour donner à ce canal le poli néceffaire , j'y introduifis un bout de plume d'oie, dont le diamètre intérieur étoit égal à celui de mes tubes de verre , & par conféquent à celui des petits tuyaux h , i. Je préférerois un tuyau d'ivoire fort mince , quoique celui de plume ait bien rempli mon but.

Avantage du liége pour un robinet de cette efpéce.

468. Le *robinet*, conftruit de la manière que j'ai décrite , a fait fes fonctions dès la première fois , auffi bien que je pouvois le defirer ; & il exifte encore après douze années de fervice. Le *liége* , comprimé dans le canal d'ivoire , le remplit exactement. On voit combien il eft preffé par le bourrelet qu'il forme au-delà du trou, du côté oppofé à la *tête* (*Fig.* 4.) : & malgré cette compreffion , fon mouvement eft plus doux que s'il étoit d'ivoire.

Le *liége* a fur l'ivoire , pour l'ufage dont il s'agit , d'autres avantages effentiels. D'abord , comme fa compreffion furpaffe de beaucoup l'influence de l'humidité & de la féchereffe , il n'eft jamais fenfiblement plus gêné , ni plus libre ; parce qu'il tend toujours à fe dilater. Secondement , quand le robinet eft fermé , & que la colonne de mercure appuie contre le *liége* , l'élafticité de celui-ci diminue beaucoup l'effet des secousses. Enfin il resiste suffisamment, pour empêcher la sortie du mercure dans l'agitation occasionnée par le transport ; & cependant il lui fournit une issue par sa flexibilité, quand la chaleur le dilate ; ce qui est nécessaire pour prévenir des accidens.

469. Il est essentiel que le canal de plume corresponde parfaitement avec les tubes, quand le Baromètre est en expérience. J'ai mis, pour cet effet, une petite cheville d'acier à côté de la *tête* du *robinet*, sur sa partie cylindrique (*Fig.* 3) ; & quand on le fait tourner, cette cheville l'arrête en deux points éloignés l'un de l'autre d'un quart de révolution. L'un de ces points place le canal de plume dans la direction où il doit être, pour que le mercure se meuve librement : la petite cheville d'acier s'arrête alors contre l'une des quatre vis placées aux angles de la pièce quarrée, & qui servent à l'arrêter sur le fond de la boîte, comme on le voit dans la *Fig.* 3 : cette vis est celle de la droite en bas, dont la tête est, pour cet effet, plus élevée que celle des autres : la cheville dont je parle, paroît foiblement dans la *Figure*, tout auprès de cette vis. Le quart de révolution opposé, qui ferme le *robinet*, est déterminé par une autre cheville, plantée dans le haut de la pièce quarrée, à côté de la vis qui est à droite.

470. Avant de coller ensemble, & avec le tube, les pièces qui composent le *robinet*, il faut préparer sa place dans le fond de la boîte. Cette opération demande quelque soin. La *pièce quarrée* doit entrer juste dans le bois, afin

Etendue du mouve- ment de la *clef.*

De la place du robinet dans la boîte.

qu'en tournant la *clef* du *robinet*, il ne foit pas ébranlé. Elle doit porter exactement dans le fond de fa loge, afin qu'en ferrant les vis elle ne fe dérange point : & quand elle eft fixée, il faut que les tuyaux de verre repofent fur le papier qui eft dans leur rainure. Toutes ces conditions font néceffaires, afin que la machine foit folide, fans que le verre foit gêné ; autrement il rifqueroit de fe rompre.

Profondeur de la boîte. 471. Le robinet eft la plus faillante de toutes les pièces renfermées dans la boîte : c'eft lui par conféquent qui en détermine la profondeur. Pour la diminuer autant qu'il eft poffible, j'ai creufé la porte, vis-à-vis de cette pièce : au moyen de quoi, la profondeur intérieure de la boîte eft réduite à un pouce.

Il faut faire bouillir le mercure dans le tube. 472. Lorfque tout eft ainfi préparé, il faut charger le tube (1). J'ai décrit, dans le Chapitre précédent, l'opération par laquelle on en chaffe l'air par le feu (356) : j'ai dit auffi, en traitant du Thermomètre, comment on peut connoître fi le mercure eft bien pur (457 *c.*).

---

(1) Si l'on pouvoit fe promettre d'avoir affez d'attention pour conferver le tube dans l'état où il eft, après l'opération du feu, c'eft-à-dire, fans laiffer fortir du mercure, ni entrer de l'air, pendant qu'on prépare toutes les pièces que je viens de décrire ; cela vaudroit mieux que d'attendre à le charger, lorfque tout eft prêt ; parce que le tube eft toujours expofé à quelque rifque, lorfqu'on fait bouillir le mercure : & s'il venoit à fe rompre quand tout eft ajufté, en conféquence de fes dimenfions, il y auroit bien du travail perdu, à moins qu'on n'en trouvât un femblable.

De

De la jonction du robinet avec les deux tubes du Baromètre.

473. Je viens maintenant à la réunion de toutes les pièces qui doivent faire, des deux tubes & du *robinet*, un canal continu. J'ai dit précédemment que ces tubes doivent entrer avec un peu de liberté, dans les cylindres d'ivoire, *a* & *b*, (*Fig.* 4); c'est parce que, n'étant jamais assez ronds pour remplir parfaitement le trou, il faut y suppléer en les garnissant. J'emploie pour cela une bandelette de la membrane dont se servent les *Batteurs d'or* (*a*); j'en enveloppe le bout du tube, après l'avoir enduite de colle de poisson.

Il faut garnir les tubes par le bout qui doit entrer dans le robinet.

La membrane dont se servent les Batteurs d'or est propre à cet usage.

474. La réunion des pièces du robinet demande un peu de célérité, pour qu'on ait le tems de les ranger comme il faut, avant que la colle soit sèche. J'emploie la colle de poisson, parce qu'elle s'attache mieux au verre

Usage de la colle de poisson.

(*a*) Cette membrane est faite avec la pellicule qui tapisse intérieurement le *rectum* des bœufs. On la prépare en l'étendant en plusieurs couches sur un petit chassis de bois, pendant qu'elle est fraîche. Ces couches, qu'on pose successivement les unes sur les autres, s'attachent tellement par leur viscosité, qu'elles semblent avoir été toujours réunies. Lorsque cette membrane est fraîche ou ramollie, elle s'attache sans aucun enduit au verre & à toute autre matière. Il convient de savoir préparer cette membrane, si l'on est dans le cas de s'en servir ; parce que les *Batteurs-d'or* n'en ont presque jamais dont ils puissent disposer : ils en préparent une certaine quantité à la fois, dont ils forment une sorte de livret, entre les feuilles duquel l'or s'étend sous le marteau.

Tome III. B

qu'aucune autre. Il faut avoir foin de l'entretenir fluide, fur un feu modéré, en faifant attention qu'il ne s'y forme point de bulles d'air ; parce qu'elles prépareroient des routes au mercure, qui s'échapperoit en perçant leur enveloppe. Il faut auffi que la colle foit fort épaiffe, afin qu'en fechant, fon volume diminue le moins qu'il eft poffible. Pour n'être pas obligé de penfer à trop de chofes en même tems, il convient d'ajufter féparément les deux tubes : je parlerai d'abord de ce qui concerne le plus long.

Réunion du grand tube avec le robinet.
475. Je fais un peu chauffer le petit tuyau *h*, de la pièce d'ivoire *c*, *Fig.* 4 ; l'extrémité du grand tube de verre, qui eft garnie de peau, dont on voit une partie en *g* ; & le petit cylindre d'ivoire *b*, dans lequel le tube de verre doit entrer. Cette chaleur produit deux bons effets : elle dilate & écarte la couche d'air qui tapiffe ces pièces, & la colle s'y attache mieux ; elle entretient auffi la fluidité de cette colle pendant qu'on range les pièces. Quand elles font fuffifamment chaudes, je mets de la colle, auffi promptement qu'il m'eft poffible, autour & fur la coupe du tuyau d'ivoire *h*, & du tube *g*, & dans le trou du cylindre *b*, qui doit les réunir : je fais entrer le tuyau d'ivoire par l'un des bouts du cylindre, & je les fais joindre exactement : j'introduis enfuite le tube de verre par l'autre bout du cylindre, de manière que ce tube touche au tuyau d'ivoire ; & tandis que la colle eft encore fluide, je mets le *robinet* dans fa place (*Fig.* 3), en tournant le tube, ou le cylindre, jufqu'à ce que, les vis qui tiennent le *robinet* etant ferrées, le tube porte

fur le papier dans fa rainure ; & je laiffe fécher le tout dans cet état.

476. Malgré toutes ces précautions , il eft poffible qu'avec le tems le mercure parvienne à s'ouvrir quelqu'iffue au travers de la colle : c'eft ce qui m'eft arrivé au bout de plufieurs années. Voici comment j'y remédiai. Je pris d'abord une foie ordinaire ; & après l'avoir enduite de colle de poiffon , j'en mis deux tours fur le tube , preffés contre le robinet , & fortement ferrés , de la même manière dont on fait les étranglemens dans les *artifices* ; c'eft-à-dire , que ces deux tours de foie , par leur arrangement , forment ce qu'on appelle le *nœud de l'Artificier.* Je mis enfuite de la même manière deux autres tours d'un cordonnet mince de foie , & enfin deux tours d'un cordonnet plus gros. Le cordonnet mince fert à remplir le petit triangle vuide , que laifferoit la rondeur du gros cordonnet dans l'angle que forment entr'eux l'ivoire & le verre : la foie fait le même office pour le cordonnet mince : le tout enfemble forme un maffif de colle & de foie impénétrable au mercure.

La plus grande difficulté que je rencontrai pour employer ce moyen , c'eft que , pendant toutes les opérations qu'il exige , la colle fe refroidiffoit , & fe détachoit de la foie & de l'ivoire. Cela me fit penfer à un moyen que j'ai employé depuis très-utilement en diverfes occafions. Je fis chauffer le bout courbé d'un chalumeau de cuivre , & je foufflai fur mon enduit avec ce chalumeau : la colle fe refondit entièrement ; elle pénétra & enveloppa toutes les foies : elle s'appliqua intimément au verre

& à l'ivoire , tellement qu'après qu'elle fut ré-
froidie , elle parut comme un vernis , & le
mercure n'a pu la pénétrer. On peut donc ,
avec un chalumeau échauffé, entretenir liquide
la colle de poiſſon, quoiqu'elle ait quitté le feu ;
& réuſſir aiſément , par ce moyen , à des opérations qui , ſans cela , ſeroient très-difficiles.

Réunion du petit tube au robinet.
477. L'effort du mercure dans le Baromètre
ne ſe faiſant que de bas en haut au-deſſous du
robinet ; c'eſt-à-dire, de *g* vers *b* (*Fig.* 3) , il
n'eſt pas néceſſaire de prendre autant de précautions pour coller le robinet avec le tube de
verre qui eſt au-deſſus. Ainſi je n'ai pas collé le
cylindre d'ivoire *a* avec la pièce *c* (*Fig.* 4) ;
je me ſuis contenté de coller ce cylindre avec
le tube de verre , en ajuſtant ces trois pièces de
manière que le tube de verre touche le petit
tuyau *i* de la pièce *c* , quand le cylindre *a* appuie contre elle. Je mets une rondelle de peau
mince entre cette pièce & le cylindre , qui ſe
trouve fortement comprimée , quand le *robinet*
eſt dans ſa place ; pour que le mercure ne puiſſe
ſe faire jour par-là , quand il s'élève beaucoup
dans la petite branche , comme il arrive ſur les
hautes montages. Il eſt néceſſaire de pouvoir
ſéparer ce petit tube , comme on le verra dans
la ſuite.

Précautions à prendre quand on coupe des tubes.
478. Si les tubes de verre ne s'appliquoient
pas exactement au robinet par leur extrémité ,
il y reſteroit de l'air qui nuiroit au Baromètre.
Il faut donc néceſſairement que ces tubes ſoient
coupés bien plats. On y réuſſit quelquefois en
les rompant , après avoir entaillé tout le tour
avec l'angle d'une lime , pour déterminer le

lieu de la fracture ; & l'on remédie aux inégalités avec une lime douce, ou fur la roue d'un
lapidaire. Il faut auffi, fur-tout dans ce dernier
cas, les paffer à la flamme d'une lampe d'é-
mailleur, pour fouder enfemble les parties qui,
par des félures imperceptibles, tendent à fe
défunir. Sans cette précaution, on rifqueroit
de fendre les tubes, en les faifant entrer avec
force dans les pièces d'ivoire. C'eft ce qui m'eft
arrivé ; & je ferai une petite digreffion à ce fujet, qui ne fera pas inutile à ceux qui emploient
des tuyaux de verre.

Quand j'aurai parlé des foins qu'il faut prendre pour affortir les deux tubes du Baromètre,
on fentira combien un petit tuyau de verre peut
devenir précieux, lorfqu'il eft deftiné à certain
ufage, & que fes dimenfions influent fur le
tout dont il fait partie. Un tube de cette efpèce
fe fendit, en l'introduifant dans un des cylindres d'ivoire, & j'eus le plaifir de le fauver:
voici comment j'y parvins.

479. On fait que le verre qui a commencé à
fe féler, continue quand on l'expofe à la chaleur. C'eft, fans doute, en grande partie, parce
que le fluide élaftique qui s'introduit dans ces
fentes, étant dilaté par la chaleur, pouffe avec
plus de force les parois qui le renferment, &
agit comme un coin pour fendre le verre de plus
en plus. Je penfai donc que, fi je pouvois dilater ce fluide affez lentement pour qu'il fortît
fans effort, les furfaces fe rapprocheroient, au-
lieu de s'écarter.

Je tentai ce moyen, en préfentant d'abord
mon tube à la flamme d'une lampe, à la diftance

d'un pouce : je l'approchai ensuite peu-à-peu, & je demeurai sept à huit minutes à lui faire parcourir cet espace. La fente s'accourcit à mesure que j'approchois ; tellement que lorsqu'elle fut près d'entrer dans la flamme, elle disparut entièrement. Les surfaces étoient alors entièrement rapprochées. Curieux de voir si l'adhrence s'étoit rétablie; j'éloignai le tube de la flamme avec lenteur, & je vis la fente partir du bord & se prolonger, en suivant les mêmes contours qu'elle avoit auparavant. Je ne lui donnai pas le tems de continuer sa route ; je rapprochai le tube, elle rétrograda, & disparut à l'attouchement de la flamme : j'y plongeai le tube ; & après l'y avoir laissé quelque tems, je poussai la flamme avec un chalumeau contre le verre, jusqu'à ce qu'il fût rouge. Je retirai alors le tube fort lentement : il se refroidit peu-à-peu, & les parois de la fente s'étant soudées pendant qu'il étoit rouge, elle ne reparut plus.

Le tube dont je parle est celui qu'on voit représenté dans la *Fig* 3, au-dessus du robinet ; il m'étoit important de le conserver, parce qu'il avoit les dimensions requises, dont je vais parler maintenant.

Du choix des Tubes pour ce Baromètre.

Il faudroit que les tubes des Baromètres fussent parfaitement cylindriques.

Cependant

480. J'ai exposé ci-devant les raisons d'employer, pour le Baromètre, des tubes de diamètre égal, & simplement recourbés (384) ; mais de tels tubes sont très-rares. Il falloit donc trouver quelque moyen d'obvier à l'effet de leur inégalité. Celui que j'ai employé consiste à

faire en ſorte que , lorſque le Baromètre eſt charge , les deux extrémités de la colonne de mercure ſe trouvent toujours dans des portions du tube , dont les diamètres ſoient égaux. on peut ſup-
pléer à de pe-
tites inéga-
lités.

La jonction des deux branches du Baromètre par le robinet , fournit un moyen aiſé de les aſſortir convenablement : voici comment on peut les comparer.

Il faut d'abord connoître la forme de la partie ſupérieure du grand tube. Pour cet effet, on y introduira un petit bouchon de liége , par le moyen d'un fil auquel il ſera attaché , & qui ſervira à le faire gliſſer dans le tube. On arrêtera le bouchon , autant au-deſſous du ſommet du tube encore ouvert , qu'on ſuppoſera que le mercure pourra s'abaiſſer en obſervant : 7 à 8 pouces ſuffiſent dans ces Baromètres, où l'on n'apperçoit que la moitié de la variation dans chaque *branche.* On verſera par le ſommet pluſieurs portions de mercure de poids égal & connu, capables d'occuper entr'elles cet eſpace. Si chaque portion , introduite ſéparément , occupe la même étendue , le tube ſera cylindrique. Il faudra donc, pour la petite branche , un tube cylindrique de même diamètre. Si les différences ſont petites , le tube pourra ſervir ; mais il faudra prendre note de ces différences , afin de choiſir pour la *petite branche* un tube où les mêmes quantités de mercure, introduites ſucceſſivement , occupent les mêmes longueurs. Le bouchon mobile ſervira à calibrer ſucceſſivement des portions de longs tubes , qu'on aura cru propres à fournir celui qu'on cherche.

B iv

Si les deux tubes font cylindriques, la poſition du petit ſera indifférente. Mais s'il y a des inégalités ; ſi , par exemple , le diamètre du grand tube va en augmentant de bas en haut , il faut mettre en bas le côté du petit tube qui a le plus grand diamètre , & réciproquement.

Le tube de mon Baromètre approche beaucoup d'être cylindrique ; cependant je n'ai pas négligé ce moyen pour obtenir que les diamètres *correſpondans* dans les deux *branches* , fuſſent abſolument égaux. On peut ſe ſervir de la même méthode pour des Baromètres où il ne ſera pas beſoin de *robinet* , en ſoudant enſemble les deux tubes choiſis , & en faiſant la courbure au point convenable.

Uſage du Robinet.

Il faut tenir le Baromètre incliné , quand on ferme le robinet.

481. Quoique la deſcription ſeule du *robinet* indique ſon uſage , je dois dire un mot de la manière de s'en ſervir. On conçoit bien que, pour empêcher que le mercure ne baloːte quand le *robinet* eſt fermé , il faut que le grand tube ſoit exactement rempli. Pour cet effet , il faut tenir le Baromètre incliné pendant qu'on le ferme. En tournant la *clef* du *robinet* , on doit ſe ſouvenir que ſa partie intérieure eſt de *liége*. Il ne faut donc jamais tourner cette pièce bruſquement ; mais toujours avec précaution , & en appuyant un peu , comme pour l'enfoncer. Lorſque je veux mettre le Baromètre en expérience , je le place d'abord ſolidement & à plomb , avant de libérer le mercure , pour prévenir les accidens qu'une inadvertence pourroit

occasionner. Je tourne ensuite fort lentement la *clef* du *robinet*, particulièrement sur les montagnes, afin que ie mercure ne balance point en s'abaissant brusquement dans le grand tube : ce qu'il faut toujours éviter, par la raison que j'en ai donnée ci-devant (402).

Et l'ouvrir lentement.

482. J'ai éprouvé que dans les Baromètres purgés d'air par le feu, le mercure peut s'approcher jusqu'à un tiers de pouce du sommet, sans qu'ils perdent de leur régularité. Ce n'est qu'à une plus grande proximité, qu'on apperçoit quelque changement : le mercure semble attiré vers le haut, & la colonne s'allonge. J'attribue ce phénomène à l'inclinaison des parois du tube, qui ont été réunies pour le sceller (378) : il n'a pas lieu tant que le mercure reste dans la partie cylindrique. Il n'y a donc aucun inconvénient à laisser peu d'espace au dessus de la plus grande hauteur où peut atteindre le mercure, comme je l'ai fait dans mon Baromètre (*Fig.* 3) : & l'on y trouve au contraire deux avantages ; l'un, de rendre la machine aussi courte qu'il est possible ; l'autre, de diminuer l'espace que doit parcourir le mercure, lorsqu'on observe dans des lieux élevés : ce qui contribue à maintenir le Baromètre dans son premier état (403).

Il faut donner peu d'étendue à la partie du tube qui doit être vuide d'air.

Quand le mercure s'approche trop du sommet, il est soulevé.

Description de quelques autres parties du Baromètre.

483. On voit au haut du petit tube qui est joint au robinet, une machine d'ivoire en forme de cruche : elle est composée de deux pièces,

Entonnoir à l'extrémité du petit tube.

dont l'une eſt collée au tube ; & l'autre, qui porte un petit goulot, ſert de couvercle, & s'emboîte ſur la première. Le point de jonction de ces deux pièces eſt marqué dans la *Figure* par un trait au niveau de la *tête* d'un petit bouchon d'ivoire qui pend à côté ; il ſert à fermer le trou du goulot. Voici l'uſage de cette pièce.

Il ſert lorſqu'on ôte & remet du mercure.

La dilatation du mercure par la chaleur, fait qu'il en ſort par le *robinet* ; il faut le remplacer. D'ailleurs, comme il eſt très-eſſentiel que la ſurface du mercure ſoit bien nette, pour qu'on puiſſe juger exactement de ſa hauteur, j'en mets toujours un peu de nouveau, lorſque je veux faire quelqu'obſervation. J'en porte donc dans une petite bouteille ; & au moment où je veux obſerver, j'en introduis dans le tube par le goulot de la pièce d'ivoire, au travers d'un entonnoir ou cornet de papier, dont je fais le trou fort petit, pour qu'il retienne les ſaletés du mercure. Quand le Baromètre eſt fermé, je ne laiſſe point de mercure au-deſſus du robinet ; parce qu'il ſaliroit le petit tube, dans l'agitation que lui occaſionne la marche. Ainſi je vuide l'excédent dans ma bouteille, par le goulot, en renverſant le Baromètre.

Broſſe pour nettoyer le petit tube.

484. Outre cette précaution néceſſaire pour maintenir propre le petit tube du Baromètre, il faut de tems en tems le nettoyer (386). Je me ſers pour cela d'une petite broſſe, qu'on voit repréſentée de groſſeur naturelle dans la *Fig.* 5: quant à la longueur, on la proportionne à celle du tube. C'eſt un fil de fer, qui porte un morceau d'éponge fine, dans un pli ſerré fortement. Il faut que le fil de fer ſoit *recuit* en cet

endroit, pour qu'on puiſſe le preſſer ſuffiſam-
ment, ſans qu'il faſſe reſſort, ou qu'il ſe rompe.
L'autre extrémité eſt courbée en forme d'an-
neau ; elle ſert à faire tourner la broſſe plus aiſément. L'embouchure du tube doit être un
peu évâſée, ou recouverte par l'ivoire, afin
que l'éponge y entre aiſément, quoiqu'un peu
comprimée. Je fais aller & venir cette broſſe
dans le tube, juſqu'à ce qu'elle ſoit chargée de
toutes les ſaletés qui le tapiſſent. Elles entrent
dans les pores de l'éponge, dont elles ſortent,
en la ſecouant, après l'avoir retirée du tube.
Par ce moyen, le mercure eſt toujours auſſi
net à l'extrémi é de cette colonne, quoiqu'elle
communique avec l'air, qu'il l'eſt dans le vuide
au haut de la grande colonne.

Pour éviter l'embarras & le riſque qu'il y auroit à tirer le Baromètre de ſa monture, lorſque je veux le nettoyer ; j'ai fait une ouverture
de onze pouces de longueur dans le fond de la
boîte, au-deſſus du petit tube ; elle eſt fermée
pour l'ordinaire par une porte *c*, *d*, qui tourne
ſur deux charnières. C'eſt ſur cette porte qu'eſt
fixé un petit Thermomètre, dont je parlerai ci-
après ; elle eſt entr'ouverte dans la *Figure*.
J'ôte le Thermomètre pour ouvrir entièrement
la porte, lorſque je veux nettoyer le petit tube
du Baromètre ; & quand elle eſt fermée, je la
retiens par un petit crochet appliqué en *e*, au
côté de la boîte.

Echelle du Baromètre.

Raison de la forme donnée à l'échelle du Baromètre.

485. Je viens à présent à la mesure de mon Baromètre. La construction de son échelle est fondée sur ce qu'il est toujours plus aisé d'additionner que de soustraire, & particulièrement lorsque les quantités sont accompagnées de fractions. J'ai d'abord marqué le long du grand tube, & avec la mesure dont j'ai parlé (396), l'espace de 27 pouces, compris entre le point marqué 20 dans le haut du tube, & celui qui correspond à 7 vers le bas. J'ai divisé cet espace en 27 parties qui sont des pouces ; & j'ai tiré sur la 7^{ne}. en montant, une ligne horisontale qui est marquée *zéro*. C'est-à-dire que, si l'on étoit sur une montagne assez élevée, pour que le mercure remontât dans la *petite branche* jusqu'à ce point, la hauteur de la colonne soutenue par le poids de l'atmosphère, seroit indiquée simplement par les divisions qui sont au-dessus de la ligne *zéro*. Mais à mesure qu'on descend, & que le mercure, s'élevant dans la *grande branche*, s'abaisse dans la *petite*, il faut ajouter à la hauteur indiquée par l'extrémité supérieure de la colonne la quantité dont la partie inférieure s'est abaissée au-dessous de *zéro*.

Manière de l'employer.

Ainsi, la hauteur du Baromètre, ou la distance verticale des deux surfaces du mercure, se mesure depuis *zéro* en deux portions, dont l'une va en montant, dans la *grande branche*, & l'autre en descendant, dans la *petite*. C'est dans cet ordre que les chiffres sont placés. Par exemple : si l'on veut savoir

la hauteur du mercure , telle qu'elle est représentée dans la *Figure* 3 , il faudra dire :

Le mercure est dans la *grande branche*,
à . . . . 20 *pouces*.

Il est dans la *petite*, à . . . 7

Donc la hauteur totale est. . 27 *pouces*.

Il en est de même pour tous les nombres entiers & pour les fractions.

486. Voici une attention qu'on doit avoir en observant les Baromètres de cette espèce. Il peut arriver qu'un robinet qui contient le mercure, quand il est fermé, en laisse échapper quelque peu , lorsqu'on l'ouvre sur les hautes montagnes ; parce qu'il s'élève alors dans la petite branche une longue colonne de mercure, dont le poids agit contre le robinet, & la colonne peut diminuer par là , dans l'intervalle de tems qu'on met à observer ses deux extrémités. Il convient donc de faire une seconde observation , après avoir noté la première. Si les deux observations se rapportent , c'est une preuve que tout est en règle. Il n'est pas inutile, même dans tous les cas , de vérifier la première observation ; c'est un moyen de prévenir les erreurs que l'inattention peut produire.

Les parties de l'échelle , auprès desquelles le mercure se meut, sont divisées en *lignes* par des traits de couleur noire , & subdivisées en *quarts de ligne* avec de la couleur rouge. Ces *quarts de ligne* se subdivisent encore à la vue en *seizièmes* ; & par l'habitude que j'ai dans ces

Il faut vérifier les observations.

Subdivision des lignes en seizièmes.

L'adhésion du mercure au tube rend inutile une plus grande subdivision.

observations , je puis saisir même jusqu'aux *trente-deuxièmes*. Il est inutile de pousser plus loin cette subdivision , parce que l'adhésion & le frottement du mercure dans les tuyaux ne lui permettent pas de suivre assez exactement l'impression du poids de l'atmosphère , pour qu'on puisse compter précisément sur le point où il se fixe. Toutes les méthodes dont on a fait usage pour augmenter la sensibilité du Baromètre simple , augmentent aussi l'effet de cette cause ; & en même tems la difficulté de la construction : elles rendent encore le transport incommode , & introduisent presque nécessairement des erreurs dans l'observation ; c'est ce que j'ai prouvé de chacune de ces méthodes en particulier , en les rapportant dans la première PARTIE (50).

Moyen d'empêcher les effets nuisibles de la condensation du mercure dans le Baromètre fermé ; & d'y remédier quand on n'a pu les prévenir.

Quoique le mercure se condense dans le Baromètre , l'air ne peut s'y introduire , quand on le porte avec précaution.

487. La condensation du mercure dans un Baromètre sans réservoir , n'est pas assez considérable , pour qu'il y ait à craindre aucun dérangement , lorsqu'on le porte soi-même , ou qu'on peut avoir l'œil sur celui à qui on le confie : il suffit , lorsqu'on s'apperçoit que l'air devient sensiblement moins chaud , d'ouvrir & refermer le tobinet de tems en tems , en redressant le Baromètre , pour faire passer dans le tube une partie du mercure qui reste dans le canal de la clef , & chasser hors du tube , par ce moyen , l'air qui pouvoit s'y être introduit.

Mais cetMais si l'on avoit un long voyage à faire , ou si

l'on étoit obligé de confier le Baromètre à des gens peu soigneux, il faudroit y pourvoir plus sûrement. Voici le moyen que j'avois d'abord imaginé pour cela. Je le décris, parce que la *Fig.* 3, qui est gravée depuis plus de six ans, & sur un dessin plus ancien encore, exprime cette première idée.

Je fais souder, par un émailleur habile, à côté de la courbure du Baromètre, & précisément au-dessous du robinet, vers *g*, (*Fig.* 3), un bout de tube du même verre ; mais d'un diamètre plus grand que celui du Baromètre. Ce tube communique dans l'intérieur du Baromètre, sans aucun repli ; il est coupé net à l'extérieur, & son bord est arrondi par la flamme d'une lampe.

Je prends ensuite un morceau de la membrane dont j'ai déjà parlé (473) ; & pour lui donner la forme nécessaire, je me sers d'un cylindre de bois de la grosseur du tube, dont l'un des bouts est arrondi en demi-boule. J'humecte cette membrane pour la ramollir, & je l'applique sur la pièce de bois, en mettant le bout arrondi au milieu, & relevant les côtés contre la partie cylindrique. J'étends la membrane, jusqu'à ce qu'il n'y ait plus de plis sur la demi-boule ; je fais alors une forte ligature autour du cylindre, avec un fil dont les révolutions se touchent, & je laisse sécher le tout en cet état. J'ôte ensuite la ligature, & au moyen de quelques précautions, je sépare la membrane d'avec le bois, dont elle a pris la forme : elle ressemble assez, dans cet état, à un dé à coudre.

Manière de l'appliquer.

Je prépare enfuite de la colle de poiffon, bien liquide & fans bulles; c'eft-à-dire, fans la laiffer trop échauffer (474). J'approche le tube du feu; & , quand il eft fuffifamment chaud , je l'enduis légèrement de colle : j'en mets auffi une légère couche dans l'intérieur de la partie cylindrique de la membrane; j'y fais entrer le bout du tube, & je la lie avec une forte foie garnie de colle , dont toutes les révolutions fe touchent : cette membrane forme ainfi une efpèce de véficule au bout du tuyau. On la voit en *f* (*Fig.* 3).

Quand le Baromètre eft rempli , le mercure repofe fur la véficule fans la pénétrer. J'ai un Baromètre fait depuis quinze ans , où elle eft placée au-deffous du grand tube ; & quoiqu'elle porte immédiatement toute la colonne , ce Baromètre eft en auffi bon état que le jour où il fut conftruit. Il eft vrai que cette membrane n'a pas éprouvé l'action du reffort dont je vais parler.

Un reffort appuié contre la véficule.

On voit au-deffous du Baromètre (*Fig.* 3) un reffort qui eft en fpirale à l'une de fes extrémités, afin que fon mouvement foit plus doux. L'extrémité oppofée porte une demi-boule de bois , dont le diamètre eft égal à celui de l'intérieur du tube auquel la véficule eft appliquée. Ce reffort eft placé dans un enfoncement de la boîte , pour qu'il foit à niveau du tube ; il doit être auffi long que la place peut le permettre , afin que fon extrémité ne trace pas une courbe trop fenfible : fon pied eft fixé par une vis , & par une petite cheville qui entre dans le bois pour l'empêcher de tourner. Voici l'ufage de ces pièces.

Lorfqu'on

Lorsqu'on voudra fermer le robinet, on empêchera que le reſſort n'appuie contre la membrane : c'eſt-là l'uſage d'une petite cheville *h*. Ce poids du mercure fera étendre la membrane. On fermera alors le robinet ; on ôtera la cheville, & le reſſort n'étant plus retenu, il appuiera contre la véſicule. Si le mercure ſe dilate, il ſortira au travers des pores du *liege*, ou ſe gliſſera entre le liége & l'ivoire. S'il ſe condenſe, le reſſort enfoncera la véſicule, & diminuera la capacité du tube ; en ſorte que l'air ne pourra s'introduire, ni le mercure balotter. S'il ſe fait une nouvelle dilatation, le mercure repouſſera la véſicule, & le reſſort avec elle. Ainſi le tube ſera toujours plein ; & la différence de volume du mercure ſe compenſera par la convexité ou la concavité de la véſicule.

Le dégré de force du reſſort eſt déterminé par ſon uſage. On doit lui en donner aſſez, pour qu'il ſoit capable de ſoutenir la colonne entière du Baromètre, ſans fléchir ſenſiblement. Mais il doit céder plus aiſément que le *robinet*, à la dilatation du mercure. Le diamètre du petit tube, auquel la véſicule eſt appliquée, peut être plus ou moins grand, ſuivant l'uſage auquel le Baromètre eſt deſtiné. Dans une promenade de quelques jours, il eſt rare d'éprouver des températures aſſez différentes, pour qu'un tube, dont le diamètre eſt d'un quart plus grand que celui du Baromètre, ne puiſſe ſuffire. Mais s'il s'agit d'un long voyage, il faut le prendre auſſi grand que ſa réunion avec l'autre tube peut le permettre.

488. Ce moyen de remédier aux effets de la

dilatabilité du mercure , me paroît bon. Cependant comme il est un peu composé , je l'ai abandonné depuis long-tems. On y supplée, en portant le Baromètre renversé , comme je le dirai plus particulérement dans la suite (500).

489. Quelque précaution qu'on prenne dans un Baromètre portatif pour le préserver de l'introduction de l'air, tant d'accidens peuvent en faire passer dans le tube, qu'il est bon d'indiquer comment en pareil cas j'ai fait rebouillir le mercure dans celui dont je parle, sans nuire à son *robinet.*

Après avoir ôté la *petite branche* du Baromètre (477) , j'ai mis sur le *robinet*, & jusqu'à la courbure du tube , une légère couche de coton sec , enveloppé d'un linge souple. Je couvris cette première enveloppe, d'autant de coton humide que je pus en mettre sans embarras ; & je renfermai le tout dans un linge mouillé. Par ce moyen, je fis bouillir le mercure jusqu'à un pouce de distance du paquet, qui fuma beaucoup , dont les bords se brûlèrent même sans que le robinet souffrit en aucune façon.

Des Thermomètres qui accompagnent le Baromètre portatif.

490. L'un des Thermomètres représentés dans la *Fig. 3*, est destiné à corriger les effets de la chaleur sur le Baromètre. Il est enchâssé en *k*, auprès du grand tube du Baromètre, à-peu-près au milieu de la longueur de celui-ci. Le diamètre de la boule de ce Thermomètre ne

doit pas excéder de beaucoup celui du tube du Baromètre , afin que ces deux inſtrumens ſoient également prompts à ſe conſerver aux changemens de température. Cette boule doit être à moitié enchâſſée dans le bois , afin qu'elle participe , comme le Baromètre, à la chaleur du fond de la boîte. J'ai fait ce Thermomètre de mercure, tant par les r iſons que j'ai indiquées , en traitant des Thermomètres , que pour rendre ſa marche plus exactement proportionnelle aux variations du Baromètre , occaſionnées par celles de la chaleur. J'ai mis aux côtés du tube les diviſions dont on fait le plus d'uſage , ſavoir : celle qu'on nomme *de M. de Reaumur* , & celle de *Fahrenheit* : la mienne n'a beſoin d'aucune place extérieure , comme on le va voir.

Cette échelle eſt faite dans ſon origine , par *la diviſion en 96 parties* , *de l'intervalle compris entre les deux termes fixes du Thermomètre* (365): elle eſt fondée ſur ce qu'il n'y a point de fraction plus commode pour exprimer exactement la hauteur du mercure dans le Baromètre , que des *ſeizièmes* de *ligne* ; & que lorſque le Baromètre eſt à 27 *pouces* , une variation d'un *dégré* de cette échelle dans le Thermomètre , correſpond à une variation ſemblable d'$\frac{1}{16}$ de *ligne* dans le Baromètre : ce qui rend très commodes les corrections à faire ſur l'indication de ce dernier , pour les variations de la chaleur.

Quand la hauteur du mercure change ſenſiblement dans le Baromètre , il n'y a plus le même rapport entre les variations produites par la chaleur dans ces deux inſtrumens ; il

du mercure diminue dans le Baromètre.

faut diminuer la correction fur le Baromètre, proportionnellement à la diminution de fa hauteur , & réciproquement (374). On peut le faire par le calcul, fans changer l'échelle du Thermomètre, lorfqu'on n'a que peu d'obfervations. Mais pour des obfervations nombreufes , il vaut mieux modifier l'échelle du Thermomètre , c'eft-à-dire, changer fes *dégrés* en raifon inverfe de la hauteur du Baromètre ; afin qu'ils indiquent toujours immédiatement des 16mes. de *lignes* à corriger fur cette hauteur.

Cette augmentation eft proportionnelle aux ordonnées d'un triangle dont les abfciffes croiffent en raifon inverfe des hauteurs du mercure dans le Baromètre.

491. Ce changement des dégrés du Thermomètre peut être repréfenté par des *ordonnées* d'un triangle , dont les *abfciffes* croîtroient en raifon inverfe des hauteurs du Baromètre. Car les *ordonnées* correfpondantes à chaque *abfciffe* , étant divifées en un nombre égal de parties , feroient alors autant d'échelles pour le Thermomètre, qui ferviroient pour des hauteurs proportionnelles du Baromètre ; je rendrai mon idée plus fenfible en expliquant la *Fig.* II. de la *Planche* III. (*a*).

Conftruction d'une échelle changeante, fondée fur ce principe.

J'ai tiré d'abord une ligne droite *i, k* , fur laquelle j'ai pofé la diftance des fils, qui indiquent fur mon Thermomètre *l'eau dans la glace* & *l'eau bouillante* : cette ligne eft en partie ponctuée dans la *Figure*. J'ai divifé en 96 *dégrés* égaux , l'efpace compris entre ces deux *termes fixes* ; & par le 12me. en montant , qui

---

(*a*) La *Fig.* 1 de cette *Planche* appartient à la *pag.* 155 du premier volume. Lorfque je fis graver ces deux *Figures* fur une même *Planche* , je ne prévoyois pas que mon Ouvrage auroit deux volumes ; je lignorois même, lorfqu'on imprimoit, il y a cinq à fix ans, cette *page* 155.

est le *zéro* de mon Thermomètre (373) ; j'ai
tiré une autre ligne o , o , qui coupe la première à angles droits.

Pour mesurer les *ordonnées* & les *abscisses* ,
je me suis servi d'une échelle d'environ demi-
pied divisée en 1000 parties. J'indique cette di-
mension ; parce qu'elle convient à l'usage auquel la division est destinée ; & parce que les
échelles de mille parties des *étuis d'instrumens* ,
sont à peu près de cette grandeur.

Comme il seroit trop embarrassant de construire tout le triangle , je retranche une quantité constante de toutes les *abscisses* , en procédant de cette manière : Je prends pour l'extrémité de l'*abscisse fondamentale* , qui doit déterminer l'*échelle* du Thermomètre , lorsque le
Baromètre est à 27 pouces , l'intersection des
deux lignes dont j'ai parlé ci-dessus , dont l'une
i , k , est la division fondamentale du Thermomètre , & l'autre o , o , coupe la première à
angles droits au point *zéro* de cette division.
J'estime cette *abscisse* 1800 parties de mon
échelle , & je donne pour longueur à son *ordonnée* , la plus grande hauteur probable du
Thermomètre pendant les observations que je
suppose 25d. au-dessus de *zéro*. Ce point est
correspondant à 30d. ⅚ sur l'*échelle divisée en 30
parties*. Voilà donc l'*abscisse* & l'*ordonnée* qui ,
dans la construction de l'*échelle* du Thermomètre , appartiennent à la hauteur de 27 *pouces*
du Baromètre. Cette *ordonnée* , étant divisée
en 25 parties égales , comme elle l'est naturellement , puisqu'elle coïncide avec la division
fondamentale , doit servir d'*échelle* au Thermo-

mètre, quand le Baromètre est à 27 pouces; &
ses parties représentent des *seizièmes* de *ligne*
dans les corrections à faire sur le Baromètre
pour les effets de la chaleur.

La plus longue *abscisse* est déterminée par le
plus grand abbaissement probable du Baromètre. Je suppose donc qu'on ait occasion de l'observer à 18 *pouces*. Suivant le principe que j'ai
posé ci-dessus, l'*abscisse* correspondante à cette
hauteur du Baromètre, doit être, relativement à celle de 27 *pouces*, en raison inverse de
ces deux hauteurs. Or, 18 : 27 : : 1800 : 2700;
ainsi la plus grande *abscisse*, qui est correspondante à la hauteur de 18 pouces, doit avoir
2700 *parties* de mon échelle, & sa différence
avec l'*abscisse* de 27 *pouces*, est 900 *parties*. Je
pose donc 900 *parties* sur la ligne o, o. en partant de la ligne i, k. Ces deux *abscisses* étant
entr'elles comme 2 à 3, leurs ordonnées doivent être dans le même rapport. Ainsi j'élève
à l'extrémité de son *abscisse*, l'*ordonnée* qui
doit correspondre à la hauteur de 18 pouces
dans le Baromètre; c'est la ligne o, a, qui est
à l'*ordonnée* o, 25, comme 3 est à 2. Cette *ordonnée* o, a, étant divisée en 25 *degrés*, comme
la première, servira d'*échelle* au Thermomètre,
quand le Baromètre sera à 18 pouces, & ses
dégrés représenteront des *seizièmes* de *ligne* sur
le Baromètre.

Comme les variations du mercure dans le
Thermomètre ont toujours la même étendue,
il suffit de prendre sur l'*ordonnée* de 18 pouces,
une étendue égale à l'*ordonnée* de 27 pouces.
Je le fais en tirant une ligne droite d'un de ces

points à l'autre , & je forme ainsi le parallelograme o, 18 , 27 , o.

Je détermine ensuite les *abscisses* intermédiaires , par cette anologie : *La hauteur du Ba-*
*romètre correspondante à l'*abscisse *que je cherche,*
est à la hauteur de 27 *pouces , comme l'*abscisse
correspondante à 27 *pouces* (1800) , *est à l'*abscisse *que je cherche.* Ainsi , par exemple , 18 $\frac{1}{2}$:
27 :: 1800 : 2627. L'*abscisse* correspondante à
18 *p.* $\frac{1}{2}$ dans le Baromètre , est donc 2627, dont
je retranche 1800 , qui est l'*abscisse* de 27 pouces , & je porte l'excédent 827 , sur la ligne
des *abscisses* , à l'extrémité de l'*abscisse* de 27
pouces. Le point où atteignent ces 827 *parties,*
termine l'*abscisse* de 18 *p.* $\frac{1}{2}$, plus courte de
73 *parties* , que l'*abscisse* de 18 *pouces.* Je cherche par la même voie la longueur des *abscisses*
de toutes les hauteurs intermédiaires du Baromètre , de demi-*pouce* en demi-*pouce* ; & je
trouve successivement les nombres 2558, 2492,
2430 , 2331 , &c. pour les *abscisses* totales. Je
soustrais de chacune 1800 , ou l'*abscisse* de 27
pouces ; & , partant toujours du point qui termine cette dernière *abscisse* , je porte sur la
ligne o , o , les excédens 758 , 692 , 630 , 751 ,
&c. dont les différences sont 66 , 62 , 59 , &c.
comme je les ai indiquées dans la *Figure.* Je
réduis aux nombres entiers les plus prochains ,
les nombres fractionnés qui se rencontrent dans
la suite des *abscisses* ; de manière que la somme
de toutes les différences des *abscisses* , entre
celle de 18 *pouces* & celle de 27 *pouces* , soit
900 , qui est la différence totale. Après quoi je
prolonge sur la gauche la ligne o , o , pour

C iv

mettre à la ſuite des nombres précédens, les différences d'*abſciſſes* 33 , 32 , 31 , 30, qui portent ma diviſion juſqu'à la hauteur de 29 *pouces*, où le Baromètre peut ſe tenir au bord de la mer.

Table des abſciſſes du Baromètre.

492 Je joins ici une table des *abſciſſes* entières, des *abſciſſes* réduites , & de leurs diffᵉ férences , pour épargner ces calculs à ceux qui voudroient conſtruire une échelle ſemblabe

Hauteurs du mer. dans le Baromèt.	*Abscisses totales.*	*Abscisf.* réduit. par la souftr. de 1800.	Différences.
18 pouces	— 2700 parties	+ 900 parties.	
18 $\frac{1}{2}$	2627	827	73
19	2558	758	69
19 $\frac{1}{2}$	2492	692	66
20	2430	630	62
20 $\frac{1}{2}$	2371	571	59
21	2314	514	57
21 $\frac{1}{2}$	2260	460	54
22	2209	409	51
22 $\frac{1}{2}$	2160	360	49
23	2113	313	47
23 $\frac{1}{2}$	2068	268	45
24	2025	225	43
24 $\frac{1}{2}$	1984	184	41
25	1944	144	40
25 $\frac{1}{2}$	1906	106	38
26	1869	69	37
26 $\frac{1}{2}$	1834	34	35
27	1800	0	34
			— 900
27 $\frac{1}{2}$	1767	— 33	33
28	1735	65	32
28 $\frac{1}{2}$	1704	96	31
29	1674	126	30

Après avoir déterminé toutes les extrémités des *abfciffes*, j'élève les *ordonnées* qui doivent leur correfpondre ; favoir 29, 28 ½, 28 &c. jufqu'à la dernière, 18, en les terminant à la ligne fupérieure du parallelograme o, 29, 18, o : & par les points qui divifent en 25 *parties* les *ordonnées* entières o, 25 & o a, je tire des lignes dont l'obliquité augmente, relativement à la ligne o, o, à mefure que les *dégrés* s'éloignent de ce point fixe ; ces lignes tendent toutes au fommet du triangle. Par ce moyen, chaque *ordonnée* devient une *échelle* pour le Thermomètre, qui convient à la *hauteur* du Baromètre, dont l'*ordonnée* porte l'indication.

Prolongement de l'échelle au-deffous du zéro du Thermomètre.

Voilà tous les élémens de cette *échelle* : il ne s'agit plus que de la completter pour les *dégrés* au-deffous de *zéro*. Je prends pour terme inférieur le 50me. dégré, qui correfpond à 31^{d}. ⅓ de l'*échelle divifée en 80 parties*. On peut éprouver cette température dans le Nord. Je prolonge l'*ordonnée* de 27 *pouces*, du double de fa longueur, au-deffous de la ligne, o, o ; parce que cette *ordonnée* ne contient que 25^{d}. J'en fais autant pour celle de 18 pouces, qui eft o, a ; & fon prolongement devient o, b. Je conftruis le parallelogramme inférieur o, 50, c, o ; & je prolonge toutes les *ordonnées* fupérieures, jufqu'à la ligne horifontale inférieure. Je divife en 50 parties le double de l'*ordonnée* correfpondante à 27 *pouces* ; & comme cette ligne n'eft qu'un prolongement de l'échelle principale, ces parties en font des *dégrés*. Je divife la ligne o, b, en 50 parties ; & par les points de ces deux divifions, je tire des lignes dont l'obliquité augmente, comme celles des lignes du triangle ſupérieur, qui forment les *dégrés* au-deſſus de *zéro.* Pour conduire l'œil pls aiſément, du point obſervé ſur une *ordonnée*, aux chiffres qui ne ſont que ſur l'*échelle* fondamentale, je fais les lignes obliques plus groſſes de 5 en 5 dégrés.

Maintenant, ſi par tous les dégrés de la diviſion fondamentale, on tiroit des lignes paralleles à la ligne 0 , 0, on pourroit, en les comparant aux lignes obliques, réduire très-aiſément les dégrés obſervés ſur le Thermomètre, à d'autres dégrés qui exprimeroient des 16 ᵉˢ. de ligne ſur le Baromètre , pour toutes les hauteurs du mercure indiquées dans cette diviſion. J'ai tiré une de ces lignes paralleles à 0 , 0, ſur le 12ᵐᵉ. dégré en deſcendant, qui eſt l'*eau dans la glace* ; elle ſervira d'exemple. Je ſuppoſe que le Baromètre eſt à 27 *pouces*, & le Thermomètre à 12ᵗ. au-deſſous de 0 ; on doit en ce cas ajouter $\frac{1}{12}$ de ligne à la hauteur du Baromètre : mais ſi celui-ci n'étoit qu'à 18 *pouces* , il faudroit ſuivre la ligne *horiſontale* qui part du 12ᵐᵉ. dégré du Thermomètre , juſqu'à ſa rencontre avec l'*ordonnée* qui correſpond à la hauteur de 18 *pouces* ; & leur interſection ſe faiſant ſur la huitième partie au-deſſous de 0 , on n'ajouteroit que $\frac{1}{16}$ de ligne à la hauteur du Baromètre. Il en ſeroit de même pour toutes les hauteurs intermédiaires du mercure , à cette température & à toute autre , s'il y avoit des lignes tirées par tous les dégrés de la diviſion fondamentale , parallelement à la ligne 0 , 0. Ce fut-là ma première idée : elle épargnoit un calcul. Mais j'ai porté plus loin l'avantage de cette méthode , en trouvant un moyen commode de préfenter au Thermomètre celle des *ordonnées* qui correfpond à la hauteur obfervée du Baromètre.

493. J'ai d'abord tracé la divifion fur du vélin , telle qu'on la voit dans la *Figure*. Les traits extérieurs d , e , f , g , repréfentent la grandeur à laquelle j'ai réduit le vélin , après que la divifion a été tracée. J'ai fixé le côté d , g , à un rouleau de bois creux , dans l'intérieur duquel eft un reffort de fil d'acier , enveloppé fur un axe de léton. Deux bouchons de bois , percés & mis aux deux extrêmités du rouleau , fervent à maintenir l'axe au centre de la machine. Un des bouts du fil d'acier , qui forme le reffort , eft fixé à l'un de ces bouchons , & l'autre bout à l'axe , qui doit être immobile. Le vélin étant roulé fur le cylindre de bois , tandis que le reffort n'eft que peu bandé ; fi on le tire , il fait tourner le cylindre , & le reffort fe bande : fi on le lâche enfuite , le reffort entraîne le rouleau en fens contraire , & la divifion s'enveloppe de nouveau. Je ne m'étendrai pas davantage fur ce mécanifme ; il reffemble en tout à celui des *ftores*. On apperçoit cette machine mife à fa place , dans la *Figure* 3 , *Planche II*. Le fond de la boîte eft creufé fous le tube du Thermomètre : l'entrée de cette cavité eft du côté de la petite porte dont j'ai parlé ci-devant (484). C'eft dans cette efpèce de niche intérieure que j'ai placé le rouleau ; on le voit en partie de *i* à *l* , dans la *Figure* , parce que la petite porte eft entr'ouverte.

J'ai fair sortir l'*echelle* par une fente fort
étroite, précisément auprès du tube ; & , soit
pour la tirer sans qu'elle se froisse, soit pour
l'empêcher de rentrer entièrement dans la
fente, j'ai enveloppé & collé à son bord extérieur une petire verge de léton *m*, *n*, à laquelle
sont attachés trois cordons de soie noués ensemble, qui servent à la tirer. J'ai représenté la
division sortant un peu de la fente, & ses cordons retenus par une épingle sur le côté de la
boîte. On voit que tout est tendu par l'action du
ressort qui tire du dedans.

494. Il est aisé maintenant de voir comment
je puis faire correspondre au tube l'*échelle* particulière qui convient à chaque hauteur du
mercure dans le Baromètre. Si je me trouve sur
une montagne où le mercure se soutient à 20
pouces, je fais sortir la division jusqu'à ce que
le tube du Thermomètre corresponde à la colonne marquée 20, *Fig.* 2, *Planche III* ; si les
dégrés qu'il indique sur cette colonne sont au-
dessus de 0, ils représentent des 16^{nes}. de ligne
à déduire de la hauteur observée sur le Baromètre : & si les *dégrés* sont au-dessous du même
point ; ce sont des 16^{nes}. de *ligne* qu'il faut ajouter à cette hauteur.

Il faut que le *rouleau* soit bien cylindrique,
pour que l'*échelle* entre & sorte perpendicu-
lairement au fond de la boîte. La ligne ponctuée
de l'*eau dans la glace*, sert de guide pour tirer
l'*échelle* dans cette direction. Cette ligne doit
toujours se trouver vis à vis du fil qui marque
la température de l'*eau dans la glace*, ou de *la
glace qui fond*, sur le tube du Thermomètre.

Exemple.

Comme le *rouleau* dépasse un peu du côté de la petite porte, je l'ai creusé en cet endroit, pour qu'elle puisse se fermer entièrement : cet enfoncement est tracé de grandeur naturelle en *a*, *b*, *Pl. IV. Fig.* 3.

Autre Thermom. dont la construction & l'usage seront indiqués dans la suite.

495. On voit dans la *Fig.* 3 de la *Planche* II un autre Thermomètre, posé sur la petite porte *c*, *d*, auprès de celui que je viens de décrire. Mais comme sa construction découle de l'usage auquel je l'emploie, je n'en ferai mention que lorsque j'y serai conduit par mon sujet. (537).

Description de l'à-plomb.

Le plomb.

496. L'*à-plomb*, qui est au-dessus du petit Thermomètre dont je viens de parler, est ia dernière pièce de la *Fig.* 3 qui me reste à décrire. Le *plomb* est composé de trois pièces : la principale est de léton, tournée en forme de poire, & percée dans sa longueur. A l'extrémité inférieure de ce trou est une pointe d'acier ; & au-dessus, un petit bouchon de léton percé, où la soie qui tient le *plomb* suspendu, passe juste. Il faut que ce *plomb* soit tourné sur le trou de son bouchon, & sur sa pointe, afin que celle-ci ne se jette pas hors de la ligne verticale.

Sa niche.

La niche où pend ce *plomb* est garantie du vent, par une porte vitrée, qui se ferme au moyen d'un ressort de léton, posé sur le côté de la boîte. La porte, en passant, fait reculer ce ressort qui retourne ensuite, & l'empêche de s'ouvrir. Un autre ressort, placé horisontalement au haut de la niche , & que la porre comprime en fe fermant , la repouffe quand on preffe celui qui eft à côté. Par ce moyen la porte s'ouvre & fe ferme très-aifément.

La foie qui tient le *plomb* fufpendu, paffe par une rainure qui s'étend depuis le haut de la boîte jufqu'à la *niche.* Cette rainure eft recouverte par une pièce de bois, & par le papier ; elle a été faite, d'un bout à l'autre de la planche , parallelement au grand tube du Baromètre ; elle fert en bas à recevoir le petit tube. C'eft une portion de cette même rainure qui eft au-deffous de la *niche* ; j'y ai placé une pièce de léton courbée à angle droit , dont un côté eft fixé au fond de la rainure par une vis , & l'autre côté , qui ferme le bas de la *niche* , porte une pointe d'acier qui correfpond à celle du *plomb.*

On voit une petite ouverture quarrée au haut du canal dans lequel paffe la foie. J'ai placé dans cette ouverture une pièce de léton courbée , femblable à la précédente : un de fes côtés eft fixé au fond de l'ouverture par une vis , & l'autre , percé d'un petit trou , ferme l'entrée du canal , & détermine le point de fufpenfion du *plomb.*

La cheville qu'on voit au-deffus de l'ouverture quarrée , traverfe une petite pièce de bois qui couvre le prolongement du canal , & fon extrémité intérieure entre dans le fond de la boîte. C'eft à cette cheville que la foie eft attachée : fon ufage eft d'empêcher le ballottement du plomb , quand on tranfporte le Baromètre ; on foulève le plomb en tournant la cheville ; & comme il eft trop gros pour paffer dans le canal , il s'arrête à l'entrée : on le fait abbaisser en tournant la cheville en sens contraire.

La pointe d'acier qui est au bas de la niche , & le trou dans lequel passe la soie au haut du canal , sont à la même distance du grand tube du Baromètre , & également enfoncés. Ainsi , quand la pointe du *plomb* correspond à celle qui est au bas de la *niche* , comme je l'ai représenté dans la figure , on est assuré que le tube du Baromètre est placé verticalement.

Pièce destinée à arrêter ses oscillations.

497. Lorsqu'on met le Baromètre en expérience , on agite nécessairement le *plomb* ; & il demeureroit long-tems à se fixer , s'il étoit abandonné à lui-même. Pour obvier à cet inconvénient , j'ai fait passer au travers de la plaque de léton qui est au bas de la niche , à côté de la pointe , un fil de léton contourné comme on le voit dans la *Figure*. Il est retenu dans l'épaisseur de la *plaque* , par une goupille qui le traverse , & sur laquelle il se balance librement. Ce fil de léton porte à son extrémité inférieure une petite poire du même métal , & son bout supérieur tient , par une fente , un morceau de carte courbé en forme de cuillier. La *petite porte* sur laquelle est posé un Thermomètre , est entaillée dans le haut , en *c* , pour laisser le jeu nécessaire à cette machine.

Manière de s'en servir.

Quand on veut arrêter les oscillations du *plomb* , on pousse avec le doigt la petite poire de léton du côté du Baromètre , dans une cavité latérale que je n'ai pu réprésenter : la portion supérieure de la branche de léton se meut par ce moyen en sens contraire ; la *carte* entraîne le

plomb ,

plomb, & le fait appuyer contre le côté de la *niche*. Retirant alors doucement le doigt, le poids de la *poire* fait rétrograder la *carte* ; & le *plomb* qui la fuit, s'arrête immobile lorſqu'il pend verticalement.

Cette méthode, qui abrège beaucoup les expériences, peut être employée utilement dans tous les cas ſemblables à celui-ci; c'eſt-à-dire, lorſque le *plomb* eſt enfermé, pour le garantir de l'agitation de l'air ; & qu'on ne peut arrêter ſes oſcillations, en le faiſant tremper dans l'eau.

Précautions néceſſaires dans l'uſage de ce Baromètre.

498. Par toutès les précautions que j'ai indiquées, mon Baromètre eſt auſſi peu ſujet à ſe déranger, qu'aucune autre machine un peu compliquée. Mais il eſt peu de ces machines qui ne ſouffrent par les inattentions & les mal-adreſſes. Une montre, deſtinée à ſervir au premier venu, & conſtruite pour cela, devient une rente aſſurée pour l'Horloger, entre les mains d'un homme mal-adroit. Or un Baromètre portatif eſt naturellement plus facile à ſe déranger qu'une montre, & il y a moins de gens capables de le remettre en bon état, qu'il n'y a d'Horlogers.

Ce Baromètre eſt encore ſemblable à la plupart des machines, en ce qu'il ne ſuffit pas, pour s'en ſervir aiſément & ſans riſque de le déranger, d'avoir quelqu'adreſſe & d'être attentif; mais qu'il eſt abſolument néceſſaire

Cette méthode peut être utile en divers cas.

Le Baromètre à Robinet eſt peu ſujet à ſe déranger.

Cependant il demande de l'attention & quelqu'adreſſe dans l'uſage.

Il faut auſſi le bien connoître pour s'en ſervir convenablement.

Tome III.　　　　　　　　　　　　D

de s'être familiarifé avec fa conftruction & fes ufages, & de connoître parfaitement les rifques qu'il peut courir. Cette habitude eft fur-tout indifpenfable, pour empêcher l'introduction de l'air dans la grand tube du Baromètre. Si, par quelqu'accident, une bulle d'air étoit prête à s'y gliffer, on doit pouvoir arrêter fon mouvement, & la faire rétrograder, prefque fans y réfléchir, & par une action auffi fûre & auffi prompte, que celle d'un joueur de paume qui juge & renvoie la balle. Je ne puis confeiller autre chofe à cet égard, que de contracter une femblable habitude, & d'être attentif. Mais je vais indiquer les moyens d'éviter, pendant lé tems du tranfport, la néceffité d'une attention trop foutenue.

Il peut être droit dans le tranfport. 499. Dans tout le cours de mes obfervations à la montagne de *Salève*, dont je parlerai bientôt, j'ai porté mon Baromètre en manière de carquois, & dans fa pofition naturelle, c'eft-à-dire, le fommet du Baromètre placé en haut: le *robinet* a toujours été fuffifant pour contenir le mercure; feulement, dans quelques occafions où il éprouvoit de fréquentes & fortes fecouffes, comme dans les defcentes rapides & pierreufes, il s'échappoit un peu de mercure: cependant il n'en fortoit jamais affez pour qu'il y eût quelque chofe à craindre; parce qu'étant d'abord averti par les ofcillations du mercure qui frappoit contre le fommet du tube, j'y portois remède en ouvrant & refermant le *robinet*, tandis que le Baromètre étoit incliné; le canal de fa *clef* contenoit toujours affez de mercure pour fuppléer à ces petites pertes.

J'avois souvent porté ce Baromètre à cheval;
le pas ne l'altéroit point: le trot & le galop n'exi-
geoient que la même attention , dont je viens
de parler au sujet des descentes rapides & pier-
reuses : mais ayant voulu le faire voyager en
chaise, & le tenir dans la même situation, il
ne put soutenir les secousses produites par les
mauvais chemins. Il fallut donc songer à quelqu'expédient.

500. J'avois toujours craint de porter le Baromètre renversé, de peur que les Thermomètres qui l'accompagnent , ne se dérangeassent
dans les secousses. Je l'essayai alors ; & je reconnus que mes craintes n'étoient pas fondées.
Un Thermomètre de mercure , bien fait, ne
risque point de se déranger dans quelque situation qu'il soit. S'il est renversé , le mercure s'é-
coule le long du tube ; il se fait un petit vuide
dans la boule ; & , quelque secousse qu'il
éprouve dans cette situation , il revient à son
premier état quand on le redresse.

Cependant il vaut mieux le porter renversé.

Il n'y a donc rien à craindre pour les Thermomètres en les portant renversés ; & cette situation renferme de grands avantages pour le
Baromètre. D'abord il n'y a plus que la petite
colonne, comprise entre la courbure du tube &
le *robinet* (*Fig. 3*), qui pèse sur celui-ci : &
par conséquent l'effort du mercure pour sortir,
est beaucoup moindre. Outre cela , quand ,
par un cas imprévu, cette portion du tube se
vuideroit totalement, il n'en résulteroit aucun
mal pour le Baromètre; moyennant qu'on fît
attention de le remplir , sans laisser entrer de

l'air dans le grand tube ; & on le fait très-ai‑
fément.

Il eſt donc plus ſûr de porter le Baromètre renverſé ; & cette ſituation a l'avantage d'exi‑ ger beaucoup moins d'attention pendant qu'on le tranſporte : c'eſt pourquoi je l'ai entière‑ ment adoptée.

Manière de le ſuſpen‑ dre quand on le porte ;

501. J'ai mis une courroie derrière la boîte du Baromètre : une de ſes extrêmités eſt fixée dans le haut par des vis, & l'autre de la même manière vers le bas ; on peut l'allonger & l'accourcir par le moyen d'une boucle. Cette courroie

A pied ;

ſert à porter l'inſtrument, quand on eſt à pied ; on y paſſe un bras & la tête, & l'inſtrument renverſé pend ſur le dos à la manière d'un car‑ quois. Il faut cependant faire attention que, quand on s'approche du lieu où l'on ſe propoſe d'obſerver, celui qui porte le Baromètre doit le tenir à la main, ſuſpendu par la courroie, pour l'éloigner de la chaleur de ſon corps (368).

A cheval.

Quoiqu'on puiſſe porter ce Baromètre à che‑ val de la même manière qu'à pied, ſi l'on avoit à faire une route un peu longue, il ſeroit plus commode de faire ajuſter à la ſelle un ſupport à‑peu‑près ſemblable au *porte‑croſſe* des Dra‑ gons, pour porter le Baromètre, comme ils portent leur fuſil.

Dans un long voyage, il faut mettre cet inſtrument à l'abri des chocs & de la pluie : c'eſt à quoi doit ſervir le fourreau dont je vais parler.

Fourreau pour le ga‑ rantir des

J'ai pris une petite couverture de laine épaiſſe & moëlleuſe, qui fait pluſieurs tours autour de la boîte de mon Baromètre ; & comme elle eft plus longue , j'ai employé l'excédent à former un couffinet de quatre à cinq pouces d'épaiffeur , au bas du fourreau ; & j'ai couvert le tout d'une toile cirée fort fouple. La courroie étant alors inutile à la boîte du Baromètre , je l'ôte pour la mettre au fourreau où elle devient néceffaire.

502. Dans tous les cas dont je viens de faire mention, le Baromètre, étant renverfé, n'exige aucun autre foin que de le tenir toujours dans cette même fituation : mais il faut être fcrupuleux fur cet article , & ne le placer jamais en aucun endroit, quoique pour être en repos , fans faire attention que fon fommet foit plus abbaiffé que la partie oppofée , jufqu'à ce qu'on ait vu l'effet que peuvent avoir produit les fecouffes , ou la diminution de la chaleur. S'il en étoit forti du mercure , ou s'il s'étoit condenfé , on rifqueroit , en couchant le Baromètre dans une fituation différente , de faire paffer dans la grande branche , l'air qui auroit pris la place du mercure. Par la même raifon , il ne faut jamais redreffer le Baromètre fans l'avoir examiné. S'il s'y eft introduit de l'air , on le verra raffemblé dans la courbure du tube , & il fera facile de le faire retrograder & fortir (487). Il eft rare qu'on ait befoin de faire cette opération, ce qui raffûre un peu contre les inadvertences. Mais quand on y feroit obligé chaque fois quon redreffe le Baromètre , elle eft fi fimple & fi prompte, qu'on ne peut la regarder comme un inconvénient. Par ce moyen j'ai fait plufieurs voyages avec

mon Baromètre , sans qu'il lui soit arrivé le moindre dérangement.

Trépied pour placer commodement le Baromètre, en quelque lieu qu'on veuille l'observer.

Nécessité d'un moyen pour placer le Baromètre.

503. J'ai fait voir ci-devant que , pour observer le Baromètre avec exactitude , lorsqu'on le porte à la campagne , il falloit nécessairement s'aider de quelque moyen de le placer par-tout, solidement , & dans la position où il doit être (406). Ayant reconnu cette nécessité par l'expérience , je fis d'abord usage du *pied* d'un Graphomètre , composé de trois branches comme à l'ordinaire. Je le trouvai très-utile pour soutenir mon instrument ; mais

Défaut des *trépieds* ordinaires pour cet usage.

fort incommode par son volume. On sait que les trois branches de ces *pieds* sont réunies par une pièce de bois triangulaire ; & que chaque branche s'applique sur une des faces de cette pièce , par le moyen d'une vis. Dans cette construction , il y a toujours entre les branches réunies , une pyramide triangulaire vuide; ce qui augmente le volume du *pied* , & fait que la main se fatigue quand il faut le porter long-tems. Ce défaut étoit d'autant plus considérable pour moi , que j'avois un grand plan d'observations , & un besoin très-grand par cela même d'applanir les difficultés , autant qu'il m'étoit possible. Ce besoin me fit imaginer un *pied* dont les trois branches , ne laissant aucun vuide entr'elles , forment un bâton commode. C'est celui que je vais décrire.

Description

504. La *Figure* I". de la *Planche* IV repré-

fente le haut de ce *pied*, réduit sur la même échelle que la *Figure* de la *Planche* II ; c'est-à-dire, à 4 lignes pour un pouce. Ses branches, qui sont représentées comme rompues en *a*, *b*, *c*, ont 3 pieds 3 pouces de longueur : je les ai faites de jeune noyer, dont les fibres sont droites & fermes. On peut aussi employer le frêne à cet usage. Ces branches ont chacune à leur extrémité une pointe de fer, d'environ un pouce de longueur, qui se plante dans le terrein, s'il le permet, ou qui du moins empêche que la branche ne puisse s'écarter. *d'un trépied qui lui est propre.*

Ce qu'il y a de plus essentiel à décrire dans cette machine, c'est sa charnière ; on la voit démontée & de grandeur naturelle dans la *Figure* 2. La coupe horisontale de chaque branche est un secteur de 120° ; elles forment ainsi par leur réunion une tige solide (*a*). Pour augmenter la force de la charnière, j'ai laissé au haut de chaque branche, une espèce de console, qui est saillante hors de la rondeur du bâton. *Principalement de sa charnière.*

La pièce qui réunit les trois branches, est de cornouiller, bois dur & solide ; on la voit en entier dans la *Figure* Iʳᵉ., & seulement par sa bâse dans la *Figure* 2, dont il s'agit ici. Cette bâse a trois côtés *a*, *b*, *c* ; & trois angles ren-

---

(*a*) Je m'étonnois qu'on n'eût pas eu cette idée, pour diminuer le volume des *pieds* d'instrumens. Mais j'en ai vu un depuis peu, fait à Londres, qui est semblable au mien, à l'exception des charnières, qui sont de laiton.

D iv

trans, dont deux font découverts en *d*, *e*, &
le troifièmen eft couvert *e f*, comme je le dirai
ci-après. Chacun des côtés fert à une charnière:
ils font fendus dans le milieu, & percés, fuivant leur longueur, & par le centre de l'arron-
diffement, d'un trou qui reçoit la goupille de la
charnière.

Les trois branches font échancrées dans le
haut, de manière que leur affemblage forme
une cavité, dans laquelle s'applique exactement la pièce qui doit les réunir. Du milieu de
l'échancrure de chaque branche, s'élève une
plaque de laiton arrondie & percée d'un trou.
Ces plaques, enchâffées dans le bois, comme
on le voit dans les *Figures* Ière & 2de, y font
arrêtées par deux goupilles de laiton, qui tra-
verfent la pièce de bois, l'une en-dedans, &
l'autre en-dehors. C'eft au moyen de ces plaques que les branches font réunies par le haut:
elles entrent chacune dans une des fentes du
triangle, & font retenues par les goupilles; en
forte que le haut de chaque branche embraffe
un des côtés arrondis du triangle, & forme avec
lui une charnière. On conçoit (*Fig.* 2) que, fi
l'on redreffoit la pièce qui eft penchée, elle
viendroit occuper la cavité que forment les
branches réunies; & que chaque plaque entre-
roit dans une fente qui lui correfpond. On voit
les branches écartées dans la *Fig.* Ire : un des angles rentrans eft en face; il préfente les bouts
des goupilles de deux charnières; chacun des
deux autres angles eft femblable à celui-là.

Il convient de mettre un peu d'huile dans le
trou des plaques de laiton, pour diminuer le

frottement ; au moyen de quoi, le mouvement des charnières est très-doux, & cependant les branches ne vacillent point. Ce *pied* se prête très-aisément à toutes les formes de terrein. Lorsque ses branches sont réunies, elles forment un bâton, dont la grosseur ni le poids ne sont point incommodes : il y a 16 lignes de diamètre dans le haut, & 14 dans le bas. Deux viroles de laiton le tiennent fermé, lorsqu'on veut s'en servir comme d'une canne : elles empêchent aussi les branches de se déjetter en les plaçant, l'une vers le milieu, & l'autre à peu de distance du bas. La charnière sert de pommeau ; & pour que les angles rentrans n'incommodent pas la main, je les ai garnis d'une pièce de bois qui tient avec une vis. On voit sa forme extérieure à l'angle *f* de la *Figure* 2 ; & comme elle n'est pas appliquée à l'angle qui est en face dans la *Figure* Iere, on peut juger de sa forme intérieure par celle de la cavité qui doit la recevoir.

505. Pour employer ce *pied* à l'usage du Baromètre, je me sers d'une *presse* de bois, qui est au haut de la *Figure* Iere. Elle se met sur le *tourrillon* qui est au-dessus de la charnière, & s'y fixe par derrière avec une vis. Je la place toujours, comme on la voit dans la *Figure*, c'est-à-dire que, quand le Baromètre est mis entre les branches antérieures du *pied*, reposant sur le terrein par le bas, il doit entrer en haut dans la *presse*, dont je serre les vis pour le fixer. Si le terrein est uni, je mets le Baromètre à plomb, en le faisant mouvoir par le bas ; son coussinet inférieur rend ce mouvement très-facile, parce qu'il fléchit. Mais si le

terrein eſt raboteux, je cherche d'abord à placer le Baromètre à-peu-près verticalement, & j'achève de le mettre dans cette poſition, par le moyen des vis de la *preſſe*. À l'aide de ce *pied*, & de la machine qui arrête les oſcillations du *plomb*, je place mon Baromètre ſolidement & verticalement en moins d'une minute, quelque forme qu'ait le terrein (*a*).

Moyen de le garantir du ſoleil.

506. Le *tourrillon* ſur lequel la *preſſe* eſt fixée, eſt percé dans le ſens de ſa longueur, pour recevoir le manche d'un paraſol, dont je me ſers pour garantir ma boîte du ſoleil, ſoit pendant les expériences, ſoit dans la marche lorſque j'approche du lieu où je me propoſe d'obſerver. J'ai fait voir ci-devant la néceſſité de cette précaution, pour empêcher l'inégale diſtribution de la chaleur, entre le Baromètre & le Thermomètre (368).

507. Après avoir été pluſieurs fois ſur les montagnes avec mon Baromètre, je penſai qu'il ſeroit fort utile d'y joindre un niveau, pour eſtimer, par la hauteur des lieux où l'on ſe trouve, celle des lieux circonvoiſins. La ſolidité du *pied* que je viens de décrire, celle de la boîte de mon Baromètre, & la juſteſſe de ſon *à-plomb*, rendoient cette addition facile ; il ne manquoit à tout cela que des *pinules*, & je trouvai à les placer commodément ſur la boîte du Baromètre. Elles ſont dans ſa partie ſupérieure (*Pl.* 2 , *Fig.* 3).

(*a*) Quant à la manière de placer le Baromètre dans l'intérieur des maiſons, lorſqu'on voyage, je l'indique dans la note du §. 763.

La *pinule* qui porte le fil, eft attachée fur la porte en dedans. C'eft une pièce de laiton, courbée à angle droit, dont un des côtés, plus grand que l'autre, eft enchâffé dans le bois, & tient folidement par deux vis; l'autre côté de cette plaque eft vuidé & garni d'un fil d'argent très-délié, bien tendu. La *pinule* qui porte le trou, eft au côté oppofé de la boîte, contre lequel elle tient par trois vis. Le petit trou eft fur une pièce de laiton qui entre en couliffe dans la *pinule*, & il fe trouve devant un grand trou, de forte qu'on peut le placer à volonté. Quand on ferme la boîte, la *pinule* qui porte le fil, entre dans une cavité qui eft à côté de l'autre *pinule*. Les charnières de la porte font ajuftées de manière qu'elles l'arrêtent lorfqu'elle a fait un demi-tour; en forte que la furface intérieure de la porte, & la furface antérieure des deux côtés de la boîte, fe trouvent exactement dans le même plan; les *pinules* font alors l'une vis-à-vis de l'autre à fept *pouces* de diftance.

On *rectifie* aifément ce niveau, par la méthode ordinaire, en élevant ou abbaiffant le petit trou; c'eft à quoi fert la couliffe dont j'ai parlé.

Voilà quels font les inftrumens dont je me fuis fervi dans mes expériences. J'efpère que les détails dans lefquels je fuis entré, épargneront quelques recherches à ceux qui voudroient en conftruire de femblables, & feront connoître une partie des foins que j'ai pris pour éviter l'erreur. Le plan d'obfervations que j'avois formé, exigeoit abfolument des ma-

Lorfqu'il ne s'agira que de quelques obfervations particulières, on pourra fimplifier plufieurs des inftrumens décrits dans ce chapitre.

chines qui puffent abreger le travail ; & comme je cherchois à établir des règles , j'étois obligé à de grands foins & à une fcrupuleufe exactitude. Mais , lorfqu'il ne s'agira que d'expériences particulières , il fera facile de fupprimer une partie de l'appareil , en donnant , s'il eft néceffaire , un peu plus de tems à l'obfervation. Je ne m'arrêterai pas à indiquer quelles font les précautions qu'on peut négliger fans conféquence; tout Phyficien attentif comprendra aifément , après la lecture de mon Ouvrage , celles qui feront effentielles aux obfervations qu'il fe propofera d'entreprendre.

CHAPITRE SECOND.

Mefures de la hauteur des lieux deftinés aux Obfervations qui font l'objet des Chapitres fuivans.

MON but principal dans cet Ouvrage eft de comparer des *hauteurs* connues avec les *abbaiffemens de mercure* dans le Baromètre obfervé à ces mêmes *hauteurs* , pour en tirer une règle générale , au moyen de laquelle on puiffe , à l'avenir , mefurer les *hauteurs* acceffibles , & connoître par-tout & en tout rems , la *denfité* & le *poids abfolu* de l'air.

J'ai expofé jufqu'ici toutes les précautions que j'ai prifes pour que le Baromètre ne me trompât point. Il s'agit à préfent de celles que j'ai apportées à la mefure de la hauteur des lieux où j'ai fait mes expériences.

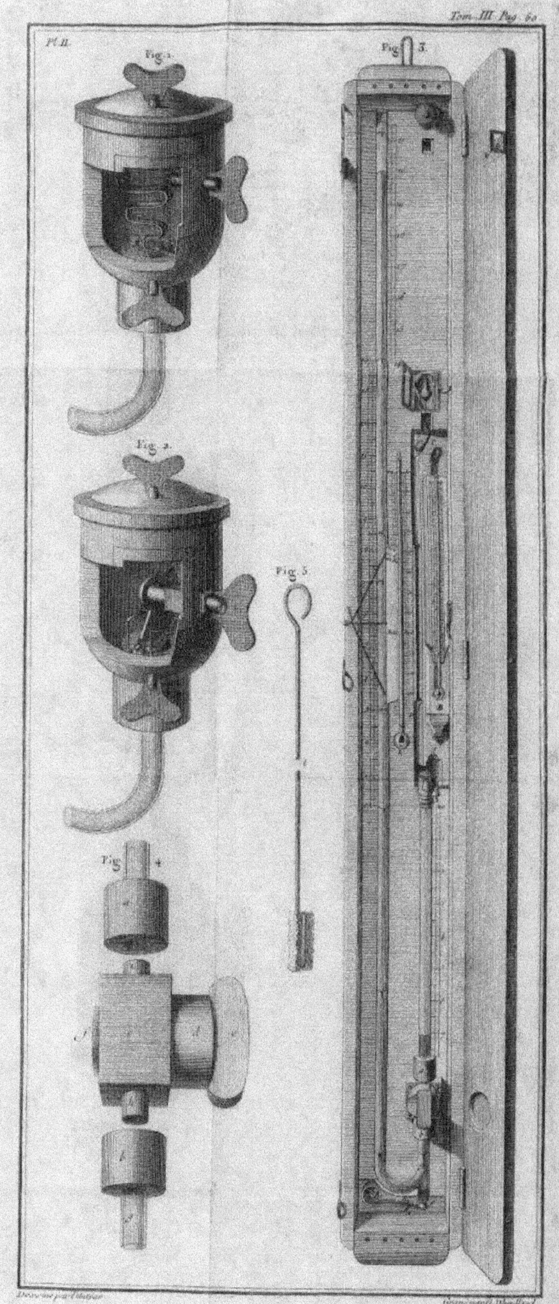

Pl.II.
Tom.III. Pag.60.
Fig.1.
Fig.2.
Fig.3.
Fig.4.
Fig.5.

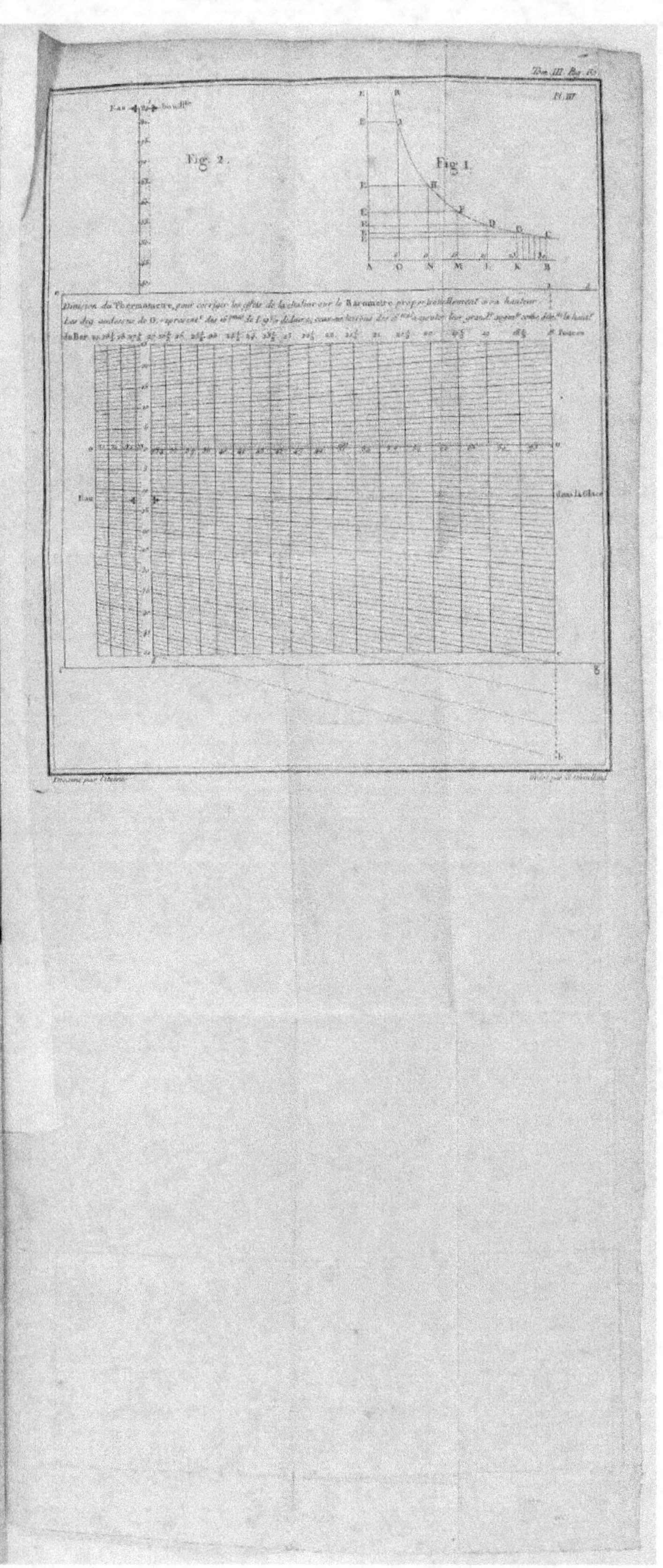

Tom. III. Pag. 65.
Pl. III.
Fig. 2.
Fig. 1.
A O N M L K B
Division du Thermomètre, pour corriger les effets de la chaleur sur le Baromètre proportionnellement à sa hauteur.
du Bar.
Eau bouillante
dans la Glace
Dessiné par l'Auteur

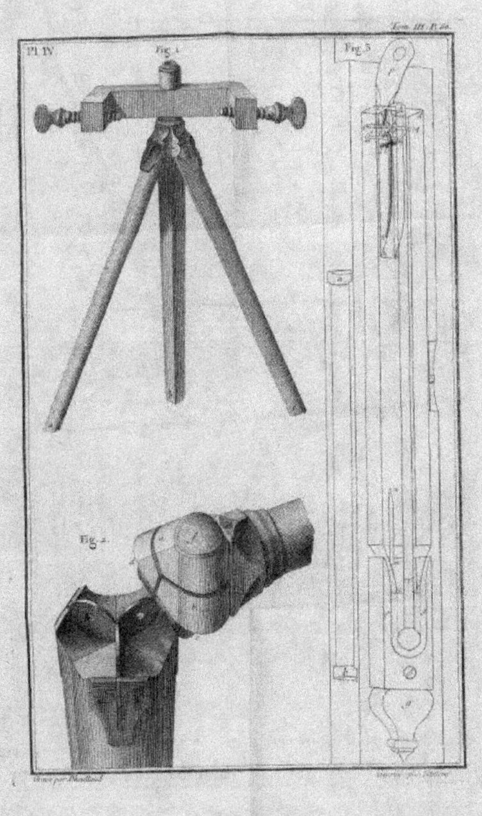

Pl. IV
Fig. 1
Fig. 3
Fig. 2
Tom. III. P. 80.
Dessiné par Duvivier

Cette partie eft mieux connue que la première ; cependant, lorfqu'on veut infpirer de
la confiance pour les réfultats d'un travail
dont les conféquences font très-étendues,
& dans lequel bien des caufes peuvent introduire l'erreur, on ne doit rien omettre de
ce qui eft propre à lever ou à prévenir les
doutes qui peuvent naître chez ceux qu'on
veut perfuader. Je dirai plus, on doit même
leur fournir les moyens de découvrir fes propres erreurs, en travaillant, pour ainfi dire,
fous leurs yeux, & en les mettant ainfi en
état de juger eux-mêmes, lorfqu'ils voudront
s'en donner la peine, fi les conféquences qu'on
tire de fes obfervations, en découlent véritablement. Je vais donc entrer dans quelques
détails fur mes *mefures.*

Mefure de quinze *ftations dans la Montagne de Salève.*

508. Je choifis pour mes premières obfervations, dans une montagne voifine de Genève, nommée *Salève*, fix points différemment
élevés, qu'on pouvoit difcerner aifément de
la plaine ; & j'y plaçai des fignaux pour les
déterminer avec plus de précifion. Je mefurai
enfuite, fur la glace, dans un foffé qui borde
un chemin droit, une bâfe de 3400 pieds,
diftante de demi-lieue de quelques-unes de
mes ftations, & d'une à deux lieues de quelques autres. J'employai, pour prendre les
angles, un Quart-de-cercle de trois pieds de

cercle de 3 pieds de rayon.

rayon, fait par *Butterfield*, & dont cet habile Artiste se feroit honneur. Ce Quart-de cercle avoit appartenu à M. *Fatio de Duilier*, qui en fit présent à notre Bibliothèque publique. J'y ajoutai un micromètre, & des *conducteurs* pour observer plus exactement.

Raisons d'employer une autre manière de mesurer les hauteurs.
La *réfraction.*

509. Je pouvois être content de cette mesure; il n'est pas commun de trouver une bâse aussi commode, ni un si bon instrument. Cependant deux choses m'inquiétoient : l'une est la *réfraction*, dont il m'étoit bien difficile de corriger sûrement les effets. M. *de la Condamine* en indique un moyen (*a*), qui consiste à prendre pour l'effet de la *réfraction*, la moitié de la différence des angles de hauteur & de dépression réciproques, après la correction qu'exige la rondeur de la Terre. Mais il m'étoit presqu'impossible de transporter & de placer mon Quart-de-cercle à plusieurs de mes signaux, pour prendre les angles de dépression ; & d'ailleurs je n'étois pas assuré qu'au moment où je les prendrois l'état de l'air seroit semblable à ce qu'il étoit lorsque j'avois pris les angles de hauteur.

Le trop petit nombre de stations.

L'autre objet qui m'occupoit l'esprit, étoit le petit nombre de stations auquel j'avois été borné, par la difficulté de trouver, dans la montagne, des lieux accessibles qui pussent être vus de ma *bâse.*

(*a*) *Mesure des trois premiers degrés du Méridien dans l'Hemisphère Austral ;* 1re Part. Article 13.

510. Ces deux considérations me firent penser au *nivellement.* J'examinai, pour cet effet, les meilleurs *niveaux* dont la description m'étoit connue ; mais je n'en trouvai aucun qui ne fût sujet à quelqu'inconvénient pour l'usage auquel je voulois l'employer. Ce n'étoit pas une petite entreprise que de *niveler* une pente d'environ 3000 pieds de hauteur verticale, dans un trajet de près de cinq lieues, parmi les broussailles & les rochers, & dans une région où les vents, en ébranlant l'instrument, rendent les opérations peu exactes, ou du moins longues & pénibles.

511. Je me déterminai donc à construire moi-même un *niveau*, que je rendis propre à cette opération, & au moyen duquel mon frère & moi, aidés par un seul homme, nous nivelâmes dans 30 heures, avec une perche de 36 pieds, tout l'espace dont j'ai parlé ci-dessus.

Un niveau construit, & la montagne nivelée.

512. Nous fixâmes en même tems quinze stations, dans lesquelles se trouvèrent comprises les six premières, mesurées avec le Quart-de-cercle. Voici la comparaison des *hauteurs* trouvées par les deux méthodes, pour deux des stations les plus élevées.

Quinze stations fixées.

513. *Hauteur* trouvée par le calcul immédiat de l'opération Géométrique, pour le sommet de la montagne . . . . . *2916 pieds.*

A quoi il faut ajouter pour la rondeur de la Terre sur une distance de 28365 pieds . . . environ   20

―――――

2936

Différence des résultats du nivellement & de l'opération trigonométrique.

Hauteur trouvée par le *nivellement* 2926

différence . . . 10 *pieds.*

Hauteur d'une autre station, par
l'opération Géométrique . . 2595 *pieds.*
Pour la rondeur de la Terre sur
une distance de 12158 *pieds*
. . . . environ 4

2599

Hauteur trouvée par le *nivellement* 2584

différence . . . 15 *pieds.*

Cette différence vient en plus grande partie de la réfraction.

514. Le nivellement me donna donc moins de hauteur que l'opération faite avec le Quart-de-cercle ; ce qui ne pouvoit être attribué qu'à la *réfraction.* Il n'y avoit point d'erreur dans les mesures actuelles ; la perche qui servit au *nivellement*, & celles que j'employai à la mesure de la *bâse*, furent faites sur le même étalon, & avec autant d'exactitude que j'en aurois apporté pour faire l'*échelle* d'un Baromètre.

Incertitude sur le choix entre les deux résultats.

Cependant, comme je ne savois point certainement si j'étois fondé à donner la préférence au *nivellement* sur l'opération faite avec le Quart-de-cercle, je pensai à répéter le premier, & je fus confirmé dans cette résolution par un incident.

J'avois

J'avois *nivelé* la montagne d'un bout à l'autre, sans interrompre la suite des *perches* entières, pour fixer mes quinze stations; & je m'étois contenté de quelques notes relativement à ce qu'il falloit ajouter ou déduire de la somme des *perches*, jusqu'au point le plus prochain de chaque station. Depuis mon *nivellement*, dont la simple addition m'avoit donné la hauteur totale de la montagne, il s'écoula plus de six mois avant que mes occupations me permissent de déterminer les hauteurs des stations intermédiaires; & quand j'entrepris de les déterminer, ma mémoire ne me fournit plus, avec assez de certitude, quelques circonstances que je lui avois confiées, relatives à la hauteur du *niveau*, qui, dans certains cas, devoit être déduite, & en d'autres cas ajoutée; de sorte que je ne pouvois me flatter d'avoir obtenu le dégré d'exactitude que je m'étois proposé dès le commencement de mes expériences.

515. Cette incertitude me décida. Nous entreprîmes de nouveau, mon frère & moi, le nivellement de la montagne, & nous employâmes cette seconde fois une méthode sûre pour fixer les stations intermédiaires. Nous trouvâmes effectivement quelques différences à cet égard; ce qui seul suffisoit pour rendre la seconde opération utile. Mais nous fûmes plus amplement dédommagés, lorsque nous vîmes que les sommes totales des deux *nivellemens* ne différoient que de dix pouces & demi.

On peut donc regarder toutes les *hauteurs*

Tome III.   E

auxquelles j'ai obfervé le Baromêtre dans cette montagne, comme déterminées avec toute la précifion poffible.

L'utilité que j'ai retirée de mon niveau, tant pour la diligence que pour l'exactitude, me déterminera peut-être à en faire le fujet d'un Mémoire féparé. Ces détails me détourneroient trop de mon objet, pour les entreprendre maintenant.

Mefures des hauteurs au cordeau.

Défaut de la manière ordinaire de mefurer les hauteurs au cordeau.

516. J'aurai occafion de parler, dans la fuite, de diverfes *hauteurs* que j'ai mefurées au *cordeau*. Quoique cette méthode paroiffe d'abord fort fimple, elle eft fujette néanmoins à un inconvénient dont je dois faire mention. Quand on veut mefurer l'élévation d'un lieu par le moyen d'une corde, il faut néceffairement la charger d'un poids proportionné à fa groffeur, pour la tenir tendue. Or dans cet état, elle fe détord, elle devient plus mince, & par conféquent plus longue. On la retire enfuite pour la mefurer; & comme elle reprend à-peu-près fon état naturel, elle eft trop courte alors, pour indiquer exactement la *hauteur* qu'elle mefuroit lorfqu'elle étoit tendue. Ce changement de longueur varie, fuivant que la corde eft plus ou moins tordue & chargée, & fuivant le plus ou moins d'humidité de l'air; il eft des cas où l'erreur qui réfulte de ces changemens, peut aller jufqu'à un cinquantième. Je m'apperçus de ce défaut en mefurant plufieurs fois la même tour en

divers tems. La différence que je trouvai dans les résultats, me fit comprendre que cette méthode étoit peu sûre. J'employai alors celle que je vais expliquer.

517. Je me sers d'une ficelle mince, composée seulement de deux brins, & peu tordue; j'y joins un poids proportionné à sa force & à sa longueur; je la laisse suspendue dans l'endroit que je veux mesurer, jusqu'à ce que je n'apperçoive aucun tournoiement dans le poids. Je la retire ensuite le long d'une perche aussi longue que l'emplacement peut le permettre, & dont je marque la longueur avec de l'encre, sur la ficelle dans son état de tension, en faisant parvenir successivement au haut de la perche, les marques faites en bas. Quand la ficelle est retirée, je compte les marques, qui m'indiquent la *hauteur*, avec autant d'exactitude que si j'avois appliqué la perche d'un bout à l'autre. C'est ainsi que j'ai mesuré toutes les *hauteurs* où j'ai fait des observations hors de la montagne de *Salève*.

QUATRIÈME PARTIE.

EXPÉRIENCES ET RECHERCHES

Sur les moyens de connoître la densité de l'air , en tout tems et en
tout lieu , et d'appliquer cette
connoissance a la mesure des hauteurs par le Baromètre.

***

CHAPITRE PREMIER.

*Des Effets que produisent les variations de la
chaleur dans l'air sur la hauteur du mercure
dans le Baromètre placé à différentes élévations.*

LES précautions que j'avois prises , pour
que des causes étrangères au *poids de l'air* ne
pussent se combiner avec les effets de ce *poids*
sur le Baromètre , me mirent en état d'appercevoir dès le commencement de mes observations , un phénomène intéressant , dont l'étude
attentive me fit bientôt connoître que je n'a-
vois pas tout prévu , lorsque j'entrepris ce
travail.

E iij

Variations oppoſées dans la hauteur des Baromètres placés à la montagne & dans la plaine.

518. Ayant obſervé deux fois le Baromètre en un même jour, dans un même endroit de la montagne, je trouvai le mercure plus haut la ſeconde fois que la première. Ce changement ne me ſurprit point d'abord, perſuadé qu'il s'étoit fait de même dans la plaine, où l'on obſervoit en même tems. Mais je fus bien étonné lorſque j'appris que la variation s'étoit faite en ſens contraire. Je ne pouvois attribuer cette différence, ni au manque d'exactitude dans les obſervations, ni à quelque défaut dans les Baromètres, il falloit donc qu'elle vînt de l'air, & il me parut d'autant plus eſſentiel d'en chercher la cauſe, que la différence obſervée étoit aſſez conſidérable, pour m'ôter toute eſpérance de réuſſir dans mon travail, ſi je ne trouvois un moyen d'écarter cette cauſe, ou d'en déterminer les effets.

Conjecture ſur la cauſe de cette oppoſition, tirée de ce que l'air n'étoit pas ſerein.

519. L'air n'étoit pas entièrement ſerein, lorſque je fis cette remarque; & je crus trouver dans cette circonſtance l'explication du Phénomène qui m'avoit ſurpris. Je penſai que, quand le Baromètre commence à deſcendre, la cauſe de ſon abbaiſſement peut n'être pas encore généralement répandue, & que par conſéquent elle peut influer ſur une colonne de l'atmoſphère, plus que ſur d'autres.

Expériences projettées pour la vérifier.

520. Comme il faut toujours s'aider de quelque hypothèſe pour imaginer des expériences, je m'arrêtai à celle-là. Je réſolus en conſéquence, de m'aller poſter à l'une de mes ſtations de la montagne, un jour où le Baromètre me paroîtroit devoir être fixe, pour y obſerver depuis le matin juſqu'au ſoir, tandis qu'on en ſeroit

de même à la plaine : me propofant de plus ,
fi je trouvois quelque vraifemblance à ma conjecture par cette première obfervation, c'eft-à-
dire , fi ce jour-là la marche des Baromètres
étoit uniforme , de réitérer l'expérience un
jour où le Baromètre inclineroit à monter, &
un autre jour qu'il inclineroit à defcendre.

521. Je commençai l'exécution de ce plan
par un beau jour. J'obfervai chaque quart-
d'heure le Baromètre & le Thermomètre , depuis le lever du foleil jufqu'à fon coucher , dans
un même endroit de la montagne. Le mercure
s'éleva dans le Baromètre depuis le commencement jufqu'aux trois quarts de la journée , &
il redefcendit pendant l'autre quart. J'étois très-
impatient de voir les obfervations faites à la
plaine. Dès que j'y fus de retour , je les examinai ; mais elles ne m'apprirent rien au premier coup-d'œil , parce que la différence du
mercure voiloit la marche des Baromètres ; ce
qu'il eft important de remarquer.

522. Je fis fur les hauteurs obfervées du Baromètre , les corrections requifes fuivant la
règle que j'ai indiquée ci-devant (492) & je
plaçai les obfervations correfpondantes les
unes à côté des autres. Cet arrangement , par
les contraftes finguliers qu'il me préfenta , fut
mon premier guide ; & je ne tardai pas à découvrir la caufe de ce qui m'avoit embarraffé
d'abord. Je vis que mon Baromètre de la montagne s'étoit élevé par une gradation fenfible ,
depuis le matin jufqu'aux trois quarts du jour ,
tandis que celui de la plaine s'étoit abbaiffé
dans le même tems : & qu'au contraire , pen-

dant que vers la fin du jour mon Baromètre avoit baiſſé à la montagne , celui de la plaine étoit remonté.

Les va-
riations du
Thermomè-
tre furent
ſemblables à
celles du Ba-
romètre de
la montagne.

523. Je ne pouvois plus regarder le changement de *tems* comme la cauſe de cette ſingulière oppoſition , puiſqu'il avoit été fort beau pendant toute la journée : mais je vis clairement qu'elle étoit produite par les effets des variations de la chaleur ſur l'air. En effet , mon Thermomètre qui , expoſé tout le jour à la montagne en plein air , devoit exprimer aſſez correctement les variations de ſa température , avoit monté & redeſcendu dans les mêmes tems , où mon Baromètre avoit fait des variations ſemblables. Je compris donc qu'il falloit chercher dans la température de l'air , la cauſe des différences que j'avois obſervées dans la marche de mes Baromètres. Mais comment l'un des Baromètres peut-il monter , tandis que l'autre deſcend ? Voici le raiſonnement que je fis à ce ſujet , & comment je conçus que ces effets oppoſés procédoient d'une même cauſe.

Explication.

524. Quand le ſoleil , par ſa préſence ſur l'horiſon d'un certain lieu , dilate la portion de

Expanſion
de l'air en
trois ſens dif-
férens quand
la chaleur
augmente.

l'Atmoſphère qui y repoſe ; l'expanſion de l'air , doit naturellement s'y faire ſuivant trois directions principales : l'une du couchant au levant , l'autre du levant au couchant , & la troiſième de bas en haut. Conſidérons d'abord ces deux premières directions , ſoit relativement aux preuves immédiates qui les démontrent , ſoit par rapport à leur influence ſur le Baromètre de la plaine.

Tranſport

525. La ſurface de la terre eſt la bâſe ſen-

fible de l'*atmofphère* ; c'eft le point d'appui im- mobile, contre lequel elle exerce fon action. La terre, par fa révolution journalière, pré- fente fucceffivement au foleil des portions de fa furface, où l'air eft plus denfe que fur celles qu'il vient d'échauffer. Dès que le foleil paroît fur un horifon, l'air s'y dilate, & par l'aug- mentation de fon volume il fe porte vers les lieux où cet aftre n'agit point encore, & vers ceux qu'il vient d'abandonner. C'eft ainfi que, par un mouvement continuel, l'air qui fort d'un hémifphère échauffé, va occuper la place abandonnée par l'air qui fe condenfe fur les parties de la terre, que le foleil n'échauffe plus ; & qu'il eft pouffé vers celles qui vont être bientôt réchauffées, mais, où toutes chofes d'ailleurs égales, la chaleur eft alors dans fa plus grande diminution diurne, à caufe de la plus longue abfence du foleil.

de l'air du levant au couchant.

526. Nous avons une preuve de ce dernier mouvement de l'air, dans le *vent d'Eft*, qui accompagne le lever du foleil, & que nous appercevons toujours dans les lieux découverts, quand il n'y a point de nuage qui lui faffe obftacle, ni d'autre vent qui le domine. Ainfi lorfque le foleil eft fur notre horifon, c'eft notre portion d'atmofphère qui fournit au *vent d'Eft* pour les pays où le foleil fe lève fucceffivement. Elle fournit auffi à la condenfation de l'air pour ceux où le foleil fe couche.

Preuve ti- rée du vent *d'Eft* qui rè- gne ordinai- rement au lever du fo- leil.

527. Je ne ferai plus qu'une feule remarque à ce fujet ; car mon deffein n'eft point de trai- ter la matière des vents, ni par conféquent d'examiner ce qui doit réfulter du paffage du

Condenfa- tion de l'air au coucher de cet Aftre.

ſoleil d'un tropique à l'autre , & du manque d'équilibre entre les colonnes d'air différemment échauffées ; je dirai ſeulement que , ſi nous n'appercevons pas un vent régulier au coucher du ſoleil , c'eſt parce que la chaleur commence à diminuer long-tems avant que le ſoleil ſoit abbaiſſé ſous l'horiſon : ce qui fait que l'air ſe condenſe peu-à-peu , & que de nouvel air arrive inſenſiblement de tout côté. C'eſt ainſi que nous voyons l'eau preſque calme derrière un vaiſſeau qui la ſillonne , tandis qu'elle reflue du côté de la prouë.

Diminution du poids de l'air ſur la plaine , produite par ces deux cauſes.

528. Il eſt donc certain qu'à meſure que le ſoleil échauffe une région , il s'y fait des expanſions latérales de l'air qui ſe dilate. Ainſi le Baromètre doit baiſſer pendant ce tems-là dans le bas des colonnes ; parce que la quantité d'air qui peſoit ſur lui , diminue ; car la colonne entière qui le ſoutient , n'ayant pas un appui dans le haut , ne peut produire aucun effet ſenſible par ſon *reſſort* (comme l'avoient penſé quelques Phyſiciens);on ne doit compter que ſon *poids*.

Expanſion de l'air en hauteur.

529. Mais par cela même que vers le haut rien ne fait obſtacle à l'expanſion de l'*air* , que le poids des parties ſoulevées , & que la ſurface de la terre eſt ſon point d'appui ; il doit s'élever de l'air de la plaine ſur les montagnes , quand la chaleur va en augmentant. Il faut du tems pour que les colonnes allongées puiſſent ſe verſer ſur leurs voiſines. L'étendue échauffée par le ſoleil eſt très-grande : & comme les parties du milieu ſont plus dilatées que celles des bords , il doit en réſulter une ſorte de *tumeur* , ſemblable à celle que la lune produit ſur les

mers, & du fommet de laquelle l'air doit *couler*
vers les parties les plus baffes. Les colonnes
échauffées reftent donc plus longues que celles
qui le font moins : & pendant ce tems-là , il eft
dans chaque colonne un point déterminé par
le dégré & la diftribution de la chaleur , où le
poids de l'*air* fupérieur ne change pas , parce
qu'il fe fait une compenfation exacte entre
l'augmentation de hauteur de la colonne , & la
diminution de fa denfité. Ce point eft peu élevé,
pour l'ordinaire , au-deffus de la plaine : mais
par la nature des caufes qui le déterminent , il
eft très-variable. A partir de ce point , plus on
s'élève , plus l'effet de l'allongement des colonnes l'emporte fur celui de la diminution de
leur denfité. Le poids de l'air fupérieur augmente donc à mefure que la chaleur augmente. C'eft ce qu'indique le Baromètre. Car ,
comme je l'ai dit , s'il eft placé dans un lieu
élevé , il monte à mefure que l'air s'échauffe au-
deffous de lui.

530. J'ai obfervé un grand nombre de fois
cet effet des variations de la chaleur , dans fes
diverfes combinaifons , qui peuvent fe réduire
à trois principales.

1°. Quand le Baromètre eft fixe , c'eft-à-
dire, lorfque plufieurs jours de fuite le mercure
eft également élevé à la même partie du jour ,
il va en baiffant à la plaine , & en s'élevant à la
montagne , lorfque la chaleur augmente , &
réciproquement.

2°. Quand la difpofition de l'atmofphère tend
à faire monter les Baromètres , en même tems
que la chaleur augmente , celui de la plaine

peur rester au même point , tandis que celui de la montagne monte par ces deux causes ; ou si le poids de l'atmosphère augmente encore , la hauteur du premier Baromètre augmente alors, mais moins que celle du dernier. Et lorsque la chaleur diminue , le Baromètre de la montagne peut cesser de monter , tandis que celui de la plaine monte à son tour par une double cause.

3°. Si le mercure doit s'abbaisser dans les Baromètres , à cause d'un changement dans l'état de l'air , & que la chaleur augmente , il pourra rester immobile dans le Baromètre de la montagne , tandis qu'il descendra dans celui de la plaine (*a*) ; ou si la diminution dans le poids de l'atmosphère est plus considérable , le mercure descendra aussi dans le premier Baromètre , mais il descendra moins que dans le dernier : & réciproquement pour la diminution de la chaleur.

Le plus ou le moins d'opposition ou de différence dans les mouvemens des deux Baro-

---

(*a*) Outre mes observations à la montagne de *Salève* sur cette immobilité du Baromètre dans les lieux élevés , en certains tems , tandis qu'il descend à la plaine, j'en ai fait une nouvelle le 27 Août de cette année (1763) au sommet du *Mole*, montagne de *Faucigny* beaucoup plus élevée que Salève. Le mercure y fut immobile dans le Baromètre depuis onze heures jusqu'à midi , tandis qu'il s'abbaissa d'un quart de ligne dans les Baromètres de la plaine ; aussi la chaleur avoit-elle augmenté d'environ un dégré & demi de la division en 80 *parties*. Je trouvai , par l'observation du Baromètre la hauteur du *Mole* au-dessus du *Lac de Genève* , de 4560 pieds.

mètres, dépend du plus ou moins de différence dans la hauteur des lieux : cela découle
naturellement de ce qui précède.

531. Après avoir examiné ces Phénomènes & toutes leurs conséquences, je ne pus me dissimuler qu'il falloit cesser mon travail, ou chercher les moyens de connoître le dégré moyen de chaleur de la colonne d'air que je voulois mesurer, & l'influence de ses variations sur la hauteur relative du mercure dans les Baromètres (*a*).

Il faut nécessairement connoître la température des colonnes d'air dont on veut mesurer la hauteur par le Baromètre.

(*a*) Dans l'histoire des tentatives pour mesurer les *hauteurs* par le Baromètre, j'ai rapporté (p. 183 du Ier. volume) celle qu'a faite M. *Lambert*, membre de l'Académie de *Berlin*. Comme cette partie est imprimée depuis long-tems, M. *le Sage* qui est en correspondance avec M. *Lambert*, me demanda un exemplaire de la feuille où je parle de sa méthode, pour le lui communiquer. Voici la réponse que lui fit M. *Lambert* à ce sujet: « Je me faisun plaisir de la publier, parce qu'elle témoigne » que M. *Lambert* avoit pensé aux effets que doivent pro » duire les différences de la chaleur, sur les rapports des » hauteurs de l'air avec les abbaissemens du mercure dans » le Baromètre.

« La feuille de l'ouvrage de M. de Luc m'a bien fait » plaisir, & je vous en dois, Monsieur, bien des remer » cimens. Voici les remarques que j'ai faites sur cette » feuille ; & que vous pourrez, si vous le jugez à propos, » communiquer à M. de Luc.

» A juger de cette feuille, il semble que M. de Luc » n'a vu de ce que j'ai écrit sur cette matiére, que » ce qui se trouve dans l'ouvrage qu'il cite. Or, dans cet » ouvrage, je rapporte en termes exprès (p. 351, § 52.) » la restriction : *si l'état de l'air n'étoit point altéré par la* » *chaleur & par les vapeurs.* J'aurois souhaité que M. de » Luc eût bien voulu en faire mention. Car ce n'est

Et pour cet effet ob-ferver le Thermomé-tre au moins à fes deux extrémités.

532. Je ne vis rien de mieux pour cela que d'obferver la chaleur des deux extrêmités de la colonne d'air comprife entre les deux Baro-mètres, & d'avoir, pour cet effet, deux Ther-momètres expofés à l'air libre, un dans la plaine, & l'autre fur la montagne.

» qu'en forme d'exemple que je parle en cet endroit des
» hauteurs Barométriques.

» Les hauteurs des montagnes dont je donne la lifte,
» ne font pas les mêmes que celles que donne M Caffini,
» qui les a mefurées. Mais ce font celles que j'ai trouvées,
» après avoir corrigé les mefures par l'évaluation des ré-
» fractions terreftres. Et ces corrections montent à 40,50,
» & même jufqu'à 80 *toifes*. Il y avoit même un cas,
» où il falloit fouftraire 168½ *toifes*, parce que la montagne
» avoit été mefurée à une diftance de 87740 *toifes*. Tout
» cela fe trouve dans un petit traité que je fis imprimer à
» le Haye en 1758, fur *les propriétés remarquables des*
» *routes de la lumière par les airs, & en général par plu-*
» *fieurs milieux refringens fphériques & concentriques, &c.*
» C'eft-là auffi que je dis que ces obfervations Baromé-
» triques ont été faites dans un même climat, & dans une
» même faifon de l'année, &c ».

Monfieur Lambert fait encore mention dans fa lettre d'un Mémoire qu'il a dreffé fur le même fujet à l'Acadé-mie de Bavière en 1762, mais qui n'étoit pas encore imprimé.

Il eft vrai, comme l'a bien compris M. *Lambert*, que je n'avois vu de lui fur ce fujet que l'ouvrage que j'ai cité : & même je n'en avois vu proprement que le paf-fage dont j'ai fait l'extrait ; parce que cet ouvrage eft en Allemand que je n'entends pas, & que la perfonne qui me l'avoit fait connoître ne m'avoit traduit que ce paffage.

CHAPITRE SECOND.

Defaut des Thermomètres ordinaires pour in-
diquer le dégré de chaleur de l'air, quand il
est échauffé par le soleil. Manière d'en cons-
truire qui soient propres à cet usage.

LORSQUE j'eus reconnu la nécessité
d'observer la température de l'air pendant les
expériences du Baromètre, j'examinai le Thermomètre relativement à cet objet, & je soup-
çonnai d'abord que sa construction ordinaire
ne devoit pas y être propre.

533. Dans cette idée j'en éprouvai plusieurs, *Quand les*
en les exposant en plein air. Les uns étoient *Thermomè-*
montés sur du sapin, d'autres sur du poirier, *posés au so-*
d'autres enfin sur des plaques de cuivre, per- *leil, la diffé-*
cées vis-à-vis de la boule. Tous ces Thermo- *sité de leur*
mètres étoient d'accord dans ma chambre ; *monture in-*
mais, lorsqu'ils furent exposés au soleil, ils *flue sur leur*
montèrent très - diversement, & se tinrent *hauteur.*
d'autant plus haut, que la matière de leur
monture étoit plus dense ; la différence entre
les Thermomètres qui étoient sur du cuivre
& ceux qui étoient montés en sapin, alla jusqu'à 3 dégrés. Je réiterai plusieurs fois cette
expérience, & je trouvai toujours le même
ordre de variation, mais dans des rapports
différens.

534. Je suspendis ensuite au soleil les mêmes *Les mon-*
Thermomètres sans monture ; je marquai la *tures en gé-*
néral contri-

buent à é-
chauffer les
Thermomè-
tres dans ce
cas-là ;

hauteur du mercure fur les tubes ; ils fe tinrent tous à la même hauteur , & tous auffi plus bas qu'ils n'étoient avant de les féparer de leur monture.

Parce que
elles aug-
mentent
l'action du
foleil.

535. Il eft aifé de voir quelle eft la caufe de ces différences. La boule d'un Thermomètre fans monture ne reçoit le foleil que par un de fes hémifphères ; l'autre eft continuellement *rafraîchi* par toutes les caufes qui fe combinent dans l'air avec le foleil , pour déterminer fon dégré de chaleur. Ces combinaifons fe font auffi dans le mercure, & déterminent fon dégré de dilatation ; au lieu qu'un Thermomètre *monté* , n'étant point *rafraîchi* par derrière, tout le mercure qu'il contient s'échauffe, comme fi le foleil agiffoit feul dans l'air, & cela d'autant plus que la monture eft d'une matière plus denfe. L'ouverture faite aux plaques de cuivre , derrière la boule des Thermomètres dont j'ai parlé , ne pouvoit empêcher une grande partie de cet effet , parce que la largeur de la monture empêchoit la circulation de l'air, & que la plaque de cuivre , échauffée par le foleil , communiquoit fa chaleur au Thermomètre qui lui étoit contigu.

Il faut que
la boule foit
entièrement
ifolée.

536. Ainfi , pour avoir des Thermomètres comparables , quoiqu'expofés au foleil , il faut néceffairement que leur boule foit ifolée , & que leur échelle ne foit fixée qu'au tube. Ceux que j'ai faits de cette manière , ont toujours été d'accord. Cela feul fuffit pour prouver qu'ils expriment bien la température de l'air. Mais j'ai obfervé de plus , étant à la campagne , que leur dilatation ne changeoit point,

quand

quand même une feuille d'arbre garantissoit leur boule de l'action du soleil, pourvu néanmoins qu'elle fût à quelque distance. Or dans ce cas, la petite couche d'air qui environnoit la boule du Thermomètre, & la boule même, étoient sûrement à la température de l'air qui les entourroit. J'ai aussi remarqué qu'en adossant deux Thermomètres montés sur du sapin, & les exposant en plein air, l'un tourné vers le soleil, & l'autre en sens contraire ; le premier se tenoit plus haut que ceux à boule isolée, & l'autre plus bas, & que le terme moyen entr'eux indiquoit à-peu-près la vraie température de l'air.

537. Le Thermomètre dont j'ai fait usage pour mes observations, se voit dans la *Fig* 3 de la *Pl.* 2 ; il est fixé à la petite *porte* *c*, *d*. J'ai représenté de grandeur naturelle, dans la *Fig.* 3, *Pl.* IV, cette *porte*, & le Thermomètre qui lui est joint, afin d'indiquer, s'il est possible, le moyen dont je me suis servi pour le faire tenir solidement dans la boîte, sans nuire à la facilité de l'en retirer, lorsque je veux en faire usage.

Description d'un Thermomètre propre à indiquer la température de l'air libre.

Le tube de ce Thermomètre est très-capillaire, & le diamètre extérieur de sa boule n'a que trois lignes. Il est bon que cette boule soit petite, afin que le mercure soit plus promptement réduit à la température de l'air environnant ; ce qui abrège les observations.

Je fixe le tube par deux liens de fil de cuivre garni de soie, sur une petite pièce de sapin *c*, *d*, *e*, *f*, (*Pl.* IV, *Fig.* 3), coupée en talus par le bas, pour que le soleil puisse toujours atteindre la boule , qui eſt iſolée , de même qu'une portion du tube d'environ demi-pouce. Le tube eſt recourbé par le haut , afin qu'il ne puiſſe gliſſer ſur la pièce de bois , qui porte l'échelle.

La petiteſſe & la légèreté de ce Thermomètre le rendent ttès-commode en campagne. La plus petite branche d'arbuſte ſuffit pour le ſoutenir ; je l'attache même ſouvent à une feuille d'arbre avec une épingle. Il riſque moins auſſi de ſe rompre , s'il vient à tomber par quelqu'accident , comme il lui eſt arrivé plus d'une fois. Pour le garantir dans la boîte même, je lui ai fait une loge *g , g , g ,* qui eſt fixée à la petite *porte.* Cette loge eſt garnie d'un couſſinet de cotton , couvert de mouſſeline , au fond duquel la boule eſt appuyée.

Manière de fixer ce Thermomètre dans la boîte du Baromètre.

538. Je n'ai repréſenté la pièce de ſapin ſur laquelle ſe met la diviſion , que par les traits de ſes angles , afin de pouvoir deſſiner les pièces intérieures , comme ſi celle de ſapin étoit tranſparente. Ces pièces intérieures , que je vais décrire , ſervent à fixer le Thermomètre ſur la petite *porte ,* de manière qu'on puiſſe l'ôter & le remettre aiſément.

Les traits *h , h , h , h ,* déſignent un enfoncement qui eſt dans la monture du Thermomètre, derrière le haut du tube. Cet enfoncement ſert à loger un reſſort de fil de laiton *r , i , k ,* planté en *k ,* dans la petite *porte.* Le reſſort eſt plié en *i ,* & ſa courbure entre dans une petite foſſe ; *l , l ,* ſont deux chevilles plantées aux côtés du reſſort , pour le contenir. Elles entrent , comme le reſſort , dans l'enfoncement *h*, *h*, *h*, *h*, de la monture du Thermomètre, & l'empêchent auffi de varier à droite ou à gauche; *m*, *m*, eft une traverfe en forme de crampon, plantée derrière la monture, & enfoncée jufqu'à niveau de fa furface. Lorfqu'on veut mettre le Thermomètre à fa place dans la boîte du Baromètre, on le pofe plus haut qu'il n'eft repréfenté, afin que la traverfe *m*, *m*, fe préfente au-deffus du *bec*, *r*, du reffort. Alors, pouffant le Thermomètre de haut en-bas, la *traverfe* foulève le *bec*, à caufe de l'inclinaifon de celui-ci ; elle fait fortir le coude du reffort de fon enfoncement, & gliffe par-deffous ; quand elle a paffé ce coude, le reffort s'enfonce de nouveau, & la *traverfe* qui l'a dépaffé, empêche que le Thermomètre ne puiffe remonter. C'eft dans cette pofition qu'il eft repréfenté par la *Figure*. En même tems que la *traverfe* fe préfente au-devant du reffort, une pointe *n*, *n*, plantée paralellement à la petite *porte*, dans la confole qui fert de loge à la boule du Thermomètre, entre dans un trou de fa monture. Ainfi, quand la traverfe *m*, *m*, a paffé au-deffous du reffort, le Ther-momètre ne peut fe mouvoir dans aucun fens.

La pièce *p*, placée au haut du Thermo-mètre, eft de laiton. Elle eft fendue dans fa partie inférieure ; fes bords font relevés à angle droit, des deux côtés de la fente ; leurs extrèmités *o*, *o*, font arrondies & percées d'un trou. Une goupille *q*, *q*, paffe par ces trous, en traverfant la monture du Thermo-mètre ; en forte que la pièce, *p*, eft attachée à cette monture, & se meut librement sur la goupille. Quand on met le Thermomètre à sa place, le *bec* du ressort passe entre les deux bras *o, o*, de la pièce *p*, & vient se présenter sur cette pièce au-dessus de sa fente, vis-à-vis de *r*.

Lorsqu'on veut ôter le Thermomètre, on le prend par le haut, entre le pouce & le troisième doigt; on porte le second doigt derrière la pièce de laiton *p*; & en la tirant en avant, on soulève le ressort par son *bec*, contre lequel elle appuie en *r*. Pendant que le ressort est soulevé, on tire le Thermomètre de bas en-haut; la *traverse m, m*, passe alors sous le ressort; la pointe *n, n*, sort de son trou, & le Thermomètre est libre. On le suspend par le trou de la pièce *p*, ou par un cordon qu'on passe dans ce trou. Toutes ces opérations se font très-promptement & sans gêne.

Echelle employée provisionnellement pour ce Thermomètre.

539. Lorsque je commençai mes observations, je ne savois point encore quelle échelle conviendroit à ce Thermomètre; j'y mis provisionnellement celle de 80 parties entre les points fixes.

C'est avec cette espèce de Thermomètre que je recommençai mes observations. J'en exposois un en plein air pendant que j'observois à la montagne; & l'on en observoit un semblablement à la plaine. Je réunissois les deux observations, & je considérois leur terme moyen, comme représentant la chaleur moyenne de la colonne d'air comprise entre les deux stations.

C'étoit avoir beaucoup avancé dans la carrière, que d'être parvenu à ce point ; mais il falloit encore bien du travail pour en tirer des conséquences utiles. Il s'agissoit de faire assez d'observations, à diverses hauteurs & températures, pour trouver les loix que suit l'Atmosphère dans sa dilatation par la chaleur ; & pour découvrir si d'autres causes ne se joignoient point à celle-là, dans les variations que j'avois observées.

Je ne me rebutai point à la vue de ce travail, parce qu'il me promettoit des découvertes intéressantes ; & j'ai fait de 1755 à 1760, plus de quatre-cents observations, tant sur la montagne de *Salève*, qu'en d'autres lieux. On verra ces observations avec leurs résultats dans le chapitre suivant.

CHAPITRE TROISIÈME.

Recherches des Loix que suivent les DILATATIONS de l'AIR par la CHALEUR & par la diminution de la pression qu'exercent ses Parties les unes sur les autres, dans le sens vertical. Règle générale qui résulte de ces Loix, pour mesurer par le Baromètre la hauteur des lieux accessibles.

540. LES deux causes dont je vais traiter, se compliquoient tellement dans mes expériences du Baromètre, que ce n'est qu'avec beaucoup de tems & de peine que je suis parvenu à démêler l'influence de cha-

cune d'elles , dans la production de l'effet total. Pour découvrir la loi que fuivoient les dilatations de l'air par l'une de ces caufes , il falloit trouver quelque moyen de fouftraire les effets de l'autre , & je ne pouvois y parvenir que par de longs tâtonnemens. J'avois de l'avantage pour la fûreté de mes recherches , dans le grand nombre d'obfervations que j'avois raffemblées ; mais il en réfultoit auffi bien du travail à chaque tentative. Cependant , animé d'abord par l'attrait d'une découverte , foutenu enfuite par la crainte de voir fans fruit les travaux paffés , ranimé par l'efpérance du fuccès au moment où j'allois perdre courage , j'en fuis enfin venu à bout.

Première tentative pour démêler l'effet de la chaleur fur le poids de l'air.

Première table des hauteurs correfpondantes aux abbaiffemens du mercure, tirée des réfultats moyens.

541. La première combinaifon que je fis de mes expériences dans la montagne de *Sarève* , fut de comparer l'élévation , d'ailleurs connue (508) , des lieux où j'avois obfervé , avec l'abbaiffement moyen du mercure dans le Baromètre ; puis , raffemblant tous les réfultats de ces comparaifons , je formai , par l'expérience & fans égard à aucune théorie , une table des *hauteurs* , fuppofées correfpondantes aux *abbaiffemens du mercure*. Je calculai enfuite chacune de mes obfervations par cette première table , en rangeant celles que j'avois faites au même lieu , fuivant l'ordre des augmentations de chaleur de l'air , indi-

quées par le terme moyen des observations du Thermomètre, faites dans la plaine & sur la montagne. Après quoi je cherchai, pour toutes mes stations, la différence moyenne qu'occasionnoit dans les *hauteurs* résultantes du calcul, une variation de chaleur correspondante à un dégré du Thermomètre; & de la comparaison générale des résultats, je tirai une première formule pour soustraire les effets de cette cause.

542. Je corrigeai par cette formule, les *hauteurs* données par le premier calcul, pour chaque observation; ce qui les rendit beaucoup plus uniformes. Mais comme la première valeur que j'avois assignée à chaque ligne d'*abbaissement* successif du mercure dans le Baromètre, résultoit des observations immédiates, sans corrections pour la chaleur, il fallut changer cette valeur en une autre, qui quadrât de nouveau, le mieux possible, avec les *hauteurs* réelles.

543. Je dois dire ici, qu'entraîné dès le commencement de mes observations, par l'exemple de la plupart des Physiciens qui ont traité cette matière (j'en excepte M. Bouguer, dont l'ouvrage ne m'étoit pas encore connu), j'étois préoccupé de l'idée que toute progression du genre de celle que je cherchois, devoit nécessairement commencer depuis le niveau de la mer (*a*) ; & que, par conséquent,

---

(*a*) On a vu que cette méthode a été employée par tous ceux dont j'ai rapporté les règles dans le Chap. IV.

il falloit connoître l'élévation du lieu où l'on observoit, relativement à cette bâse commune des *hauteurs* terrestres. C'est-pourquoi je cherchai à me procurer cette connoissance, & j'y parvins en faisant exprès à *Gènes* des observations, dont je rendrai compte dans la suite. Ayant donc obtenu ce point que je croyois indispensable, je le fis entrer comme une des conditions essentielles dans mes recherches, c'est-à-dire, que je faisois correspondre une *hauteur* positive à chaque ligne d'*abbaissement* du mercure dans le Baromètre, au-dessous de sa hauteur moyenne au bord de la mer, estimée 28 pouces. Telle étoit la méthode ordinaire, dont je ne me défiois point.

On s'apperçoit déja que je vais parcourir une carrière de tâtonnemens; & l'on penseroit peut-être qu'ayant annoncé une règle fixe, je devrois supprimer le détail de mes premiers essais, & commencer par le simple énoncé de la règle que j'ai trouvée, en l'accompagnant des expériences qui lui servent de fondement. Pour répondre d'avance à cette objection, je dois faire remarquer qu'il n'y a rien d'arbitraire dans toutes celles de mes tentatives dont je ferai mention, & que j'ai été conduit pas à pas par la nature. Le récit de ces tentatives fera

---

de la I.ere Partie, excepté par M. *Bouguer.* Voici encore comment s'exprime M. *Desaguliers* sur ce sujet : *on mesure ordinairement*, dit-il, *la hauteur du mercure dans le Baromètre depuis le niveau de la mer, auquel on doit réduire toutes les observations, si l'on veut être exact.* (*Cours de Phys. exp.* traduit par le P. *Pezenas*, Tom. II. pag. 287. 4°.)

connoître plusieurs exceptions auxquelles on n'avoit pas pris garde ; & lorsqu'après cette gradation de développemens, j'exposerai le dernier période auquel je suis parvenu, je ne serai pas obligé de retourner en arrière, pour faire sentir la nécessité de chaque partie de la règle qui m'a été dictée par l'expérience.

544. En comparant la table de M. *Mariotte* avec celle que j'avois formée, ensuite de ma première correction pour les effets de la chaleur, je les trouvai très-différentes, quant à la grandeur des termes correspondans aux mêmes hauteurs du Baromètre ; mais je remarquai une grande conformité dans leurs accroîssemens. Je fus charmé de cet accord, qui me conduisoit à une loi simple, conforme aux idées des plus grands Physiciens sur la nature des fluides élastiques ; d'où il résulte que leurs condensations doivent croître en raison des poids dont ils sont chargés. Et comme, en vertu de cette loi, les *hauteurs* de l'Atmosphère, qui correspondent à des abbaissemens égaux & successifs du mercure dans le Baromètre, doivent être en progression harmonique ; il ne s'agissoit plus que de trouver le *dividende commun* de chaque hauteur du mercure, qui pouvoit convenir à mes observations, pour une température fixe, que je déterminai provisionnellement. (J'expliquerai dans la suite (579) pour ceux qui ne le voient pas d'un coup-d'œil, ce que c'est que ce *dividende commun*). Je le cherchai donc, & je trouvai le nombre 25390, qui, divisé par la suite des hauteurs du mercure de *ligne* en *ligne*, depuis 28 *pouces*, que j'estimois être sa hauteur moyenne au bord de

la mer, me donna une suite de quotiens en progreſſion harmonique, qui exprimoient en *pieds*, les *hauteurs* de l'air, correſpondantes aux *abbaiſſemens* du mercure de *ligne* en *ligne*.

Troiſième table des hauteurs cor- reſpondantes &c.

545. Je dreſſai alors une table de ces *hauteurs* correſpondantes à chaque ligne d'*abbaiſſement* du mercure dans le Baromètre, depuis le niveau de la mer. Et comme mes obſervations à *Gènes* m'avoient appris que le Baromètre s'y tient plus élevé d'environ 15 *lignes*, que dans le lieu auquel je rapportois toutes mes obſervations faites ſur la montagne de *Salève*; le 15me. terme de ma progreſſion devint le premier dans tous mes calculs.

Seconde tentative pour découvrir l'effet de la chaleur ſur la denſité de l'air. Influence des variations de hauteur du Baromètre dans le même lieu.

IIme. combinaiſon des obſervations.

546. Je fus aſſez ſatisfait de cette première tentative. Cependant, elle laiſſoit encore des différences qui m'embarraſſoient. Pour en découvrir la cauſe, je me déterminai à ranger toutes mes obſervations dans l'ordre de leur réſultat, en commençant, à chaque ſtation, par les obſervations qui donnoient le moins de *hauteur*, & les accompagnant de toutes leurs circonſtances. Mon but étoit de découvrir par ce moyen, ſi l'augmentation dans les *hauteurs* réſultantes du calcul, correſpondoit à quelque cauſe aſſez fixe, pour mériter que j'y euſſe égard.

Les erreurs en excès dans les hauteurs indiquées par les obſerva- tions, cor- reſpondoient aux plus

547. En examinant ce tableau de mes obſervations, je vis que plus le mercure avoit été élevé dans le Baromètre de la plaine, plus auſſi ma règle aſſignoit de hauteur aux ſtations dans leſquelles j'avois obſervé. La liaiſon que je

trouvai entre ces deux différences, attira d'abord mon attention, & je ne tardai pas à en découvrir la cause.

548. Quand la hauteur du Baromètre augmente dans un même lieu, c'est une preuve que l'*air* y pèse d'avantage ; ce qui ne peut se faire sans une augmentation dans sa *densité*, au lieu de l'observation. Or si la *densité* de l'*air* varie dans un même lieu, indépendamment des effets de la chaleur, la différence de hauteur du mercure dans deux Baromètres différemment élevés, doit nécessairement changer aussi, puisque c'est du poids de la colonne d'*air* interceptée par les deux stations, que résulte la différence de hauteur du mercure. Il suit de-là que les mêmes *hauteurs* verticales ne peuvent correspondre aux mêmes abbaissemens du mercure, au-dessous de sa hauteur observée dans un certain lieu, que lorsque cette hauteur observée est la même ; puisque, par les changemens de *densité* de l'*air* dans un même lieu, une *ligne* de mercure y est soutenue par des colonnes d'*air* plus ou moins denses, & par conséquent différemment *hautes*. Ainsi les hauteurs verticales correspondantes aux abbaissemens du mercure de *ligne* en *ligne*, doivent être diminuées, à mesure que la hauteur *absolue* du mercure augmente dans le Baromètre, & réciproquement.

Je me déterminai donc à changer dans mes calculs les termes de la progression harmonique, en raison inverse des changemens de hauteur du mercure dans le Baromètre de la plaine ; ce que j'exécutai fort aisément, par la nature de ma table , qu'il convient de rappeler ici.

549. Mon *commun dividende* , pour une certaine température de l'*air*, étoit 25390. Le premier terme de ma progreſſion fut le quotient de la diviſion de ce nombre , par 336 *lignes* ou 28 *pouces* ; les termes ſuivans étoient formés en ôrant ſucceſſivement l'unité du diviſeur ; ce qui les faiſoit croître en progreſſion harmonique. Pour exécuter mon idée , je mis dans une colonne , à côté des termes de ma progreſſion, les *diviſeurs* qui les avoient formés, de la manière ſuivante.

Dividende commun 25390.

Diviſeurs ou Hauteurs du mercure dans le Baromètre.	Quotiens ou Hau. des colonnes d'air exprimées en Pieds.	Différences des Quotiens.
28 Pou. = 336 lig.		P.
335	Pieds 75 , 57	0 , 22
334	75 , 79	0 , 23
333	76 , 02	0 , 23
332	76 , 25	0 , 23
331	76 , 48	0 , 23
330	76 , 71	0 , 23
329	76 , 94	0 , 23
328	77 , 17	0 , 24
327	77 , 41	0 , 24
326	77 , 65	0 , 24
325	77 , 89	0 , 24
324	78 , 13	0 , 24
	78 , 37	

IV. ma- La manière d'appliquer cette Table au calcul

des différences de hauteur du mercure dans le Baromètre, consistoit à prendre, dans chaque cas, la somme des *quotiens* ou des termes de la progression harmonique, compris entre les *diviseurs* convenables au cas, qui étoient les hauteurs du mercure aux deux stations. Par exemple, lorsque le Baromètre de la plaine s'étoit tenu à 27 *pouces* ou 324 *lignes*, & que la différence entre celui-ci & celui de la montagne avoit été de 10 *lignes*, je prenois les dix termes de ma progression, compris entre les *diviseurs* 324 & 314. Si la hauteur du Baromètre de la plaine avoit été 27 *pouces* 6 *lignes*, ou 330 *lignes* ; quoique la différence entre celui-ci & celui de la montagne, eut été aussi de 10 *lignes*, comme dans le premier cas, je ne prenois pas les mêmes termes de ma progression ; mais ceux qui étoient compris entre les *diviseurs* 330 & 320, ce qui me donnoit une somme plus petite, proportionnellement à l'augmentation des *diviseurs*, & par conséquent à celle de la hauteur *absolue* du mercure dans le Baromètre, que ces *diviseurs* représentoient. C'est ainsi que je calculai pour la troisième fois toutes les observations que j'avois faites jusqu'alors dans la montagne de *Salève* ; & par ce moyen, je vis disparoître la plus grande partie des différences que j'avois trouvées auparavant.

550. On voit, par ce que j'ai dit ci-dessus, que les observations du Baromètre sont d'un usage bien plus général & plus facile, qu'on ne l'avoit pensé jusqu'à présent. Car il en résulte qu'il n'est point nécessaire de connoître

la hauteur des lieux où l'on obſerve, relativement au bord de la mer, ni de les comparer à aucun autre. On ne peut aſſigner aucun premier terme fixe à la progreſſion des denſités de l'Atmoſphère, ni aucune grandeur conſtante à ceux qu'on doit employer dans le même lieu. Les hauteurs obſervées du mercure conduiſent à la grandeur des termes, & le nombre en eſt fixé par la différence trouvée entre ces hauteurs. Ainſi, tout eſt déterminé par l'obſervation même.

551. On ſentira maintenant la raiſon de ce que j'ai dit ci-devant (498), qu'il eſt abſolument néceſſaire de diſtinguer la hauteur abſolue de la colonne de mercure, que le poids de l'Atmoſphère peut ſoutenir, d'avec ſa hauteur apparente, c'eſt-à-dire, modifiée dans le Baromètre par diverſes cauſes. Car, puiſque le quotient d'une diviſion augmente à meſure que le diviſeur diminue, un Baromètre qui ſe tient toujours plus bas qu'un autre, conduit à une partie de la *progreſſion*, dont les termes ſont plus grands, & par conſéquent il indique une *hauteur* plus grande. Cette différence eſt peu ſenſible pour de petites élévations ; mais par la nature des progreſſions harmoniques, elle le devient beaucoup dans la meſure des hautes montagnes.

552. Il réſulte de cette même conſidération, que dans les corrections à faire ſur la hauteur du mercure dans le Baromètre, relativement au dégré de chaleur dont il eſt affecté, on ne peut ſe diſpenſer de convenir d'un terme fixe de chaleur, auquel toutes les obſervations ſoient rapportées. Car, ſi l'on ſe contentoit de corriger une obſervation, pour la réduire à ce qu'elle

auroit été par la température du Baromètre chaleur sur le Baromètre. observé dans un autre lieu, les hauteurs observées du mercure paroîtroient plus ou moins grandes, suivant la température qu'on rendroit commune aux deux observations, quoique par un même poids de l'Atmosphère; & par cette cause encore, les différences de *hauteurs* des mêmes lieux seroient données plus ou moins grandes par l'observation du Baromètre.

Il résulte de tout cela qu'une table ou une formule quelconque ne peut devenir générale, si les Baromètres destinés à la mesure des *hauteurs*, ne sont pas construits uniformément; & si les hauteurs observées du mercure ne sont pas réduites à ce qu'elles auroient été, si le mercure restoit à un dégré de chaleur déterminé. C'est par cette raison que je me suis appliqué à développer tous les principes de ma méthode, où l'on trouve ces deux avantages essentiels & presqu'inséparables: l'un de conduire sûrement à l'uniformité, & l'autre d'indiquer le poids réel de l'Atmosphère, pour le lieu & le moment où se fait l'expérience, par la hauteur d'une colonne de mercure, toujours affectée d'un même dégré de chaleur.

Des fondemens de la progression harmonique,
& de son accord avec les logarithmes dans
la mesure des hauteurs par le Baromètre.

Comparaison de la quatrième formule avec celles de MM. *Bouguer & Scheuchzer.*

553. Me voici parvenu au point où ma règle commençoit à prendre quelque solidité, & à se prêter sans gêne à mes observations; & quoiqu'elle ne fût pas encore exacte, je tenois du moins un fil qui pouvoit me con-

duire affez fûrement dans ce labyrinthe. Je fus alors en état d'examiner quelques-unes des règles qui avoient été propofées avant moi, & je m'attachai particulièrement à celles de MM. *Bouguer* & *Scheuchzer*, par ce que l'ufage qu'ils font l'un & l'autre des logarithmes, dont les différences fucceffives fuivent une progreffion harmonique, devoit avoir néceffairement quelque rapport avec ma table, dont les *termes* font auffi en progreffion harmonique.

Défaut de celle de M. Scheuchzer.

554. J'avois appliqué la méthode de M. *Scheuchzer* à mes premières obfervations ; & les écarts que j'avois trouvés entre les réfultats qu'elle me fourniffoit, & les *hauteurs* réelles, m'avoient prévenu contre l'ufage des logarithmes pour ces calculs ; je le fus donc contre la règle de M. *Bouguer*, lorfque je la vis pour la première fois. Mais je revins à l'une & à l'autre après la découverte de ma *progreffion harmonique*. Je reconnus alors dans la règle de M. *Scheuchzer* deux défauts effentiels, qui ne provenoient pas des *logarithmes* eux-mêmes, mais de la manière de les employer. L'un, d'y faire entrer, comme une condition néceffaire, la hauteur du Baromètre au bord de la mer (550) ; & l'autre, de n'avoir pour fondement de cette règle que deux obfervations très-imparfaites.

Expofition de la méthode de M. Bouguer.

555. La règle de M. *Bouguer*, quoique peu conforme à mes expériences, fixa plus long-tems mon attention ; elle me fit fonger à l'ufage des *logarithmes*, pour calculer les abbaiffemens du mercure dans le Baromètre ; ce qui m'épargnoit la peine d'additionner les termes de

ma

ma *progreſſion harmonique*. Je vais rappeller la regle de M. *Bouguer*, dont j'ai déja fait mention dans la Iʳᵉ. PARTIE de cet Ouvrage (325 & *ſuiv.*)

« (*a*) Après avoir fait l'expérience du Ba-
» romètre au bas & au ſommet de la monta-
» gne, dont on a meſuré géométriquement la
» hauteur, il n'y a qu'à *prendre la différence*
» des *deux logarithmes des hauteurs du mercure;*
» & ſi on la compare à la hauteur de la mon-
» tagne meſurée, on trouvera par de ſimples
» proportions, la hauteur de toutes les autres
» montagnes, ſur leſquelles on aura fait égа-
» lement l'expérience du Baromètre......

» (*b*) On peut abréger le calcul, quoique
» déja très-court, dans lequel cette pratique
» engage, ſi on prend la différence des loga-
» rithmes des hauteurs du mercure exprimées
» en lignes, & qu'on ne ſe ſerve que des quatre
» premières figures après la caractériſtique;
» *il ſuffira d'en retrancher une trentième partie,*
» *pour avoir la hauteur de la montagne, exprimée*
» *en toiſes.*

» (*c*) Mais ce qui eſt très-digne de remar- Exceptions
» que, & ce qui forme le ſujet d'une queſtion. auxque les il
» que nous nous propoſons particulièrement la croit ſu-
» d'éclaircir, c'eſt que la méthode, dans le tems jette.
» même qu'on lui conſerve toute ſa généralité,

(*a*) Mémoire de l'Académie Royale des Sciences, année 1753, 8°. pag. 775 ; 4°. pag. 518.

(*b*) Mémoire de l'Académie Royale des Sciences, année 1753, 8°. pag. 776; 4°. pag. 519.

(*c*) 8°. pag. 777; 4°. pag. 520.

Tome III.   G

» ne réuffit point dans la partie inférieure de la
» *Cordilière;* elle ne réuffit point fur toutes les
» autres montagnes de la Zone torride, & nous
» devons ajouter qu'elle a moins de fuccès en
» Europe, comme l'ont reconnu tous les Phy-
» ficiens qui ont examiné cette matière avec
» foin. Plufieurs d'entr'eux ont même, par
» cette raifon, tâché de fubftituer quelqu'autre
» méthode à celle qui eft fondée fur les pro-
» priétés des logarithmes. Ces méthodes font
» connues; elles peuvent avoir l'avantage de
» convenir à certaines régions, & aux mon-
» tagnes dont la hauteur eft renfermée en
» certaines limites; mais elles fuppofent tou-
» tes, que les dilatations de l'air, à différentes
» hauteurs, ne fuivent pas une progreffion
» géométrique, quoiqu'il foit certain, par une
» infinité d'expériences répétées fur le fommet
» des plus hautes montagnes du monde,
» comme au bord de la mer & dans la Zone
» torride, comme dans les Zones tempérées,
» que les élafticités de chaque maffe d'air font
» exactement proportionnelles à fes divers
» dégrés de condenfation. Ainfi, de ces deux
» loix, qui paroiffent déduites fi naturellement
» l'une de l'autre, il réfulte une de ces con-
» tradictions, dont on voit encore d'autres
» exemples, lorfqu'on veut appliquer la géo-
» métrie à la phyfique. . . .
» (*a*) On s'étoit propofé jufqu'à préfent
» de trouver immédiatement les hauteurs

(*a*) 8°. pag. 791. 4°. pag. 529.

» abſolues des montagnes , en conſidérant le
» niveau de la mer comme le premier terme.
» Les raiſons que nous venons d'expoſer ,
» prouvent qu'il faut prendre néceſſairement
» les choſes en ſens contraire , & partir tou-
» jours des points très-élevés , qui ſoient ſitués
» dans cette région ſupérieure , où l'intenſité
» du reſſort de l'air eſt toujours la même , &
» où la hauteur du mercure eſt en même tems
» moins variable. Il faut remarquer auſſi que
» les circonſtances dans leſquelles nous nous
» ſommes trouvés, nous ont obligés de charger
» nos Baromètres , ſans faire chauffer le mer-
» cure. Lorſquon a donc des expériences faites
» de la même manière ſur les plus hautes mon-
» tagnes de l'Europe , on pourra trouver com-
» bien elles ſont moins élevées que celles de
» la Cordilière du Pérou , & on en inférera
» enſuite la hauteur abſolue ».

Les paſſages du Mémoire de M. *Bouguer* ,
que je viens de rapporter , ſont ceux qui
expriment le plus clairement ſes idées générales ſur la manière d'employer le Baromètre
à la meſure des *hauteurs.* J'ai dit précédemment que ſa règle n'eſt pas d'accord avec mes
expériences ; j'en indiquerai les raiſons dans
la ſuite , & je me bornerai , pour le préſent ,
à montrer comment elle m'a conduit à ſim-
plifier la mienne.

556. Je remarquai d'abord que *prendre l*
différence des logarithmes des deux hauteurs du
mercure , c'eſt additionner des termes infiniment
nombreux & infiniment petits , d'une progreſſion harmonique ; car l'excès du plus grand

logarithme sur le plus petit, est la somme de toutes les différences intermédiaires qui suivent cette loi. Je vis aussi que les hauteurs du mercure se trouvant dans la suite des nombres naturels, ceux-ci pouvoient représenter les *diviseurs* de ma Table, & par conséquent me conduire à des termes proportionnels à la hauteur absolue du Baromètre dans chaque observation (549), c'est-à-dire, à faire correspondre une plus grande *hauteur* au même abbaissement du mercure, quand la hauteur absolue du Baromètre avoit été moindre, quoique dans le même lieu, & réciproquement.

Défaut de la règle de M. Bouguer.

557. Il ne s'agissoit donc plus que de réduire à une mesure connue cette différence des logarithmes. On a vu quelle est à ce sujet la règle de M. *Bouguer*, pour toute *température* de l'air, mais seulement pour le haut de la *cordilière* ; au-lieu que la règle doit être la même pour tous les lieux, & varier suivant la température.

Il la généralise pour les températures & non pour les lieux; & ce doit être le contraire.

Pour la rendre d'autant plus commode, ayant vu qu'on pouvoit trouver une *température* par laquelle les différences des *logarithmes* des hauteurs du mercure donneroient les *hauteurs* en *millièmes de toise*, je dirigeai vers ce but mes recherches ultérieures.

J'exposerai ci-après les moyens que j'ai employés pour découvrir quel est ce dégré fixe de chaleur ; mais auparavant, je crois devoir montrer l'accord de ma première méthode avec l'usage des logarithmes, parce qu'en certains cas cette méthode peut devenir utile,

& que d'ailleurs les détails élémenraires dans lesquels j'entrerai à cette occasion, contribueront à rendre tout ce qui me reste à dire sur ce sujet, plus intelligible pour bien des Lecteurs.

558. Pour rendre cet accord des deux méthodes, & les méthodes elles - mêmes plus intelligibles, je crois devoir démontrer qu'elles découlent d'un principe commun & prouvé par l'expérience, savoir : *que les condensations de l'air sont proportionnelles au poids dont il est chargé* (243). Je commencerai d'abord par la progression harmonique , & je ferai voir l'origine du *dividende commun* dont j'ai parlé ci-devant (544).

Démonstration de l'accord des logarithmes avec la progression harmonique.

Principe fondamental : les condensations de l'air sont proportionnelles aux poids , dont il est chargé.

Détails élémentaires sur la loi des condensations de l'air.

559. Les *condensations de l'air* étant proportionnelles au poids qui le charge , ses *dilatations* doivent être *en raison inverse de ce poids* ; c'est ce qui est encore prouvé par l'expérience (244). Par conséquent , une couche d'air , qui renferme toujours la même quantité de particules , doit occuper dans l'Atmosphère , des espaces inversement proportionnels aux poids dont elle est chargée.

Donc les dilatations sont en raison inverse des poids.

560. Quand le Baromètre est à 29 *pouces* . ou 348 *lignes* , nous pouvons considérer toute la colonne d'air qui pèse sur lui , comme divisée en 348 *tranches* de poids égal & équivalent à une *ligne* du mercure. Ces *tranches* seront suivant notre principe , d'épaisseur inégale ;

Division des colonnes d'air en tranches de poids égal , & par conséquent d'inégale épaisseur.

car leur dilatation augmentant de bas en-haut, proportionnellement à la diminution du poids qui les charge, leur épaisseur doit augmenter dans la même proportion.

L'épaisseur de la tranche inférieure étant connue, trouver celle des autres tranches.

561. J'ai trouvé par l'expérience, qu'à une certaine température de l'air, l'épaisseur de la *tranche* la plus basse, quand le Baromètre est à 29 pouces ou 348 *lignes*, est 12,497 *millièmes de toise.* On verra dans la suite pourquoi je me sers de cette expression (575).

L'épaisseur de cette première *tranche* étant connue, pour trouver celle de toutes les autres, on peut les considérer de l'une de ces deux manières : ou comme *ne pesant point par elles mêmes*, c'est-à-dire, comme si leur densité étoit par-tout égale à celle de leur partie supérieure ; ou comme *chargées également de leur propre poids*, c'est à-dire, comme si leur densité étoit par-tout égale à la densité de leurs parties inférieures.

Première méthode, en considérant les tranche comme ne pesant point sur elles-mêmes.

562. Dans le premier cas, que je vais considérer, la 348.ⁿᵉ *tranche*, dont l'épaisseur est 12,497 *toises*, n'est chargée que du poids de 347 *tranches*. Et puisque les épaisseurs de ces *tranches* de même poids sont en raison inverse des poids qui les compriment, & que ces poids sont comme les nombres des *tranches* supérieures, il en résulte que *les épaisseurs des tranches, en montant, sont en raison inverse du nombre des* tranches *qui restent au-dessus d'elles.* Ainsi, pour trouver l'épaisseur d'une *tranche* quelconque, il faudra procéder par cette analogie.

Analogie.

Comme *a* (nombre des *tranches* qui restent

au-deſſus de celles dont on cherche l'épaiſſeur,
lequel nombre eſt égal à la hauteur du mercure
au bas de cette *tranche* exprimée en *lignes*,
moins une *ligne*), eſt à 347 (nombre des
tranches qui pèſent ſur la 348ᵐᵉ. ou la plus
baſſe ;) ainſi 12, 497 *toiſes*, (épaiſſeur trouvée
de la 348ᵐᵉ. *tranche*), eſt à *x* (épaiſſeur en
toiſes de la *tranche* donnée).

Les termes moyens ne changeront jamais,
quelles que ſoient les valeurs de *a* ; c'eſt ce
qui réſulte évidemment de la nature de cette
analogie, qui, par conſéquent, ſe réduit à   Formule.

cette formule conſtante $\dfrac{347 \times 12, 497}{a} = x$,

ou $\dfrac{4336, 459}{a} = x$.

Le *dividende* 4336, 459 eſt donc conſtant;   Origine du
c'eſt celui que j'ai appellé *dividende commun.* dividende
De plus, les valeurs de *a*, qui ſont les *divi-* commun.
ſeurs, étant en *progreſſion arithmétique*, les
quotiens, qui exprimeront les épaiſſeurs ſucceſſives des *tranches*, ſeront en *progreſſion harmo-*
nique. Et comme le poids de chaque *tranche*   Et de la
eſt égal à celui d'une *ligne* de mercure dans le progreſſion
Baromètre, les différences de hauteur du mer- harmonique.
cure indiqueront le nombre des *tranches* inter-
ceptées entre deux ſtations où l'on a obſervé le
baromètre.

Ainſi, pour avoir la différence de hauteur   Exemple.
d'une ſtation où le Baromètre s'eſt tenu à 348
lignes, d'avec celle d'une autre ſtation où il
étoit à 344 *lignes*, il faudra diviſer le *divi-*
dende commun, d'abord par 348 — 1 = 347,
& enſuite par 346, 345, 344. Les quotiens

seront en *progression harmonique*, & leur somme donnera en *toises* la différence de *hauteur* des deux stations.

Défaut de cette première manière de considérer les tranches.

563. Ce moyen de trouver l'épaisseur de chaque *tranche* d'air seroit exact, si l'abstraction qu'on fait du poids des *tranches* sur elles-mêmes avoit sur toutes les *tranches* une influence proportionnelle à leur épaisseur. Mais je vais montrer que cela n'est pas.

Toutes les *tranches* que nous avons considérées dans l'Atmosphère, sont de même poids, quoique différemment condensées ; leur condensation est proportionnelle au poids qui les charge. Les parties supérieures de la *tranche* la plus basse sont comprimées par le poids de 347 *tranches* ; mais ses parties inférieures le sont outre cela par le poids des parties supérieures de la même *tranche*. Par exemple, la moitié inférieure de la 348^{ne}. *tranche*, ou de la plus basse, est chargée du poids de $347\frac{1}{2}$ *tranches*, tandis que sa moitié supérieure n'en supporte que 347. Ainsi, ne considérant la différence de densité dans les *tranches* mêmes, que d'une moitié à l'autre, & faisant toujours la densité de chaque moitié égale à la densité de sa partie supérieure, la densité de la moitié inférieure de la *tranche* la plus basse sera à celle de sa moitié supérieure, comme $347\frac{1}{2}$ à 347, ou comme 695 à 694.

Prenons maintenant un autre tranche, la 191me., par exemple, qui est la plus élevée où l'on ait monté (581). En ne considérant les diminutions de densité que de *tranche* en *tranche*, & en procédant par cette première méthode , qui suppose la densité commune de chaque *tranche* égale à celle de sa partie supérieure ; nous ne considérerons cette 191me. *tranche* , que comme chargée du poids des 190 qui reposent sur elle. Cependant sa moitié inférieure supporte de plus sa moitié supérieure ; & par cette raison , la densité de la moitié inférieure est à la densité de la moitié supérieure , comme $190\frac{1}{2}$ à 190 , ou comme 381 à 380. Mais dans la *tranche* la plus basse , ces densités sont comme 695 à 694. Donc la densité augmente plus de la moitié supérieure à la moitié inférieure dans les *tranches* plus élevées , que dans les plus basses.

En formant la progression harmonique de la manière que j'examine , où l'on n'a égard qu'à la densité des parties supérieures des *tranches* , on considère le rapport des densités des parties supérieures aux parties inférieures de chaque tranche , comme étant le même dans toutes les *tranches* : & l'exemple que je viens de donner , montre que par cette méthode on néglige plus de la densité réelle des tranches , à mesure qu'elles sont plus élevées. Donc la densité moyenne de chaque *tranche* (de poids égal) diminue réellement moins en montant , que ne l'indique cette méthode : & par conséquent leur épaisseur augmente moins aussi. Donc en employant cette méthode pour le calcul des abbaissemens du Baromètre , on trouvera les *hauteurs* trop grandes. Pour rendre plus sensible la vérité de cette dernière conséquence , je vais appliquer à l'*épaisseur* des *tranches* le même exemple que j'ai pris pour les *densités*.

Elle donne les hauteurs trop grandes.

Exemple.

564. Le *dividende commun* est 4336 , 459 , qui , divisé par 347 , nombre des *tranches* qui pèsent sur *la plus basse* , donne pour l'épaisseur de celle-ci 12,497 *toises*. En divisant aussi le même nombre par 190 , nombre des *tranches* qui pèsent sur la 191$^{me.}$, on trouvera pour son épaisseur 22 , 823 *toises*.

Maintenant , prenons la hauteur du Baromètre de $\frac{1}{2}$ *ligne* en $\frac{1}{2}$ *ligne* , & par cette raison partageons aussi les *tranches* en deux parties de poids égal. Pour avoir dans ce cas l'épaisseur totale de la 348$^{me.}$ *tranche* , il faudra diviser 4336,459 par 695 & 694 *demi-lignes*; & la somme des deux quotiens donnera l'épaisseur de la *tranche*. Cette somme est 12 , 489 , plus petite de 0 , 008 *toises* que nous ne l'avions trouvée par le premier calcul. Pour faire la même opération sur la 191$^{me.}$ *tranche* , on divisera le même nombre 4336 , 459 , par 381 380 *demi-lignes*. La somme des quotiens sera 22,794 *toises* , plus petite de 0 , 029 *toises* que l'épaisseur trouvée en prenant les hauteurs du Baromètre de *ligne* en *ligne*. Mais une différence de 0 , 029 , est plus grande comparativement à 22 , 823 , qu'une différence de 0,008, comparativement à 12 , 497. Donc , en rendant la *progression harmonique* plus exacte par la subdivision de ses termes , on retranche proportionnellement un peu plus des *tranches* supérieures , que des *tranches* inférieures. Donc l'épaisseur des *tranches* d'air de poids égal augmente réellement un peu moins en montant , que ne l'indique la *progression harmonique* , employée suivant cette première méthode.

Donc par cette méthode, on trouvera les *hauteurs* un peu trop grandes.

565. La seconde manière d'employer la progression harmonique, est celle dont je me suis servi (549) : elle consiste à prendre pour le *dividende commun* le produit de la plus grande huuteur du Baromètre, ou 348 *lignes*, par l'epaisseur de la *tranche* la plus basse. Dans ce second cas, le premier diviseur doit être, non la hauteur observée du Baromètre *moins une ligne*, comme dans le cas précédent, mais la hauteur elle-même. Cette méthode est plus commode que la première, parce qu'elle n'éxige pas cette souftraction d'une *ligne*. Elle a d'ailleurs fensiblement le même dégré d'exactitude. La seule différence des deux méthodes consiste en ce que celle-ci produit en moins, à-peu-près la même erreur que la premiète produit en plus. En voici la raison.

Dans la première méthode, on fait abstraction du poids de chaque *tranche* sur elle-même, c'est-à-dire, que l'on considère la densité de chaque *tranche*, comme étant égale à la densité de sa partie supérieure : c'est ce qui produit l'erreur en *excès* de *hauteur* : comme je viens de le montrer. Dans cette seconde méthode, où l'on prend toute la hauteur du mercure observée au lieu le plus bas pour premier diviseur, on considère au contraire chaque *tranche* comme chargée par-tout également de son propre poids, c'est-à-dire, qu'on fait sa densité par-tout égale à la densité de sa partie inférieure : ce qui produit une erreur en *défaut* ; parce qu'ici, comme dans le cas précédent, la différence de la suppofition à la réalité, quant à la denfité des *tranches*, ne conferve pas le même rapport dans chaque *tranche* : la différence de la denfité fupérieure à la denfité inférieure de chaque *tranche*, devient plus grande, à mefure que les *tranches* font plus élevées.

Ainfi, par exemple, dans la *tranche* la plus baffe, la 348me, la denfité de la moitié fupérieure eft à celle de la moitié inférieure comme 695 à 696, c'eft-à-dire comme $347\frac{1}{2}$ à 348 : tandis que dans la 191me le rapport de ces denfités, eft comme 381 à 382 ($190\frac{1}{2}$ à 191). Donc l'augmentation de dilatation des moitiés fupérieures des *tranches*, comparées aux moitiés inférieures, eft plus grande dans les *tranches* plus élevées, que dans les *tranches* plus baffes. Donc, à mefure qu'on s'élève, les *tranches* de poids égal doivent occuper plus d'efpace que ne l'indique cette feconde manière d'employer la *progreffion harmonique*. Donc, en calculant ainfi les abbaiffemens du mercure, on trouvera les hauteurs des lieux moins grandes qu'elles ne le feront réellement.

Je pourrois éclaircir cette démonftration par un exemple, comme je l'ai fait dans l'examen de la première méthode ; mais cette explication eft fi facile que je crois devoir la fupprimer.

566. Maintenant que j'ai fait voir la caufe phyfique qui produit la différence des deux manières d'employer la *progreffion harmonique*, je vais montrer d'une manière générale, comment cette différence influe fur les réfultats du calcul. Le *dividende commun* eft dans la pre-

mière méthode 12, 497 × 347 = 4336, 459 ;
c'est le produit de l'épaisseur de la *tranche* la
plus basse, par la hauteur du mercure au bas de
cette *tranche*, *moins une ligne*, ou moins le
poids de cette *tranche*. Dans la seconde le *dividende commun* est 12, 497 × 348 = 4348, 956 ;
ici tout le poids de la *tranche* la plus basse est
compté. Malgré cette différence dans les *divi-
dendes*, le premier terme est le même dans les
progressions harm niques qui résultent des deux

méthodes : car $\dfrac{4336, 459}{347}$, soit le premier

terme de la première *progression*, il est évidemment

le même que $\dfrac{4348, 956}{348}$, premier terme

de la seconde ; chacun de ces termes étant égal
à 12, 497. Mais il n'en est pas de même des

autres termes : car, par exemple, $\dfrac{4336, 459}{190}$

qui est le 158ème terme (348 — 190) de la I$^{\text{ere.}}$ *pro-*

gression, est plus grand que $\dfrac{4348, 956}{191}$ qui est

le terme correspondant dans la seconde ; la

différence est de $\dfrac{10, 326}{191}$.

Ainsi les termes de la première *progression*
croissent plus que ceux de la seconde, & l'on
voit que cette différence provient de ce que
les diviseurs de l'une & de l'autre, décroissant

successivement de l'unité , cette diminution est proportionnellement plus grande dans la première progression , dont les diviseurs correspondans à ceux de la seconde , sont toujours plus petits que ceux-ci, de l'unité. Car les diviseurs décroissant proportionnellement plus dans la première que dans la seconde , les quotiens doivent croître proportionnellement plus. On voit aussi que cette différence des deux *progressions* doit aller toujours en augmentant à mesure qu'on s'éloigne du premier terme , parce que la différence de l'unité entre les diviseurs correspondans dans les deux *progressions* , devient proportionnellement plus grande à mesure que les diviseurs deviennent plus petits. Voilà pourquoi la première progression donne les *hauteurs* plus grandes que la seconde. Et en supposant que le premier terme , qui leur est commun, est exact ; les vraies *hauteurs* sont à-peu-près intermédiaires.

On peut voir encore pourquoi en subdivisant les termes de ces progressions, leurs sommes se rapprochent entr'elles & des vraies *hauteurs*, comme je l'ai montré par un exemple (564). Dans la première méthode, on s'approche du vrai, c'est-à-dire , on diminue la somme de la progression , en subdivisant les termes ; parce que les valeurs des diviseurs substitués deviennent plus grandes que les diviseurs primitifs.

Par exemple (564), la valeur de $\dfrac{\frac{381}{2}+\frac{380}{2}}{2}$

est $190\frac{1}{4}$, qui se trouve substitué à 190 ; ainsi

les quotiens diminuent. Dans la seconde méthode, au contraire, les diviseurs deviennent
plus petits ; car (565), la valeur de $\dfrac{\frac{381}{2} + \frac{382}{2}}{2}$

est 190 $\frac{3}{4}$, qui est substitué à 191 ; les quotiens
augmentent donc, & par conséquent la somme
de la *progression* augmente, en subdivisant ses
termes.

On trouvera aussi que cette différence en
plus ou en *moins*, entre les diviseurs substitués
& les diviseurs primitifs, doit augmenter dans
les deux *progressions*, tant en s'éloignant du
premier terme, qu'en subdivisant toujours plus
chaque terme. Mais les différences qui proviennent de ces deux causes, ne suivent pas
la même loi. Les premières, celles qui proviennent de la distance du premier terme, vont
toujours en croîssant à mesure que les diviseurs
substitués aux diviseurs primitifs deviendroient
plus nombreux ; au-lieu que les différences
qui proviennent de la plus grande subdivision des mêmes termes, vont toujours en
diminuant.

567. De tout ce que j'ai dit de la différence
de ces deux méthodes, & sur-tout de la cause
physique de cette différence (564, 565), il
résulte que l'erreur en excès de la première
méthode, & l'erreur en défaut de la seconde,
disparoîtroient, en réduisant la *progression*
harmonique à des termes infiniment petits, de
même qu'infiniment nombreux ; parce que des
tranches infiniment minces, pesant infiniment

Les dé-
fauts oppo-
sés des deux
méthodes
disparoî-
troient, si
l'on rendoit
les termes
de la pro-
gression har-
monique in-
finiment
nombreux &

peu par elles-mêmes, les erreurs, tant en excès qu'en défaut, occasionnées par ce poids, considéré des deux manières, seroient toujours infiniment petites. Voilà ce qu'on obtient par l'usage des logarithmes, comme je vais le démontrer.

568. Nous avons trouvé la *progression harmonique*, en considérant l'Atmosphère comme divisée en des *tranches d'égal poids*; considérons-la maintenant comme divisée en *tranches d'égale épaisseur*, & faisons chacune de ces *tranches* égale à la plus basse, qui tient en équilibre une *ligne* de mercure, quand le Baromètre est à 348 *lignes*. L'épaisseur de chacune de ces *tranches*, sera donc 12, 497 *toises*.

Le poids de chaque *tranche* est évidemment proportionnel à sa *densité*, & réciproquement sa *densité* est proportionnelle à son poids. Il suit de ce principe, que la *densité* de ces *tranches* d'égale épaisseur décroîtra de bas en-haut, suivant une progression géométrique; c'est ce que je démontrerai bientôt (571). Je ne le dis ici que pour faire remarquer d'entrée, que dans cette manière de considérer l'Atmosphère, la différence de *densité* des parties des *tranches* ne peut produire aucune erreur, parce qu'elle suit la même proportion dans chaque *tranche*. Car si les densités des *tranches* d'égale épaisseur sont en progression géométrique; elles le seront toujours, quelle que soit cette épaisseur des *tranches*, & par conséquent quelle que soit la subdivision des *tranches* primitives. Ainsi, par exemple, la densité moyenne de

la

la moitié inférieure aura, dans toutes les *tranches*, le même rapport avec la densité moyenne
de la moitié supérieure. En un mot, ce feront
les denfités moyennes qui feront en progreffion géométrique. Mais il faut prouver qu'elles
le font.

569. Pour trouver quelle loi doivent fuivre
les hauteurs du mercure, correfpondantes à
cette divifion de l'Atmofphère en *tranches*
d'égale épaiffeur, il faut chercher quel eft le
rapport qu'ont entr'eux les poids qui chargent
chacune des *tranches*, parce que les hauteurs
du mercure repréfentent ces poids. Soit donc:

A Le *poids* total de l'Atmofphère = 348
lignes de mercure :

B Le *poids* qui pèfe fur la *tranche* la plus
baffe, que je nommerai *première*, = 347
lignes :

C Le *poids* cherché, qui pèfe fur la feconde
tranche :

D Celui qui pèfe fur la troifième, &c.

Le *poids* de chaque *tranche* eft le *poids*
total de la colonne dont elle eft la bâfe,
moins celui de la colonne qui pèfe fur elle ;
ainfi :

A — B Eft le *poids* de la *tranche* la plus
baffe ou *première* :

B — C Eft celui de la *feconde* :

C — D Eft celui de la *troifième*, &c.

Le poids de chacune de ces *tranches* (de
même épaiffeur), eft proportionnel à leur
denfité, & leur *denfité* eft proportionnelle au
poids qui les comprime ; c'eft-là le principe

Tome III.   H

(558). Donc le *poids* de chaque *tranche* est proportionnel au *poids* qui la comprime. Ainsi:

A — B *Poids* de la *première tranche*,

Est à   B *Poids* qui comprime cette *première tranche*;

Comme B — C *Poids* de la *seconde tranche*,

Est à   C *Poids* qui la comprime.

Et de même B — C : C : : C — D : D.

Donc A : B : : B : C, & B : C : : C : D.

Donc les *poids* A, B, C, D, &c., sont en proportion continue; donc ils sont en progression géométrique. Or les hauteurs du mercure dans le Baromètre sont proportionnelles au *poids* de l'air dans les lieux où il est placé. Donc, si l'on observoit le Baromètre entre chacune de nos *tranches*, depuis le bas de l'Atmosphère, ses hauteurs seroient proportionnelles aux *poids* A, B, C, D, &c. : elles seroient donc en progression géométrique. Et puisque A $=$ 348 *lignes* de mercure, & B $=$ 347, sont des termes d'une progression géométrique décroissante; l'exposant de cette progression sera $\frac{347}{348}$, & nous aurons C $=$ $346\frac{1}{348}$,

$$D = 345\,\frac{2\frac{347}{348}}{348} = 345\,\frac{1043}{121104}.$$ De plus, comme les *tranches*, comprises entre les points où cette suite de hauteurs du mercure seroit observée, sont d'égale épaisseur, les sommes des épaisseurs de ces tranches, ou les *hauteurs*

des colonnes d'air qui en seroient successivement formées, seroient en progression arithmétique.

On pourroit donc former une Table des *hauteurs* des colonnes d'air correspondantes aux abbaissemens du mercure dans le Baromètre depuis le bas de l'Atmosphère, ou depuis la plus grande hauteur du mercure dans le Baromètre, de la manière suivante.

570 *Hauteurs* des colon. d'air en *toises*.	*Hauteurs* du mercure en *lignes*.	*Densités* des *tranches* d'air d'épaisseur égale, exprimées par les différences de hauteur du mercure dans le Baromètre, ou par les *poids* des *tranches*, proportionnels à leurs *densités*.	Table des hauteurs de l'air correspondantes aux hauteurs du mercure.
0,000	348		
		ligne 1,	
12,497	347		
24,994	$346\frac{1}{148}$	$0, \frac{147}{148}$	
37,491	$345\frac{1043}{121104}$	$0, \frac{120409}{121104}$	

571. Les nombres de la troisième colonne étant les différences des termes de la progression géométrique des hauteurs du mercure, sont eux-mêmes en progression géométrique, dont l'*exposant* est aussi $\frac{347}{348}$. Donc les *densités* des couches d'air d'égale épaisseur, représentées par ces nombres, decroissent de bas en-haut en progression géométrique. La *densité* des couches d'air d'égale épaisseur décroit de bas en-haut en progression géométrique.

On prolongeroit cette Table à volonté, en faisant que chacun des termes de la progression géométrique des hauteurs du mercure, fût les $\frac{147}{148}$ du précédent, & en augmentant successivement de 12, 497 ceux de la progression arithmétique des *hauteurs* dans l'Atmosphère.

Incommodité de la table précédente.

572. Cette Table, quoique très-exacte, seroit fort incommode à cause des fractions, dont les hauteurs du mercure seroient accompagnées. Mais on pourroit se délivrer de ces fractions, & représenter les hauteurs du Baromètre de *ligne* en *ligne*, en prenant des *moyens proportionnels* géométriques, entre les termes de la progression des hauteurs du mercure ; entre ces premiers *moyens proportionnels* géométriques, on en prendroit des seconds : entre ceux-ci des troisièmes, & ainsi de suite, jusqu'à ce qu'on fût parvenu à trouver entre ces premiers termes, des *moyens proportionnels* géométriques, qui fussent sans fraction, & qui diminuassent successivement de l'unité. En faisant ces opérations sur les hauteurs du mercure, il faudroit en faire de correspondantes sur les *hauteurs* de l'atmosphère, en prenant autant de *moyens proportionnels* arithmétiques, qu'on en auroit pris de géométriques. Par ces doubles opérations, chaque *moyen proporionnel* arithmétique indiqueroit toujours la *hauteur* de l'air, correspondante à la hauteur du mercure, exprimée par le *moyen proportionnel* géométrique correspondant.

Moyen de la rendre plus commode.

On auroit ainsi une table très commode ; car dans une de ses colonnes les hauteurs du mercure décroîtroient de *ligne* en *ligne* ; & on trouveroit dans l'autre colonne les vraies *hauteurs* de l'air correspondantes à ces abbaisse-mens (*a*). Et quoique les nombres de la pre-mière de ces colonnes devinssent, par cette opération, les termes d'une progression arith-métique : ces termes seroient cependant tou-jours en progression géométrique, rélative-ment aux termes de l'autre colonne, qui se-roient en progression arithmétique.

573. Mais il est difficile de se faire une juste idée du travail immense qu'exigeroit une pa-reille opération, par le nombre prodigieux de moyens proportionnels géométriques, qu'il faudroit trouver, avant d'être parvenu à ceux qui exprimeroient les hauteurs du Baromètre de *ligne* en *ligne*, à quoi il faudroit ajouter un nombre égal de moyens proportionnels arith-métiques, correspondans aux premiers.

574. Faut-il donc entreprendre un aussi grand travail, ou renoncer à l'avantage qu'il annonce ? On y renonceroit sans doute, si le travail étoit à faire ; mais il est fait : *Neper*, en inventant les *logarithmes*, a prevenu nos de-sirs, bien avant qu'on songeât à mesurer les hauteurs par le Baromètre.

575. Si nous examinons la table des *loga-rithmes* vulgaires, nous trouverons qu'elle a toutes les conditions que nous cherchions dans la nôtre ; car 1°. cette Table a été formée en

Travail im-
mense qu'é-
xigeroit ce
moyen.

Il est exé-
cuté par la
table des lo-
garithmes
vulgaires.

Démons-
tration.

(*a*) Je crois devoir rappeller ici que je suppose toujours une certaine température de l'air générale & constante : on verra dans la suite quels sont les changemens qu'exigent ses variations.

H iij

prenant des moyens proportionnels géométriques entre les termes de la progreſſion géométrique décuple, juſqu'à ce qu'on ſoit parvenu à la ſuite des nombres naturels, auprès deſquels on a placé les moyens proportionnels arithmétiques correſpondans, pris entre les termes de la progreſſion arithmétique des nombres naturels depuis zéro, ſuivis d'un certain nombre de zéros égal dans tous les termes : ce ſont ces moyens proportionnels arithmétiques qui ont été appellés les *logarithmes* des moyens proportionnels géométriques correſpondans.

2°. Par cette conſtruction, en prenant dans la colonne des nombre naturels des termes qui ſoient en progreſſion géométrique, les *logarithmes* correſpondans à ces termes ſont en progreſſion arithmétique : & les différences des *logarithmes* de deux termes quelconques d'une progreſſion géométrique, quelle qu'elle ſoit, donnent la ſomme des différences égales des termes intermédiaires correſpondans d'une progreſſion arithmétique. Mais les différences de hauteur de l'air correſpondantes aux différences de hauteur du mercure, ſont auſſi égales, quand les hauteurs du mercure ſont priſes en progreſſion géométrique (569). Donc les différences de hauteur de l'air (ou les *hauteurs* des colonnes meſurées) ſuivent la même loi que les différences des *logarithmes* des hauteurs du mercure, & par conſéquent leur ſont proportionnelles.

3°. La ſuite des nombres naturels depuis 1 à 348 peut être priſe pour la ſuite des hauteurs du mercure dans le Baromètre , exprimées en *lignes* ; & les différences des *logarithmes* de ces nombres feront toujours proportionnelles aux différences des *hauteurs* de l'air , correspondantes aux différences de hauteur du mercure.

4°. Dans les Tables des *logarithmes* vulgaires , dont il s'agit ici , la différence des *logarithmes* de 347 & 348 est 12,497. Or , j'ai trouvé , par l'expérience , que , par une certaine température , l'épaisseur de la couche d'air interceptée par deux stations , à l'une défquelles le mercure se tiendroit dans le Baromètre à 348 *lignes* , tandis qu'à l'autre il ne se tiendroit qu'à 347 ; que cette épaisseur , dis-je , est 12, 497 *toises* ; & , par ce qui précède , le même rapport règne entre toutes les différences des *logarithmes* des hauteurs du mercure , & les épaisseurs des couches d'air.

576. Donc , *par une température déterminée , les différences des logarithmes des hauteurs du mercure donnent immédiatement en millièmes de toise , la différence de hauteur des lieux où l'on a observé le Baromètre.*

577. J'aurois pu démontrer plus généralement les principes & la différence des deux méthodes que j'ai employées pour calculer les différences de hauteur du mercure , en les faisant découler des propriétés de l'hyperbole entre ses asymptôtes. On auroit vu 1°. l'origine du *dividende commun* de la progression harmonique dans l'égalité de surface des rectangles formés par les *ordonnées* sur les *abfcisses* , ces surfaces étant le produit des *abfcisses*

par les *ordonnées*, comme le *dividende commun* est le produit, constamment le même, des poids supérieurs par les densités sous ces poids, ou des hauteurs du mercure par l'épaisseur de la *tranche* qui repose immédiatement sur le lieu de l'obfervation. 2°. Que calculer les obfervations du Baromètre de cette manière, c'est mettre bout à bout les *ordonnées* élevées à l'extrémité de chacune des *abfciffes* correfpondantes aux hauteurs du mercure de *ligne* en *ligne*, entre les deux ftations où le Baromètre a été obfervé. 3°. Que dans la première façon d'employer la progreffion harmonique, on fait l'épaiffeur de la *première tranche* proportionnelle à la dilatation de l'air fur la bâfe de la *feconde tranche*, c'eft-à dire à *l'ordonnée* de 347 *lignes*; & que dans la feconde manière on fait cette épaiffeur proportionnelle à la dilatation de l'air fur la bâfe de la *première tranche*; c'eft à-dire, à l'*ordonnée* de 348 *lignes*. Tandis que généralement l'épaiffeur de cette *première tranche*, ainfi que les épaiffeurs de toutes les autres *tranches*, doivent être proportionnelles aux dilatations moyennes des *tranches*, c'eft-à-dire, aux *aires* comprifes entre les *ordonnées* fucceffivement élevées fur les *abfciffes* qui repréfentent la fuite des hauteurs du mercure. 4°. Qu'ainfi dans le premier cas, on prend pour la fuite des épaiffeurs des *tranches* d'air égales en poids, une fuite d'*ordonnées* qui deviennent de plus en plus trop grandes, relativement aux *aires* comprifes entre les *ordonnées*; & que par cette raifon, on trouve des hauteurs trop grandes : que dans le second cas, on prend au contraire pour la suite des épaisseurs des *tranches* d'air, une suite d'*ordonnées* qui deviennent de plus en plus trop petites, relativement aux mêmes *aires*. 5°. Que plus on subdivisera les hauteurs du mercure, c'est-à-dire, plus on augmentera les nombres des termes de la progression harmonique, en les faisant proportionnellement plus petits; moins il y aura de différence absolue entre les *ordonnées* correspondantes aux parties de la hauteur du mercure, & des lignes qui seroient proportionnelles aux *aires* comprises entre ces *ordonnées*; tellement que, quand on considéreroit les termes de la progression harmonique comme infiniment nombreux, c'est-à-dire, les distances entre les *ordonnées* comme infiniment petites, les erreurs tant en excès qu'en défaut disparoîtroient.

Enfin, j'aurois pu démontrer généralement par cette voie, qu'en employant les *logarithmes* au calcul des abbaissemens du mercure, on fait réellement l'épaisseur des *tranches* proportionnelle à leur dilation moyenne, c'est-à-dire, aux *aires* comprises entre toutes les *ordonnées* correspondantes aux *abscisses* qui représentent les hauteurs du mercure en parties égales, & que par conséquent on remplit exactement son but.

Mais je crois que ceux à qui les propriétés de l'hyperbole sont familières, auront vû, dès l'entrée, la vérité des principes que j'ai posés, ou que du moins ils me comprendront aisément par ces indications seules. Quant aux autres, il me paroît que la démonstration

précédente, étant plus liée aux causes physiques, sera plus intelligible pour eux.

L'usage des *logarithmes*, pour estimer la
hauteur des lieux par l'abbaissement du mercure dans le Baromètre, est donc plus exact,
& ordinairement plus commode, que celui d'une
progression harmonique, dont les termes sont
correspondans aux abbaissemens du mercure
de *ligne* en *ligne*. Cependant, comme cette
dernière méthode peut être utile en bien des
cas, je vais indiquer le moyen dont je me suis
servi pour la rendre conforme à mes expériences, & démontrer en même tems qu'on peut
l'employer, sans de grandes erreurs, au calcul
des observations du Baromètre, pour les plus
grandes hauteurs où l'on soit parvenu jusqu'à
présent.

579. Dans ma première méthode, il s'agit,
comme je l'ai dit ci-devant (544), de trouver
un nombre, qui, divisé par les hauteurs du
mercure de *ligne* en *ligne*, donne la grandeur
convenable aux termes de la *progression harmonique*, qui doivent exprimer les *hauteurs* des
lieux. Le nombre que je trouvai d'abord étoit
25390; mais le dégré de chaleur de l'air, que
j'avois choisi pour y rapporter toutes mes
observations, étoit moindre que celui auquel
la différence des logarithmes donne la *hauteur*
des lieux en *millièmes de toise*. Or, comme le
poids de l'air diminue à mesure que la chaleur
augmente, chaque colonne d'air qui tient en
équilibre une *ligne* de mercure, doit être plus
longue, toutes choses d'ailleurs egales, par la
température dans laquelle les *logarithmes* don-

nent les *hauteurs* en *millièmes de toise*, que par celle où j'avois réduit mes obfervations dans mon premier calcul. Il faut donc augmenter le *dividende commun*; & pour le fixer fûrement d'une manière correfpondante aux *logarithmes*, il fuffit de multiplier 348 *lignes* (29 *pouces*), qui eft la plus grande hauteur obfervée du mercure dans le Baromètre, par 12,497, différence des *logarithmes* de 348 & 347, qui exprime dans cette température, en *millièmes de toifes*, l'épaiffeur des *tranches* d'air égales à celle qui tient en équilibre une *ligne* de mercure, lorfque le Baromètre eft à 348 *lignes* (568), & le produit 4348956, donne en *millièmes de toife* le *dividende commun*, qui eft donc 26094, lorfqu'on veut avoir les *hauteurs* en *pieds* : ou 4349, lorfqu'on les voudra en *toifes*.

580. Par la formation de ce nombre, on eft fûr d'abord que, lorfqu'on voudra connoître la différence de *hauteur* de deux ftations, dans l'une defquelles le Baromètre s'eft tenu à 347 *lignes*, tandis qu'il étoit à 348 *lignes* dans l'autre, on trouvera la même quantité, foit qu'on prenne la différence des *logarithmes* de ces deux hauteurs du mercure, foit qu'on divife 26094 par 348, favoir 74 pieds 11 pouces 9 lignes.

581. Pour faire connoître maintenant la différence des deux méthodes en s'éloignant du premier terme, je choifirai pour exemple *la plus grande hauteur où l'on ait monté* : c'eft l'expreffion de M. *de la Condamine*, en parlant du *Coraçon*, montagne de la Cordilière ; elle

est élevée de 2470 *toises* au-dessus du niveau de la mer , & le mercure s'y tenoit à 15 *pouces* 10 *lignes* (*a*). Ainsi , la plus grande différence de hauteur du Baromètre qu'on ait probablement à calculer par mes deux méthodes , est celle de 29 *pouces* à 15 *pouces* 10 *lignes* , ou de 348 *lignes* à 190. Pour juger à-peu-près de la différence de valeur des suites de nombres qui résulteroient de ces deux méthodes , il suffit de comparer leurs derniers termes , les premiers étant égaux. On aura le dernier terme de la suite des différences *logarithmiques* , en prenant la différence du *logarithme* de 190 à celui de 189 ; cette différence est de 22918 *millièmes de toises* , ou 137 , 508 *pieds* , & pour avoir celui de la *progression harmonique* , il faudra diviser 26094 par 190, dont le quotient 137 , 339 *pieds* est le tems cherché. Nous avons donc à additionner deux suites de 158 termes chacune, dans lesquelles les premiers termes sont égaux , & dont les derniers ne diffèrent que de $\frac{169}{1000}$ de *pieds* : ce qui ne fait pas $\frac{1}{1000}$ de différence sur les sommes totales.

Quoique cette différence entre les deux méthodes , même à cette hauteur , soit encore si peu considérable , qu'on pourroit la négliger ; comme par la propriété des progressions harmoniques , cette différence décroît plus rapidement que les hauteurs ; elle est

---

(*a*) Cette expérience fut faite le 18 Juillet 1738. Voyez *Journal du voyage fait à l'Equateur* , *&c.* par M. de la Condamine , pag. 58.

réduite à $\frac{1}{4000}$ pour la plus grande hauteur que j'aie mesurée dans la montagne de *Salève* : de sorte qu'abandonnant, comme je l'ai fait, les fractions de *pieds* dans mes calculs, les deux méthodes m'ont donné sensiblement les mêmes résultats.

582. On voit par-là que, bien que l'usage des *logarithmes* soit réellement plus exact que celui d'une *progression harmonique* formée de la suite des abbaissemens du mercure de *ligne* en *ligne*, & d'un *dividende commun*, cette différence d'exactitude étant presqu'insensible peut être négligée, lorsqu'il s'agit de mesurer la hauteur des montagnes. Si donc on étoit privé du secours des Tables logarithmiques, dans quelqu'endroit où l'on auroit observé le Baromètre, on pourroit y suppléer par la connoissance du nombre 26094, en l'employant de la manière que j'ai indiquée ci-devant pour le nombre 25390 (546).

583. Il est vrai que ce calcul est un peu long, quand il s'agit de grandes différences de hauteur du Baromètre ; car la méthode la plus facile est de diviser le nombre 26094, autant de fois qu'il y a de *lignes* dans ses différences, & d'additionner les quotiens. Mais on peut abréger beaucoup le calcul, en ne formant que quelques-uns des termes de la *progression harmonique*, & en considérant les autres termes, comme s'ils étoient en progression arithmétique, dont alors il est fort aisé d'avoir la somme.

L'effet de ce changement est d'augmenter la hauteur, comparativement au résultat fourni

par les *logarithmes*, & cela proportionnellement plus, quand la hauteur eft plus grande:
par exemple, cette augmentation n'eft que
d'1 *pied* 8 *pouces* fur une hauteur de 10000
pieds, tandis qu'elle eft de 60 *pieds* fur 6000.
Mais par une propriété de la *progreffion harmonique* employée comme je l'ai fait, fes termes devenant au contraire de plus en plus trop
petits, à mefure qu'on s'éloigne du premier
(565), ce mélange de la *progreffion harmonique*, qui donne des termes de plus en plus
trop petits, & de la *progreffion arithmetique*,
qui les donne de plus en plus trop grands,
produit une compenfation telle, qu'il ne refte
qu'une augmentation fenfiblement proportionnelle dans tous les termes, comparativement
aux *logarithmes*.

Manière de compenfer cet effet.

584. C'eft de cette compenfation que réfulte
le moyen d'abbréviation que je propofe pour
les cas où l'on auroit de grands abbaiffemens
du Baromètre à calculer, fans le fecours des
Tables logarithmiques. Il confifte à partager la
différence de hauteur du mercure en plufieurs
parties d'un *pouce* chacune ou à-peu-près,
pour calculer féparement chacune de fes parties, & à diminuer le *dividende commun*,
proportionnellement à l'augmentation qui
réfulteroit fans cela de cette manière de
calculer. J'ai trouvé que, pour les hauteurs
des montagnes, le *dividende*, qui eft de 26094,
doit être réduit à 26054, lorfqu'on emploiera
cette méthode. Voici un exemple de ce
calcul.

Exemple.

585. Je fuppofe qu'on ait obfervé le Ba-

romètre en deux stations, dans l'une desquelles il se soit trouvé à 28 *pouces* 4 *lignes* $\frac{1}{4}$, & dans l'autre à 22 *pouces* 1 *ligne* $\frac{1}{2}$. Je partage la différence des deux hauteurs, comme si j'avois observé le Baromètre successivement à 28 *pouces* 4 *lignes* $\frac{1}{4}$, 27 *pouces*, 26, 25, 24, 23 & 22 *pouces* 1 *ligne* $\frac{1}{2}$. J'exprime en *lignes* toutes ces *hauteurs* du Baromètre, & je trouve 340 *lignes* $\frac{1}{4}$ 324 312 300 288 276 265 *lignes* $\frac{1}{2}$. Je divise le nombre 26054, par toutes ces *hauteurs*; les *quotiens* sont : 76,57 80,41 83,50 86,84 90,47 94,41 98,13.

Ces *quotiens* expriment en *pieds* la hauteur de l'air qui correspond à 1 *ligne* de mercure, lorsque le Baromètre est à la hauteur indiquée par les *diviseurs* qui les ont formés (149).

Je cherche ensuite les sommes particulières des six progressions arithmétiques que l'on doit former entre ces 7 *termes*. Dans la première, le nombre des *termes* est 340 $\frac{1}{4}$ — 324 $=$ 16 $\frac{1}{4}$, & les *termes* extrêmes sont 76, 57 & 80, 41 : par conséquent la somme de cette première progression est . . . . .

$$. . . . . . . \frac{76,57 + 80,41}{2} \times 16\tfrac{1}{4} = 1275,$$

46 *pieds*.

Dans la 2de. le nomb. des *term.* est 324 — 312 $=$ 12 ;

ses *termes* extrêmes sont 80, 41 & 83, 50 ;

la som. sera donc $\dfrac{80,41 + 83,50}{2} \times 12 = 983,40$

La 3me. sera $\cdot \dfrac{80.50 + 86,84}{2} \times 12 = 1022,04$

$$\text{La } 4^{\text{me}} \ldots \ldots \frac{86,84 + 90,47}{2} \times 12 = 1063,80$$

$$\text{La } 5^{\text{me}} \ldots \ldots \frac{90,47 + 94,41}{2} \times 12 = 1109,28$$

$$5453,98$$

$$\text{fomme de 5 premières } \textit{tranches} \ldots 5453,98$$

$$\text{Et la } 6^{\text{me}} \ldots \frac{94,41 + 98,13}{2} \times 10\tfrac{1}{2} = 1010,83$$

$$\text{Hauteur totale en } \textit{pieds} \ldots 6464,81$$

Conformité du réfultat avec le calcul par les *loga-rithmes.*

586. Si l'on prend la différence des *loga-rithmes* des deux hauteurs du Baromètre, qui font 340 *lignes* $\frac{1}{4}$ & 265 *lignes* $\frac{1}{2}$, on aura 1077336, qui feront des *millièmes de toife* (575) , & par conféquent 646402 *pieds*. Ainfi le calcul par les *logarithmes* & celui que je propofe , donnent fenfiblement les mêmes réfultats.

J'ai choifi pour exemple une grande diffé-rence dans le Baromètre , pour montrer qu'on peut les calculer aifément & avec exactitude par cette méthode. On voit auffi que le calcul fera fort court , quand la différence n'excédera pas un *pouce*, & qu'on le fera aifément par-tout , pourvu qu'on fe fouvienne du nombre 26054. Mais fi l'abbaiffement du Baromètre n'étoit que de quelques *lignes* , il faudroit employer le nombre primitif 26094.

Recherches de la température de l'air dans la-quelle les logarithmes *donnent les* hauteurs *fans correction. Troifième tentative pour dé-couvrir l'effet de la* chaleur.

Fixation du

587. Je viens aux moyens dont j'ai fait ufage,

uſage, pour connoître quel doit être le dégré de *chaleur* de l'*air*, pour que la différence des *logarithmes* des hauteurs du mercure dans le Baromètre donne les hauteurs des lieux en *millièmes de toiſes*; & quels ſont les changemens qu'on doit faire aux réſultats, pour les variations de la *chaleur*. Cette recherche que j'appliquerai dans la ſuite aux *logarithmes* doit s'entendre de la même manière, relativement à ma *progreſſion harmonique*, dont le *dividende* eſt 26094, ou 26054 par la méthode abrégée.

588. Je calculai d'abord toutes mes obſervations par les *logarithmes*, & combinant toutes celles où la différence des *logarithmes* donnoit à-peu-près la hauteur des lieux en *millièmes de toiſes*, je trouvai que la *chaleur* moyenne pendant ces obſervations avoit été correſpondante à $+ 16\frac{3}{4}$ du Thermomètre de mercure diviſé en 80 parties entre les *termes fixes*.

Après avoir déterminé ce point, je rangeai de nouveau toutes les expériences que j'avois faites dans chaque ſtation, en ſéparant celles qui étoient au-deſſus de ce dégré fixe de *chaleur*, d'avec celles qui étoient au-deſſous, & en indiquant dans chaque expérience la température, & les réſultats donnés par les *logarithmes*, réduits en *pieds*. Je fis alors, à chaque ſtation, une ſomme de tous les *dégrés* de *chaleur* au-deſſus du point fixe, & de toutes les *hauteurs* trouvées par le calcul : j'en fis autant pour les *dégrés* au-deſſous de ce point : je pris le terme moyen des uns & des autres, & je tirai de ces termes moyens de *chaleur* en

dégré de chaleur de l'air qui n'exige point de correction dans le calcul par les logarithmes.

3me. combinaiſon des obſervations

Seconde manière de faire les corrections pour la chaleur exprimée en *pieds dans chaque station.*

plus & en *moins*, comparés avec les *défauts* ou *excès* de *hauteurs* correspondans, quel étoit le nombre de *pieds* qu'il falloit ajouter ou souftraire, pour chaque *dégré* de *chaleur* en *plus* ou en *moins*, dans chacune de mes stations : En voici un exemple.

Exemple.

589. Une de ces stations est élevée de 2582 *pieds* au-dessus de la bâse commune : j'ai fait 17 observations en divers tems à cette station, dont 8 se trouvent à des tems où le Thermomètre étoit plus bas que le *point fixe*, & 9 où il étoit plus haut. La somme de tous les *dégrés* au-dessous du *point fixe*, pour les 8 observatiens, se trouva — $33^d. \frac{1}{3}$, qui, divisés par 8, donne — $4^d. \frac{1}{6}$ pour terme moyen : la somme des *hauteurs* trouvées par les *logarithmes* pour les mêmes observations fut 21037 *pieds*, & le terme moyen 2630 *pieds*, plus grand de 48 *pieds* que la hauteur réelle. Je trouvai donc que $4^d. \frac{1}{6}$ de moins dans la *chaleur de l'air*, produisoient 48 *pieds* de trop dans la *hauteur du lieu* ; & que par conséquent 1 *dégré* devoit produire 11 $p \frac{1}{2}$.

La somme de tous les *dégrés* au-dessus du même point fixe de *chaleur*, pour les 9 observations, étoit $+ 31^d. \frac{5}{9}$; & le terme moyen $+ 3^d. \frac{1}{2}$: celle des *hauteurs données par le calcul* pour les mêmes observations, étoit 22875 *pieds* ; & le terme moyen 2542 *pieds*, plus petit de 40 *pieds* que la hauteur réelle. Ainsi, $3^d. \frac{1}{2}$ de plus dans la *chaleur de l'air*, avoient produit 40 *pieds* de moins dans la *hauteur du lieu* ; par conséquent 1 *dégré* devoit produire environ 11 $p. \frac{1}{2}$.

Je fis la même opération pour toutes les stations où j'avois observé ; mais je ne trouvai pas par-tout la même uniformité entre l'effet de la diminution de la *chaleur* , & celui de son augmentation : cette uniformité est même défectueuse dans l'exemple que j'ai cité , comme je le ferai voir dans la suite (599 & *suiv.*). Mais , ne connoissant encore ni cette erreur , ni sa cause , je combinai , dans chaque station , les effets de la diminution & de l'augmentation de la chaleur , & je dressai une Table , qui renfermoit le nombre de *pieds* que je devois ajouter ou soustraire , pour chaque *dégré* de chaleur en *plus* ou en *moins* , dans chacune de mes Stations.

590. Je comparai alors l'effet de la *chaleur* dans les différentes stations , & je le trouvai sensiblement proportionnel à leur hauteur au-dessus du niveau commun. De sorte que la correction à faire , pour réduire le résultat de chaque observation , à ce qu'il auroit été par le dégré de *chaleur* déterminé , devoit être en raison composée , de la *hauteur du lieu* , & du nombre de *dégrés* au-dessus ou au-dessous de cette température fixe. Je corrigeai donc de cette manière toutes les *hauteurs* trouvées par le calcul.

Cette correction étoit en raison composée de la hauteur des lieux & de la température.

Quatrième tentative pour découvrir l'effet de la Chaleur. *Exception singulière des observations faites vers le* lever du Soleil.

Quand j'aurai développé toutes les causes qui se combinent pour produire la différence de hauteur du mercure dans des Baromètres placés à différentes élévations , & que j'aurai montré ce qui se trouve encore indéterminé dans ce problème , on verra qu'il est digne de l'attention des Physiciens. Ces causes sont tellement enchaînées , qu'un pas de plus conduit presque toujours à un autre ; & que chacune de ces découvertes peut s'étendre à bien d'autres usages qu'à celui de mesurer les hauteurs par le Baromètre , qui étoit mon principal objet. J'ai reconnu cette liaison à chaque pas que j'ai fait dans mes recherches ; & j'ai essayé de la faire sentir dans ma narration. Je suivrai le même plan dans ce qui me reste à développer de cette matière.

591. Lorsque j'eus employé ma nouvelle règle pour calculer mes observations en conséquence des changemens de la *chaleur de l'air*, je considérai ce nouveau tableau ; & quoiqu'il fût plus correct qu'auparavant , j'y vis encore des disparités trop sensibles pour être négligées. Chaque nouvelle tentative sur un si grand nombre d'observations présentoit un travail très-fatigant. Néanmoins je me déterminai à ranger de nouveau toutes ces observations dans l'ordre de leurs différences , en commençant par celles qui donnoient le moins de *hauteur*. Je mis ensuite dans d'autres colonnes toutes les circonstances qui les avoient accompagnées ; voici l'arrangement que je leur donnai dans chaque station.

592. La première colonne renfermoit les hauteurs du lieu , indiquées par ma règle ,

dans l'ordre dont je viens de parler. Je mis les accompagnoient. dans la seconde les observations de la chaleur de l'air. Dans la troisième, les hauteurs observées du Baromètre. La quatrième exprimoit l'état sensible de l'Atmosphère relativement aux météores : l'heure des observations étoit dans la cinquième : enfin je plaçai dans la sixième, l'année, le mois & le jour auxquels j'avois observé.

593. Cet ouvrage fait, je cherchai s'il n'y avoit point de rapport constant entre les différences des hauteurs données par le calcul & quelqu'une des circonstances indiquées dans les autres colonnes. J'en apperçus plusieurs dans la comparaison des quatre premières, dont cependant je ne fis pas d'abord usage, parce que je n'y voyois point encore de régularité. Mais lorsque je fus à la cinquième qui renfermoit l'heure des observations, je fus frappé de voir au haut des colonnes toutes celles qui avoient été faites vers le *lever du soleil*. Je ne trouvai point d'exception à ce rapport, c'est-à-dire, que toutes les observations faites vers le *lever du soleil*, quoique calculées comme les autres, donnoient constamment moins de *hauteur* au lieu de l'observation.

Les observations faites vers le lever du soleil donnent toutes moins de hauteur.

594. Ne considérant d'abord cette dissemblance que relativement au dégré de chaleur de l'air qui est ordinairement moins chaud au *lever du soleil* qu'à toute autre heure du jour, je pensai que, si cette différence étoit la cause du *défaut* de hauteur, il étoit possible que le moment le plus chaud de la journée fût aussi celui où les observations renfermoient une erreur en *excès* :

La moindre chaleur, à cette heure-là, supposée la cause de cette erreur.

c'eſt ce que je cherchai à connoître de la manière ſuivante.

Recherche des augmentations & diminutions de chaleur dans l'étendue du jour.

595. Je raſſemblai toutes les obſervations du Thermomètre faites dans la plaine, où, pour l'ordinaire, on l'avoit obſervé, comme le Baromètre, à chaque quart-d'heure, du matin au ſoir, en diverſes ſaiſons. Je notai les parties du jour auxquelles correſpondoient la moindre, la moyenne & la plus grande chaleur, en comptant depuis le lever du ſoleil juſqu'à ſon coucher ; & je trouvai qu'en toute ſaiſon, lorſqu'il n'y avoit pas eu de cauſes particulières & ſenſibles, comme du vent, des nuages, &c. La moindre chaleur étoit au lever du ſoleil ; la moyenne, à la cinquième partie de la journée, de même que peu de tems avant le coucher du ſoleil ; & la plus grande, aux trois-quarts du tems pendant lequel le ſoleil étoit reſté ſur l'horiſon.

La moindre chaleur eſt au lever du ſoleil.

La moyenne à la 5me. partie du jour & vers le coucher du ſoleil.

La plus grande aux trois-quarts du jour.

Cinquième combinaiſon des obſervations.

596. En conſéquence de cette diſtribution de la chaleur dans l'étendue de la journée, je formai une ſeptième colonne dans mon tableau, où je marquai à quelle partie du jour les obſervations avoient eté faites. Je trouvai que pluſieurs de celles qui donnoient trop de hauteur, correſpondoient au moment le plus chaud du jour ; mais il y avoit trop d'exception dans ce rapport, pour en tirer aucun principe fixe ; & la principale utilité que je trouvai dans ces combinaiſons, fut de ſavoir, qu'en général, la moyenne chaleur du matin eſt le tems le plus favorable aux obſervations de ce genre (741). Je remarquai encore que le moment le plus chaud du jour eſt toujours celui où le Baromètre

La moyenne chaleur du matin eſt le moment le plus favo-

est le plus bas dans la plaine, lorsqu'il n'y a point d'autres causes de variations : ce qui confirme les principes que j'ai établis relativement aux effets de la chaleur sur l'atmosphère (528). J'ai lieu de penser qu'il en est de même en d'autres climats ; puisque M. *de la Condamine* nous apprend, dans le journal de son voyage à l'Equateur, qu'aux environ de la *Cordilière* le Baromètre étoit constamment à son point le plus bas vers trois heures après midi (*a*). Or à cette latitude, où le soleil reste toujours à-peu-près douze heures sur l'horison ; trois heures après midi sont les trois quarts de la journée.

597. Je reviens aux observations faites vers le *lever du soleil*. Les recherches précédentes ne permettent pas d'attribuer à un défaut de correction pour la température de l'air, les écarts considérables que j'ai trouvés dans les résultats de ces observations ; ce qui me conduit

rable aux observations.

Le moment le plus chaud du jour est celui où le Baromètre est le plus bas dans la plaine.

M. de la Condamine a fait la même observation au Pérou.

La cause supposée du défaut des observations faites vers le lever du soleil, ne paroit pas fondée.

(*a*) M. *de la Condamine* fit la même observation à *Quito*, ce qui paroît d'abord contraire à ce que j'ai dit ailleurs (528, 529), que les variations produites par la chaleur de l'air sur la hauteur du mercure, dans la plaine & sur les montagnes, sont opposées. Mais le Baromètre de M. *de la Condamine* n'étoit pas chargé au feu, il me l'a dit lui-même ; par cette raison il devoit descendre quand la chaleur augmentoit (333) ; & il descendoit sans doute plus que l'augmentation de l'air supérieur ne tendoit à le faire monter. D'ailleurs le sommet de ces montagnes a beaucoup d'étendue ; en sorte qu'on peut le considérer comme une espèce de plaine, sur laquelle l'air qui s'élève de la mer n'a pas le tems de se verser entièrement avant d'être condensé de nouveau par la fraîcheur du soir.

à penſer que le vent d'*Eſt* en eſt la principale cauſe.

En général, il n'eſt vraiſemblablement pas
indifférent pour le poids de l'air, ſut-tout
aux environs des montagnes, qu'il y ſoit
comprimé ou ſoulevé par les vents, plus ou
moins, ſuivant leur force & leur direction.
J'ai tenté quelques expériences avec une ſorte
d'Anémomètre, que j'ai conſtruit pour cet
uſage; mais comme je n'ai rien trouvé d'aſſez
fixe, il ſeroit inutile de rapporter ces obſervations. Je dirai donc ſeulement que j'ai obſervé par des vents très-forts, & que je n'ai
point trouvé de variation qu'on pût leur attribuer avec certitude. Sans doute que ces
vents étant des courans réguliers dans l'Atmoſphère, la loi des preſſions ne ſouffre que
des changemens très-légers. Mais il n'en eſt
pas de même du *vent d'Eſt*, lorſqu'il accompagne l'aurore. J'ai ſouvent remarqué, ſoit
pendant le cours de mes obſervations, ſoit
dans mes voyages, qu'au point du jour,
l'air eſt parfaitement calme; que peu de tems
avant le *lever du ſoleil*, le *vent d'Eſt* commence
à ſe faire ſentir; & qu'il continue plus ou
moins, ſuivant les lieux & les circonſtances.
Or, en conſidérant l'effet que doit produire
un air en mouvement, à la rencontre d'un air
calme, je vois, en général, que dans le
choc, la loi des preſſions doit être troublée;
que l'air de la plaine peut être ſoulevé &
tranſporté ſur les montagnes; en ſorte que
le Baromètre s'y tenant trop haut, pour la

température obſervée , ou étant ſa différence avec le Baromètre de la plaine trop petite , la *hauteur* indiquée par le calcul, eſt moindre qu'elle ne devroit être. Peut-être auſſi que la diminution ſubite de la *chaleur*, qui ſe fait pour l'ordinaire dans ce moment-là, contribue à cette exception ; c'eſt ce que j'expliquerai dans la ſuite (659) (*a*).

La diminution ſubite de chaleur peut auſſi produire cet effet.

598. Mais quelle que ſoit la cauſe de cet effet, il eſt certain, par mes expériences, qu'à température & hauteur du Baromètre égales, l'air n'eſt jamais moins denſe dans la partie inférieure de l'Atmoſphère, que vers le *lever du ſoleil* : je puis ajouter encore que , lorſqu'il règne un vent aſſez fort pour faire obſtacle à celui d'Orient, cette différeece eſt moins conſidérable. Comme je ne parle que d'après l'expérience , je dois me taire lorſqu'elle ceſſe de me guider. Ainſi je ne puis dire quel eſt l'état de l'air, lorſqu'au *lever du ſoleil*, le Ciel eſt couvert de nuages, ou qu'il pleut ; j'ignore auſſi quel effet produiſent ſur le rapport des poids des différentes couches d'air , ces ouragans qui bouleverſent l'Atmoſphère dans un petit eſpace de pays, tandis qu'elle eſt calme aux environs : on ne s'éloigne pas volontiers de pluſieurs lieues de chez ſoi,

L'air de la plaine eſt plus dilaté au *lever du ſoleil* qu'à tout autre moment; toutes choſes d'ailleurs égales.

(*a*) Je ne puis pas aſſurer poſitivement qu'on trouvera par-tout la même exception dans les obſervations faites au lever du ſoleil ; il n'eſt pas impoſſible que la ſituation des lieux y influe pour quelque choſe ; j'en donnerai même un exemple dans la ſuite ; & j'indiquerai la ſituation de la montagne où j'ai fait ces expériences (624).

pour aller obferver dans les montagnes , & en plein air , quand il y a du mauvais tems à craindre.

Les obfer-vations faites au lever du foleil ne peu-vent être foumifes à une règle fixe. Il faut donc les feparer.

599. Malgré l'accord qui règne entre les obfervations faites vers le *lever du foleil*, pour donner les *hauteurs* des lieux trop pe-tites, je ne pus trouver aucune règle fixe, pour corriger ce défaut. C'eft - pourquoi je me déterminai à mettre à part ces obferva-tions ; & comme elles fe trouvoient toutes dans la claffe de celles où la température avoit été au-deffous du point fixe dont j'ai parlé ; l'opération que j'avois faite pour connoître l'effet de la *chaleur*, eut befoin d'une correc-tion. Pour le faire comprendre , je fuivrai l'exemple que j'ai rapporté ci-deffus (589).

Change-ment produit par cette fouftraction dans la cor-rection pour la *chaleur*.

600. Dans la ftation que j'ai prife pour exemple , il y avoit 8 obfervations au-deffous du *point fixe*, la fomme des *dégrés* du Ther-momètre étoit — $33\frac{1}{7}$; & celle des *hauteurs réfultantes du calcul* étoit 21037 *pieds*. De ces 8 obfervations , il y en avoit une faite au *lever du foleil*, que je féparai des autres ; fa température étoit — $5\frac{1}{7}$, & la *hauteur* par le calcul 2600 *pieds*. Il me refta donc 7 obfer-vations ; la fomme des *dégrés* — $28\frac{1}{6}$, & celle des *hauteurs* 18437 *pieds* : ce qui donne — 4 pour la *chaleur* moyenne de l'air , & 2634 *pieds* pour la *hauteur* moyenne , plus grande de 52 *pieds* que la hauteur réelle. Il réfulte de cette nouvelle combinaifon , qu'un dégré de moins dans la *chaleur de l'air* doit cor-refpondre à 13 *pieds* de plus dans la *hauteur*, au-lieu que , par la première combinaifon , je

n'avois trouvé que 11 *pieds* $\frac{1}{2}$ pour le même changement de température.

601. Cette différence , qui fut de même espèce dans tous les cas où j'avois eu des observations faites au *lever du soleil* , produisit l'uniformité que je n'avois pas obtenue dans ma première opération. Les réſultats de celle-ci étoient de trois eſpèces. 1°. Dans quelques ſtations , la diminution de la *chaleur* exprimée en *pieds* pour un *dégré* du Thermomètre , donnoit exactement en *plus* , ce que l'augmentation donnoit en moins. 2°. En d'autres ſtations , le dernier effet paroiſſoit plus grand que le premier. 3°. Enfin , dans quelques-unes j'avois trouvé une différence contraire.

602. Après la ſeconde opération , tout fut réduit au dernier cas , c'eſt-à-dire , que dans toutes les ſtations , l'effet de la *chaleur* ſur *l'air* exprimé en *pieds* , pour un *dégré* du Thermomètre , étoit plus grand dans ſes di-minutions , que dans ſes augmentations. L'u-niformité défectueuſe du premier cas venoit d'une ou de pluſieurs obſervations faites vers le *lever du soleil* , qui diminuoient , dans la ſomme des réſultats du calcul , l'effet qu'a-voit produit la cauſe générale ; le grand écart du ſecond cas , étoit occaſionné par pluſieurs obſervations de cette nature ; enfin , dans lc troiſième cas , qui étoit le ſeul correct , il n'y avoit point de ces obſervations.

603. Il est aiſé de s'appercevoir que la Théorie eſt ici d'accord avec l'expérience ; pour le faire ſentir , prenons le Thermomètre pour exemple. Cet inſtrument meſure les

augmentâtions de la *chaleur* par des volumes égaux de mercure qui s'élèvent succeſſivement les uns au-deſſus des autres. Mais cette égalité de volume n'eſt pas accompagnée d'une égalité de poids ; & par exemple , le volume de mercure qui marque un *dégré* , lorſque le Thermomètre eſt à la chaleur de l'*eau bouillante* , pèſe moins , qu'un volume égal qui marque auſſi un *dégré* quand il eſt à la *congélation.*

Application de cet exemple à ce qui doit arriver dans l'Atmoſphère.

604. Ce que je viens de montrer dans le Thermomètre , nous indique ce qui ſe paſſe dans l'air. Les volumes d'air qui ſortent d'une colonne , dont la longueur ni la bâſe ne changent point , ſont égaux , pour tous les *dégrés* égaux parcourus par le Thermomètre en montant : (je ſuppoſe que les dilatations de l'air & du mercure ſuivent la même loi). Mais ces volumes égaux d'air ne pèſent pas également ; leur poids diminue proportionnellement à leur denſité , qui diminue à meſure que la chaleur augmente. Par conſéquent , les différences qui en réſultent ſur les hauteurs du Baromètre , ne ſont pas égales; elles ſont auſſi proportionnelles aux variations de la denſité , qui , étant en raiſon inverſe des changemens de volume , ſont en progreſſion harmonique, quand ceux-ci ſont en progreſſion arithmétique.

Conſéquence.

605. Ainſi les corrections abſolues à faire pour la chaleur , conſidérées dans une même ſtation , ne doivent pas être égales pour tous les *dégrés* du Thermomètre , ſoit au-deſſus, ſoit au-deſſous de *zéro* , comme je les avois

faites d'abord ; elles doivent différer au contraire pour chaque *dégré*, & fuivre la différence des poids des mêmes volumes d'air, qui fortent d'une colonne de même hauteur & même bâfe, ou qui y rentrent, par les variations de la chaleur.

606. Je fus donc obligé de changer pour la troifième fois, ma correction relative aux variations de la *chaleur* de l'*air*, & voici celle que je tirai de mes expériences.

607. Je cherchai dans toutes les ftations, quel étoit le *rapport* entre la *hauteur du lieu* & le nombre moyen de *pieds* qu'il falloit ajouter ou déduire pour un *dégré* du Thermomètre aux environs du *point fixe* (600); & quelle *loi* fuivoient les changemens de ces *rapports*, à mefure qu'on s'éloignoit de part & d'autre de ce point déterminé. Quand ces opérations furent faites, je vis tant de conformité entre les *rapports* trouvés dans chaque ftation, & fi peu de régularité dans leurs petites différences, que je me déterminai à combiner toutes les fractions qui exprimoient ces *rapports*. Je trouvai, par cette recherche, qu'aux environs de la température fixe, la correction pour un *dégré* du Thermomètre croît à la *hauteur du lieu*, comme 1 à 215 ; & que les augmentations ou diminutions à faire dans ce *rapport*, pour la différence de poids des mêmes volumes d'air différemment échauffés, étoient affez exactement, comme les *excès* ou *défauts* de la *hauteur* trouvée par les *logarithmes*, comparativement à la *hauteur du lieu* : ou plus généralement, *la*

Recherche d'une IIIme. règle pour corriger les effets de la chaleur. VIme. combinaifon des obfervations.

Rapport de la correction à faire pour 1 *dégré* du Thermométre, avec le réfultat du calcul par les logarithmes.

correction à faire pour un dégré du Thermo-
mètre, soit en plus, soit en moins, étoit à
la hauteur fournie par les logarithmes, comme
1 à 215.

Raison d'em-
ployer une
échelle parti-
culière pour
cette opéra-
tion.

608. Cette correction devenoit très-simple en elle-même ; mais elle auroit été sujette à de grandes incommodités dans la pratique, si j'avois conservé la division de mon Thermomètre. Car le *rapport* de 1 à 215 demandoit une opération assez longue, & le point fixe de température, déterminé nécessairement à + 16 *dégres* ¾, devenoit incommode, & pouvoit même occasionner des méprises dans l'observation. C'est-pourquoi je me déterminai à diviser le Thermomètre d'une manière plus commode pour ce genre d'expériences.

Recherche
d'un rapport
commode,
de la correc-
tion, avec le
résultat du
calcul. Celui
de 1 à 1000
choisi.

609. Le *rapport* de 1 à 1000 fut celui que je trouvai le plus propre à mes vues ; mais comme il falloit diviser le Thermomètre en de trop petits *dégres*, pour l'obtenir immédiatement, je construisis mon *échelle* pour le *rapport* de 1 à 500 ; parce qu'en doublant le nombre des dégrés de l'observation, & pour l'ordinaire en ajoutant l'observation de la plaine à celle de la montagne (633), j'étois ramené au *rapport* de 1 à 1000.

Division de
l'intervalle
entre les
points fixes
du Thermo-
mètre, rela-
tive à ce
choix.

610. Pour trouver en quel nombre de parties il falloit diviser l'intervalle compris entre les deux *termes fixes*, en conséquence de ce choix, je me servis de cette analogie ; comme 215 (dénominateur trouvé pour la première division de mon Thermomètre), est à 500 (nouveau dénominateur) ; ainsi 80 (*dégres* de cette première division), sont au

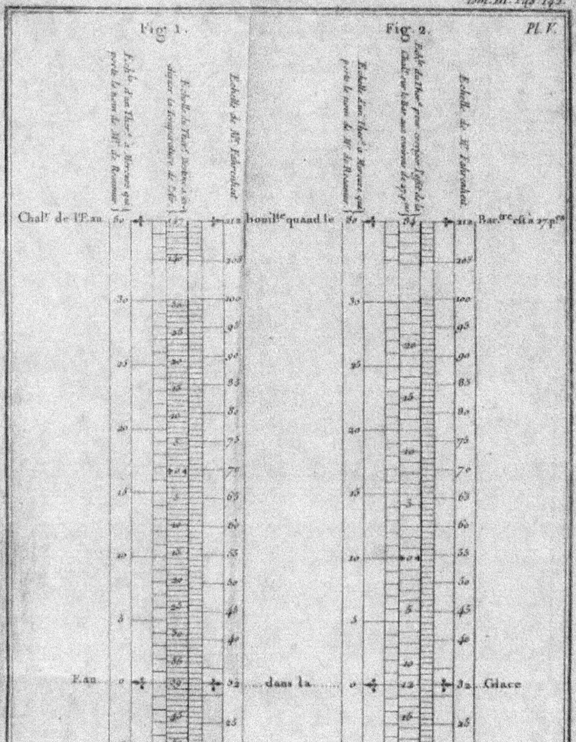

Fig. 1.   Fig. 2.   Pl. V.

Chal. de l'Eau   bouille quand le   Bar.re est à 27 p.ces

Eau   dans la   Glace

Dessiné par l'auteur   Gravé par G. [illegible]

nombre de *dégrés* que la nouvelle division doit avoir entre les deux *termes fixes*. Le calcul donne 186, & de plus, comme 80 eſt à 186; ainſi 16 ¾ (qui, dans ma première diviſion, eſt le point de température où les logarithmes donnent immédiatement la *hauteur*), eſt à 39, qui, dans ma nouvelle échelle, devint le *point fixe* de chaleur au-deſſus & au-deſſous duquel il falloit corriger les hauteurs trouvées par le calcul; ce fut à ce point que je plaçai le *zéro*. *L'eau bouillante* correſpond donc à + 147 dans cette *échelle*, & *l'eau dans la glace* à — 39. Ces indications ſont ſuffiſantes pour la conſtruire. J'ai placé cette *échelle* auprès de celle de *Fahrenheit* & du Thermomètre de mercure diviſé en 80 *parties*, dans la *Fig.* Iere. de la *Pl.* V, afin qu'on puiſſe voir leurs rapports d'un coup-d'œil.

611. L'opération à faire pour ramener les expériences à une température fixe, eſt bien ſimple par ce moyen. Il ſuffit de multiplier la *hauteur* trouvée, ou la différence des *logarithmes des hauteurs du mercure*, par le double des dégrés indiqués ſur le Thermomètre, & de diviſer enſuite par 1000. Si les dégrés ſont en *plus*, il faut ajouter à la *hauteur* trouvée, le quotient de la diviſion; & s'ils ſont en *moins*, il faut le ſouſtraire. Ainſi nommant *a* la hauteur du lieu, *b* la différence des logarithmes des hauteurs du mercure, *c* les dégrés obſervés ſur le Thermomètre, la correction eſt exprimée

par cette formule $b \genfrac{}{}{0pt}{}{+}{-} \dfrac{b \times 2c}{1000} = a.$

Il est conforme à ce qu'exige la différence de poids des mêmes volumes d'air, lorsqu'ils sont inégalement *chauds.*

612. Cette méthode, qui satisfait, aussi-bien que j'ai sçu le voir, à l'ensemble de mes expériences, renferme en même tems cette condition que j'avois trouvé nécessaire (602 & suiv.), que les quantités souftraites de la *hauteur* conclue immédiatement de l'obferva-tion du Baromètre, lorfque le Thermomètre eft au-deffous de *zéro*, fuffent plus grandes que les quantités ajoutées à cette *hauteur*, quand le Thermomètre eft au-deffus de ce point, quoique pour un même nombre de *dégrés.* Car fi l'air eft plus condenfé que le point fixe de *chaleur*, où la différence des logarithmes des hauteurs du mercure dans le Baromètre donne immédiatement les *hauteurs des lieux*, les dif-férences des hauteurs du mercure étant plus grandes, celles des logarithmes de ces hauteurs le font auffi, & réciproquement. Et les cor-rections que je fais pour la *chaleur*, font pro-portionnelles aux différences des logarithmes des hauteurs obfervées du mercure dans le Baromètre.

Il ne m'auroit pas été poffible de trouver cette règle *à priori*, parce que je ne connoiffois pas le rapport des dilatations fucceffives de l'air & du mercure. Mais au moyen de la règle découverte par l'expérience, on pourra trouver peut-être quel eft ce rapport. Je renvoie à un autre lieu (663 & 664), l'expofition des prin-cipes relatifs à cette recherche, parce qu'ici il ne s'agit que de l'expérience.

Dernier cal-cul des ob-fervations.

613. Lorfque j'eus déterminé l'*échelle* que devoit avoir mon Thermomètre, je m'y con-formai dans l'expreffion de la *chaleur*, pour

toutes

toutes mes expériences , & je fis les corrections que ce changement exigeoit. C'est là le point auquel je me suis arrêté pour ce qui concerne les règles générales. Mais j'ai fait encore quelques remarques particulières dont je dois faire mention.

Effet local de la chaleur.

614. Indépendamment de toutes les causes dont j'ai parlé jusqu'à présent , qui contribuent à la différence de hauteur du mercure dans le Baromètre , il en est une dont les effets ne peuvent être aisément déterminés ; c'est la position des lieux.

Exception remarquée dans les stations inférieures de la montagne.

Quoique j'eusse renvoyé la recherche d'une règle fixe jusqu'au tems où , ayant rassemblé beaucoup d'observations , je pourrois parvenir à mon but d'une manière plus certaine, je ne laissois pas de comparer de tems en tems celles que je faisois. Lorsque j'en eus quelques-unes dans toutes les stations de la montagne, je m'apperçus que dans les trois plus basses , les différences de hauteur du mercure étoient, en général, plus grandes qu'elles ne devoient être, par comparaison avec celles qui les suivoient immédiatement.

615. Je pensai d'abord que l'air étant chargé auprès de la surface de la terre , des vapeurs & des exhalaisons qui s'en élèvent ; ce mélange pouvoit être une cause d'irrégularité. Pour reconnoître si ma conjecture étoit fondée , il auroit fallu répéter très-souvent les expériences dans ces trois stations, & sur-tout dans des états différens de l'Atmosphère. Mais comme mes

Les vapeurs , supposées la cause de cette exception.

occupations ne me permettoient, ni de choisir les tems comme j'aurois souhaité, ni de faire des voyages assez fréquens, je formai un plan d'observations plus à ma portée.

616. *Genève* est bâtie sur une colline, au haut de laquelle est située sa Cathédrale. Cette position pouvant me fournir une *hauteur* verticale assez grande pour faire les expériences que j'avois en vue, je mesurai l'élévation d'un certain point du Clocher, où je plaçai un Baromètre, au-dessus d'un endroit des *rues-basses*, où j'en mis un autre; & par un grand nombre d'observations dont je rendrai compte, je m'assurai que la partie inférieure de l'Atmosphère ne sort point de la règle générale ; ce qui sera mieux prouvé encore par des observations que j'ai faites à *Turin* & au bord de la mer. Il est vrai que, dans le nombre des expériences faites au Clocher de notre Cathédrale, il y en a quelques-unes dont les résultats s'écartent de cette règle. Mais ces différences sont en *plus* & en *moins*. D'ailleurs, il en est des observations du Baromètre, comme des opérations que l'on fait avec le Quart-de-cercle, ou d'autres instrumens analogues. Comme dans ces derniers, plus les angles sont aigus, plus les erreurs produisent d'effet ; de même, lorsqu'il n'y a que peu de différence d'élévation entre deux Baromètres, les plus petites erreurs influent d'une manière sensible sur le résultat de l'observation.

617. Ayant donc reconnu, par les expériences dont je viens de parler, que ma première conjecture n'étoit pas fondée, je cher-

chai quelle autre cause pouvoit produire l'effet que j'avois remarqué dans les stations du pied de *Salève* ; & je la trouvai dans leur position.

618. La direction de cette montagne est du *Nord-Est* au *Sud-ouest*. Les stations, dont il s'agit, sont à la partie occidentale : un grand rocher nud s'élève verticalement au-dessus d'elles à une très-grande hauteur. Le soleil darde ses rayons contre ce rocher, depuis midi jusqu'au moment où il se couche ; & il l'échauffe si fort, qu'on sent encore une réverbération de *chaleur*, lorsqu'on s'approche de la montagne avant le *lever du soleil*.

619. Il résultoit de cette circonstance, que la partie inférieure de la colonne d'*air* qui pesoit sur le Baromètre dans ces stations, étant plus échauffée qu'une portion horisontalement correspondante de la colonne qui, à demi-lieues de-là, soutenoit le mercure dans le Baromètre de la plaine ; ces portions correspondantes des deux colonnes n'étoient pas d'égal poids ; c'est-à-dire, que, s'il eût été possible d'élever verticalement le Baromètre de la plaine à la même hauteur que celui de la montagne, le premier se seroit tenu un peu plus haut que le dernier. Par conséquent, le Baromètre de la montagne se tenoit trop bas, relativement à celui de la plaine ; & par cela même il y avoit trop de différence entr'eux. Voilà pourquoi les observations faites dans ces lieux-là, quoique calculées par une règle qui convient ailleurs, donnoient les *hauteurs* plus grandes qu'elles ne sont réellement.

620. Nous avons un exemple familier de

Marginalia:

- tions observées au bas de la montagne.
- Position des stations en ce lieu-là.
- Le soleil échauffe l'air au-dessus d'elles plus qu'ailleurs.
- La colonne d'air qui repose sur ces stations pèse moins que celle qui domine sur la plaine à la même hauteur.
- Effet de cette différence sur les Baromètres.
- Exemple

cette différence de poids dans des colonnes d'*air* très-voisines les unes des autres. Le courant qui détermine la fumée à s'élever dans le canal d'une cheminée, lorsqu'on y fait du feu, n'est occasionné que par la dilatation de l'air dans le canal, qui, rendant la colonne, dont une partie est renfermée dans le canal, plus légère que les colonnes voisines, détruit l'équilibre, & fait que l'air de la chambre se porte continuellement de bas en haut par le canal, & entraîne la fumée avec lui.

621. Le soleil produit, dans le lieu dont je parle, le même effet que le feu dans une cheminée. Il échauffe le rocher qui s'élève au-dessus de ces stations ; ce rocher, à son tour, échauffe l'air, le dilate, & le rend par conséquent plus *léger* qu'il ne l'est dans toute autre portion de la même couche horisontale. Ainsi le Baromètre doit se tenir plus bas au pied de ce rocher, qu'il ne seroit ailleurs à même élévation. Ce qui

confirme mon idée à cet égard, ou plutôt ce qui me la fit naître, c'est que la *hauteur* de ces stations indiquée par celle du mercure, se trouvoit toujours plus grande, lorsque j'avois observé après midi, c'est-à-dire, quand le rocher étoit le plus échauffé par le soleil : & qu'au contraire, si par quelque cause, comme la pluie ou un vent frais, le rocher avoit été *rafraîchi*, la *hauteur* trouvée étoit aussi exacte qu'ailleurs.

622. Il est fâcheux qu'on ne puisse soumettre à des règles fixes les effets de ces causes locales. Cependant on ne doit pas négliger d'y faire attention. Il faut donc considérer l'état des colonnes d'air qui sont au-dessus des deux

ſtations où l'on a obſervé le Baromètre : & ſi l'on juge que , par quelque cauſe ſenſible , l'une des deux colonnes doit être plus dilatée que l'autre , on peut ajouter *plus* ou *moins* ſuivant les cas , à la hauteur du mercure obſervé ſous la moins peſante des colonnes. Cette remarque eſt ſur-tout utile , pour les cas où l'on obſerveroit le Baromètre dans un lieu , dont la *hauteur* ſetoit connue ; parce qu'alors , ſi ma règle ne donnoit pas aſſez exactement cette *hauteur* , on en trouveroit peut-être la raiſon dans quelque cauſe locale. Ce que je puis dire de plus précis à cet égard , c'eſt qu'il faudroit une bien ſingulière combinaiſon de circonſtances , pour que le changement à faire à la *hauteur* d'une des colonnes de mercure dût excéder un quart de *ligne*.

Je finis ici le détail de ce que j'ai trouvé de plus certain par mes expériences. Les obſervations que je rapporterai bientôt feront connoître le *dégré* d'exactitude auquel je ſuis parvenu. J'indiquerai enſuite les cauſes qui peuvent produire quelques irrégularités qu'on y remarquera. Mais auparavant je vais rappeler en abrégé toutes les conditions néceſſaires pour obſerver avec exactitude ; afin de les préſenter dans un ſeul tableau à ceux qui voudront s'occuper de ces expériences.

CHAPITRE QUATRIÈME.

Récapitulation des principales conditions requises pour mesurer les Hauteurs par le Baromètre.

623. CE Chapitre ne renfermant que des indications, je l'ai accompagné de *renvois* : afin qu'on puisse recourir aux explications, soit pour l'utilité des précautions indiquées, soit pour la manière d'opérer.

De la forme du Baromètre portatif.

1°. Le Baromètre destiné au transport, doit être fait d'un tube simplement recourbé, de $2\frac{1}{2}$ à 3 *lignes* de diamètre intérieur, aussi parfaitement cylindrique qu'il est possible (384): & si l'on n'en trouve pas qui le soit suffisam-

Diamètre de son tube.

ment, il faut au moins employer pour la *petite branche*, une portion de tube, telle que les diamètres des parties des deux *branches* où les deux extrémités de la colonne courbée du mercure se trouvent en même tems, soient aussi exactement égaux qu'il se pourra (444).

De son épaisseur.

2°. Le verre du tube ne doit pas avoir plus de demi *ligne* d'épaisseur. Car outre la difficulté de faire bouillir le mercure dans un tube dont le verre est épais, sans qu'il se rompe ; il est encore difficile de bien estimer la hauteur de la colonne de mercure, au travers d'un verre épais, à cause de la distance qui se trouve par-là, entre cette colonne, & l'*échelle* qui est tracée sur la monture.

De la manière de le remplir.

3°. Il faut remplir le tube de mercure bien pur ; & faire ensuite bouillir successivement d'un bout à l'autre, sur des charbons ardens

(356). Le fil de fer qu'on emploie ordinairement dans cette opération, est plutôt nuisible qu'utile.

4°. On doit faire abaisser le mercure dans le tube, en pompant l'*air* par le bas, jusqu'à ce qu'il soit réduit à la *hauteur* de 20 *pouces*; & après l'avoir tenu un moment dans cet état, on le laissera remonter peu-à-peu (401 & *suiv.*). *Précaution pour que son hauteur absolue ne change pas.*

5°. Il est essentiel d'empêcher que l'*air* ne puisse s'introduire dans le Baromètre quand on le transporte (404). On peut faire usage pour cet effet du moyen que j'ai employé (418 & *suiv.*); ou de tel autre qui rempliroit le même but. *Précaution essentielle pour le Baromètre portatif.*

6°. Il convient de faire l'*échelle* du Baromètre *portatif*, de manière qu'une simple addition donne la hauteur du mercure (451, 452); & d'en marquer d'un seul coup l'étendue, avec une mesure de 27 ou 28 *pouces*; & non par parties, comme on le fait ordinairement. (395). *Forme & construction de son échelle.*

7°. On doit toujours frapper le Baromètre avant d'observer, pour prévenir les effets de l'adhésion du mercure aux parois du tube (406); & s'assurer qu'on a l'œil à niveau du mercure, lorsqu'on observe (407). *Précautions en observant.*

8°. Il faut auprès du Baromètre, un Thermomètre de mercure dont la boule soit petite; placé au milieu de la longueur du Baromètre, pour qu'il puisse indiquer plus sûrement sa température moyenne. Les *dégrés* de ce Thermomètre doivent avoir un rapport connu avec les parties de l'échelle du Baromètre (365); de *Thermomètre qui doit accompagner le Baromètre.*

Précaution dans le transport relative à la chaleur. même qu'avec la hauteur de sa colonne (478 & *suiv.*). On doit éviter que ces deux instrumens soient inégalement échauffés par la chaleur du corps ou du soleil, pendant les observations (368).

De l'à-plomb. 9°. Il faut un *à plomb* dans la boëte du Baromètre (405) ; placé de manière qu'il ne soit point exposé au vent ; qu'on puisse arrêter ses oscillations, & l'empêcher de baloter dans le transport (489 & *suiv.*).

Support du Baromètre. 10°. Il est nécessaire en bien des cas, d'avoir un *support* pour placer le Baromètre (406) : j'ai éprouvé l'utilité de celui que j'ai décrit (502 & *suiv.*).

Baromètre pour l'observation correspondante à la station intérieure. 11°. Lorsqu'on veut connoître avec précision la différence de hauteur de deux lieux donnés, il faut nécessairement y avoir des observations simultanées (748). Le Baromètre en l'une des deux stations, peut être de la forme ordinaire, pourvû qu'on ait soin de le mettre d'accord avec celui qui est destiné au transport, en plaçant convenablement son échelle (394, 3°.). Il doit être aussi purgé d'air par le feu, & accompagné d'un Thermomètre (394, 2°.).

Précautions pour conserver l'accord des Baromètres. 12°. Il faut éviter de faire balancer le mercure dans les Baromètres *portatifs*, & de les mettre inutilement en expérience. Par ce moyen ils conserveront long-tems leur accord avec les Baromètres *sédentaires* (403). Il est bon cependant de comparer quelquefois les Baromètres qu'on porte sur les montagnes, avec ces derniers, pour s'assurer de leur état (402).

Il faut net- 13°. Il faut nettoyer de tems en tems la

petite branche du Baromètre *portatif*, de la manière que j'ai indiquée (450).

14°. Il est absolument nécessaire de connoître le dégré de chaleur de l'air au moment de l'observation (531) : j'ai décrit le Thermomètre que j'emploie à cet usage (537). Sa construction est telle, qu'il indique exactement la température locale dans 5 minutes. On doit le suspendre aussi haut & aussi isolé qu'il est possible, pour qu'il représente assez exactement la température de l'air libre, à la hauteur où l'on observe.

15°. Les observations faites au *lever du soleil*, ne peuvent être soumises à aucune règle fixe (599); il faut éviter ce moment là, préférer la cinquième partie du jour (741); & répéter les observations quand cela est possible, lors même qu'on ne pourroit mettre qu'un petit intervalle de tems entr'elles.

16°. Enfin on doit avoir égard à la position des lieux où l'on observe, & aux changemens particuliers que des réverbérations de *chaleur* & d'autres causes locales, peuvent produire dans la densité de l'air (622).

Il ne me reste plus à récapituler, que les règles qu'on doit suivre, pour conclure des observations réunies du Baromètre & des deux Thermomètres, la hauteur des lieux où elles ont été faites. Ce sera l'objet du Chapitre suivant, où j'appliquerai ces règles au grand nombre d'observations qui leur servent de fondement & de preuve. On y verra le dégré d'exactitude auquel je suis parvenu.

CHAPITRE CINQUIÈME.

Observations du Baromètre faites à la montagne de Saléve.

Situation de la montagne de Saléve, & des stations où le Baromètre a été observé.

624. JE commencerai le détail de mes observations, par celles dont j'ai tiré le plus de lumières. Elles ont été faites en quinze stations différemment élevées, dans une montagne nommée *Salève*, dont l'extrémité septentrionale est à l'*Est* de *Genève*, qui en est distant d'une lieue en cet endroit-là : la direction de cette montagne est du *Nord-Est* au *Sud-Ouest*. Les quinze stations sont comprises dans un espace d'environ deux lieues en ligne droite; quoiqu'il y ait quatre heures de marche pour les parcourir ; les onze premières se trouvant dans une pente rapide, occupent une étendue horizontale qui est à peine d'un quart de lieue ; mais depuis la onzième à la quinzième, qui se trouve sur la plus haute sommité, la montagne s'élève insensiblement ; c'est ce qui m'a obligé de mettre une plus grande distance entre ces dernières stations. J'indiquerai l'*aspect* de chacune, parce qu'il a pu influer dans les expériences ; il est certain même qu'il a influé aux trois premières stations.

Observavations correspondantes faites à la plaine.

625. Les observations correspondantes dans la plaine, ont été faites par mon père, avec une exactitude qui ne laisse rien à désirer. Il

observoit à chaque-quart d'heure, pendant
tout le tems que je restois à la montagne, où je
faisois ensorte que chacune de mes observations put toujours correspondre, pour le tems,
avec une des siennes. Son Baromètre étoit au
rez-de-chaussée d'une maison, distante de trois
quart de lieue de mes premières stations dans
la montagne. Il étoit fixé au mur, & n'a point
changé de place pendant tout le tems qu'ont
duré mes observations. Le Thermomètre destiné à indiquer le dégré de chaleur de l'air,
étoit suspendu hors de la maison, sur une petite éminence.

Explication des colonnes contenues dans les Tables suivantes.

Pour rendre plus sensibles toutes les conditions qu'exige ma règle ; j'ai distribué mes observations en plusieurs colonnes, dont **voici**
l'explication.

626. I. *Colonne.* Renferme *les dates & les heures* auxquelles j'ai observé. Je les indique, soit parce que j'aurai occasion dans la suite, de tirer quelques conséquences des observa-tions faites en divers endroits de la montagne dans le même jour ; soit afin qu'on puisse re-connoître l'écart considérable des observations faites vers le *lever du soleil* ; & l'exactitude presque constante de celles qui correspondent à la moyenne chaleur du matin qui répond à-peu-près à la cinquième partie de la jour-née (596). J'ai préféré à l'ordre des *dates* ce-lui des augmentations de *chaleur de l'air* ; afin

qu'on voye d'un coup-d'œil l'influence considérable de sa température sur le résultat des observations.

Etat de l'Atmosphere.

627. II. *Colonne.* Contient l'*état sensible de l'Atmosphère relativement aux météores*. J'ai toujours espéré de demêler leur influence dans ces observations : & peut-être qu'en les indiquant je donnerai lieu à quelqu'un de m'aider dans cette recherche.

Baromètre inférieur.

628. III. *Colonne.* Renferme trois choses à chaque expérience : 1° *l'observation immédiate du Baromètre au lieu le plus bas*, exprimée en *seizièmes de ligne.* 2°. *La température du Baromètre* représentée par les *dégrés* d'un Thermomètre de mercure, dans lequel l'*eau bouillante* est à $+ 84$, & l'*eau dans la glace* à $- 12$. Chaque *dégré* au-dessous de *zéro* est $\frac{1}{72}$ de *ligne* à ajouter, & chaque *dégré* au-dessus du même point est $\frac{1}{72}$ à déduire ; parce que la hauteur du Baromètre de la plaine ne s'est jamais beaucoup écartée de 27 *pouces* qui est la hauteur pour laquelle j'ai fixé cette division. Je désigne les *dégrés* au-dessous de *zéro*, par le signe $-$; & ceux qui sont au-dessus, par le signe $+$. Enfin la troisième chose indiquée par cette colonne est *la hauteur du Baromètre, réduite au point où elle se seroit trouvée immédiatement, si la température du lieu avoit été au* zéro *du Thermometre.*

Baromètre supérieur.

629. IV. *Colonne.* Renferme *les observations du Baromètre, faites au lieu le plus élevé*, rangées dans le même ordre détaillé pour la colonne précédente, avec cette différence seulement que les dégrés du Thermomètre sont

modifiés de manière qu'ils indiquent toujours des 16mes. de *ligne* à ajouter ou à détruire, quoique la colonne de mercure ait moins de 27 *pouces* (478 & *suiv.*).

630. V. *Colonne.* J'ai placé dans celle-ci, *la différence de hauteur des Baromètres, exprimée en seizièmes de ligne*, non qu'elle soit nécessaire au calcul ; mais afin qu'on puisse remarquer, 1° que dans le même lieu, & par le même dégré de chaleur, cette différence augmente avec la hauteur *absolue* des Baromètres (548); 2° Que cette différence de hauteur des Baromètres diminue sensiblement à mesure que la chaleur augmente.

631. VI. *Colonne. Résultat du calcul par les logarithmes.* Ce calcul consiste à prendre la différence des *logarithmes* des deux hauteurs du mercure ; à multiplier cette différence par 6, pour avoir des *milliemes de pieds*, & à diviser ensuite par 1000. J'ai indiqué les hauteurs du mercure en *seiziemes de ligne*, parce que le calcul est plus simple & plus abrégé que si je l'avois fait sur des *lignes & seiziemes de ligne*. J'ajouterai que quelle que soit l'expression des hauteurs du mercure, qu'elle soit en *lignes* du *pied Anglois*, du *pied de France*, ou de tout autre : le rapport géométrique des hauteurs ne changeant point, la différence des *logarithmes* demeure toujours la même, & donne toujours la hauteur en *milliemes de toise de France* à la température que j'ai fixée. Cette colonne fera sentir mieux encore que la précédente, l'effet des différens dégrés de chaleur de l'*air* : on y verra aussi que le calcul ne donne pas toujours

le même résultat pour la même différence dans la hauteur du mercure : mais que ce résultat est plus petit, quand la hauteur absolue du Baromètre est plus grande, & réciproquement (556).

Chaleur de l'air aux deux postes.

632. VII. *Colonne. Chaleur de l'air aux deux stations*, indiquée par un Thermomètre de mercure, où *l'eau bouillante* est à + 147, & *l'eau dans la glace* à — 39. La première indication est celle du Thermomètre au lieu le plus élevé ; la seconde est celle d'un Thermomètre semblable au lieu le plus bas. J'indique les deux observations pour faire connoître qu'il n'y a point de rapport constant dans la température des couches d'air différemment élevées ; ce dont j'aurai occasion de faire usage dans la suite.

Chaleur moyenne.

633. VIII. *Colonne. Sommes des deux observations du Thermometre exposé à l'air.* Pour avoir le terme moyen arithmétique de température de l'air aux deux stations, il faut prendre la moitié de ces sommes. Mais comme il faut ensuite doubler ce terme moyen, à cause du rapport que j'ai établi entre les *dégrés* de ce Thermomètre, & la correction à faire pour la *chaleur* (609), j'ai employé immédiatement les sommes des observations. Ainsi les nombres renfermés dans cette *colonne* représentent des *demi dégrés* du Thermomètre : ceux qui sont précédés du signe — sont autant de 1000$^{\text{mes.}}$ *parties* de la hauteur trouvée par les *logarithmes* à déduire de cette même hauteur ; & ceux que précède le signe +, sont des 1000$^{\text{mes.}}$ qu'il faut lui ajouter pour avoir la *hauteur* réelle.

Hauteur corrigée.

634. IX. *Colonne. Hauteur corrigée* (en pieds) *telle qu'elle se trouve par ma regle pour chaque*

expérience. On peut comparer ces résultats avec la *hauteur réelle,* indiquée à chaque station.

J'ai négligé les fractions de *pied* dans les *hauteurs,* & celles des *degrés* du Thermomètre qui accompagne le Baromètre; parce qu'il en seroit résulté de l'embarras dans les Tables, & bien du travail dans le calcul.

Ces observations, qui m'ont d'abord servi de guide, peuvent être considérées maintenant comme des preuves de tout ce que j'ai dit dans les Chapîtres précédens. Il est possible même que l'ordre dans lequel je les rapporte conduise à la découverte de quelque règle générale qui diminue les irrégularités qui subsistent encore : car il est difficile de s'assurer qu'on a tout vu dans un si grand Tableau.

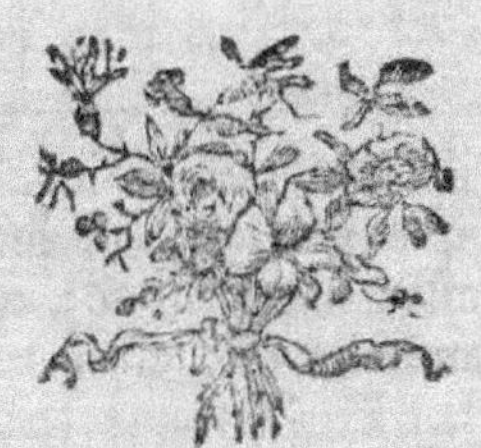

OBSERVATIONS faites vers le lever du Soleil.

A la Ire., *dont la hauteur est 216 pieds 2 pouces.*

1760. 9e Février 8 h. ½ matin	calme & ferein	5222 —11 5233	5171 —15 5186	47	235	—45 —47 } —92	213
9e. Mars 6 h. matin	calme & ferein	5202 — 9 5211	5150 —14 5164	47	236	—39 —43½ } —82½	216
1759. 8e. Septemb. 6 h. matin	calme & ferein	5215 + 4 5211	5167 + 2 5165	46	231	—13 —15 } —28	224

A la IIde. *428 pieds 10 pouces.*

1760. 9e. Mars 6 h. ⅛ matin	calme & ferein	5202 — 9 5211	5106 —13 5119	92	454	—39½ —43½ } —83	425
1759. 8e. Septemb. 5 h. ¾ matin	calme & ferein	5215 + 4 5211	5127 + 3 5124	87	438	—11½ —17½ } —29	426
1758. 9e. Juin 4 h. ⅛ matin	calme & ferein	5213 + 6 5207	5125 + 5 5120	87	439	— 4 —13 } —17	431

A la IIIme. *586 pieds.*

1760. 9e. Mars 6 h. ½ matin	calme & ferein	5202 — 9 5211	5075 —12 5097	124	628	—38 —44 } —82	576
1759. 8e. Septemb. 5 h. ½ matin	zéphyre ferein	5214 + 4 5210	5094 + 3 5091	119	602	— 9 —17 } —26	586
1758. 9e. Juin 4 h. matin	calme & ferein	5213 + 5 520	5094 + 4 5080	118	597	— 5 —13 } —18	585

Les observations que j'ai rassemblées ici, sont des exceptions à deux remarques que j'ai faites ci-devant. Elles donnent les *hauteurs* avec assez d'exactitude; quoique dans des Stations, où, par une cause locale, elles devroient les donner trop grandes (621). Et d'un autre côté, elles ont été faites vers le *lever du Soleil*; tems où, dans toutes les autres Stations, j'ai trouvé les *hauteurs* trop petites (599). Mais par cela même ces deux causes ont pû se compenser. Cependant je croirois plutôt, que l'exactitude des résultats procède; de ce que d'un côté, le *rocher* s'étoit rafraîchi pendant la nuit, & que de l'autre, ces Stations font à l'abri du *vent d'Est* : ce qui a fait cesser les causes d'exceptions.

Ire. STATION.

Ire. STATION. 216 Pieds 2 pouces de hauteur.

Cette Station & les deux suivantes, sont à la par ie Occidentale
de la Montagne, dans un talus dominé par un Rocher
aride, fort élevé & coupé *à pic*. La chaleur que ce Rocher communique à l'air voisin, fait que les observations
du Baromètre, donnent trop de *hauteur* dans ces trois premières Stations (621).

Dates & Heures.	État de l'air.	Baromètre inſér.	Baromètre ſupér.	Différences des B.	Réſultat par les Log.	Therm. ſupér. & inſér.	Sommes.	Haut. par la règle.
1760. 25e. Mars 5 h. soir	Sud — pluie	5154 — 6 5160	5101 — 9 5110	50	253	—30 —33	—63	237
2e. dit 5 h. soir	calme vapeurs	5164 — 7 5171	5116 — 5 5121	50	253	—23 —21	—44	242
3e. Avril 5 h. soir	petit N.E. serein	5202 — 5 5207	5156 — 1 5157	50	251	—16 —14	—30	243
12e. Mars 4 h. ½ soir	petit S. couvert	5165 — 4 5169	5124 + 1 5123	46	233	—13 —11 ½	—24 ½	227
8e. Avril 5 h. ¼ soir	méd. N. nuages	5207 — 1 5203	5164 + 4 5160	48	241	— 5 ¼ — 6 ¼	—11 ½	238
7e. Août 7 h. ¼ matin	zéphyre serein	5208 + 4 5204	5162 + 5 5156	45	226	— 6 — 5 ½	—11 ½	223
22e. Juin 8 h. ¼ matin	calme & couvert	5161 + 7 5154	5120 + 8 5112	44	223	— 3 + 4	+ 1	223
12e. Avril 4 h. ½ soir	fort N. E. serein	5182 + 3 5179	5141 + 8 5133	46	232	+ 1 ½ + 2	+ 3 ½	233
20e. Juillet 6 h. ¾ matin	calme & serein	5185 + 8 5177	5138 + 7 5131	46	232	+ 1 ½ + 4 ½	+ 6	234
dit jour 5 h. soir	S. pluie	5175 — 12 5163	5133 — 12 5121	42	213	+ 7 + 9 ½	+17	216
7e. Août 5 h. ½ soir	zéphyre serein	5192 + 8 5184	5154 — 14 5140	44	222	+14 ½ +10 ½	+25	227
1759. 14e. Juillet 5 h. soir	calme & serein	5198 + 12 5186	5162 — 19 5143	43	217	+20 ½ +22 ½	+43	225

Somme des 12 Observations 276

Hauteur moyenne 230

II^{de}. STATION. 428 pieds 10 pouces.

Même Exposition que la précédente.

Dates & Heures.	État de l'air.	Baromètre infér.	Baromètre supér.	Différences des B.	Résultat par Log.	Therm. supér. & infér.	Sommes.	Haut. par la règle.
1760. 9e. Février 9 h. matin	calme & serein	5224 —12 5236	5129 —14 5143	93	467	—42 —43	—85	427
25e. Mars 5 h. soir	méd. S. pluie	5154 — 6 5160	5059 —14 5068	92	468	—33 —30	—63	439
20e. dit 4 h. $\frac{3}{4}$ soir	calme vapeurs	5164 — 7 5171	5074 — 5 5079	92	468	—23 —21	—44	447
12e. dit 4 h. soir	petit S. vapeurs	5165 — 4 5169	5082 0 5082	87	442	—14 —12	—26	430
1758. 1e. Octobre 3 h. $\frac{3}{4}$ soir	zéphyre serein	5222 0 5222	5139 + 4 5135	87	437	—10 — 7	—17	430
1760. 8e. Avril 5 h. $\frac{1}{4}$ soir	méd. N. nuages	5207 — 1 5208	5122 + 3 5119	89	449	— 7 — 6	—13	443
7e. Août 8 h. $\frac{1}{4}$ matin	zéphyre serein	5208 + 4 5204	5121 + 3 5118	86	434	— $5\frac{1}{2}$ + $\frac{1}{2}$	— 5	432
12e. Avril 4 h. $\frac{1}{4}$ soir	méd. N.E. serein	5182 + 3 5179	5098 + 7 5091	88	446	+ $3\frac{1}{2}$ + 3	+ $3\frac{1}{2}$	448
20e. Juillet 7 h. matin	calme & serein	5186 + 8 5178	5099 + 6 5093	85	431	+ $1\frac{1}{2}$ + $4\frac{1}{2}$	+ 6	433
22e. Juin 8 h. $\frac{1}{2}$ matin	calme & couvert	5160 + 5 5155	5078 + 8 5070	85	433	+ 3 + 4	+ 7	436
20e. Juillet 4 h. $\frac{3}{4}$ soir	Sud pluie	5175 +12 5163	5092 +12 5080	83	422	+ 8 +10	+18	430
7e. Août 5 h. $\frac{1}{4}$ soir	zéphyre & serein	5192 + 2 5184	5115 +14 5101	83	420	+ $15\frac{3}{4}$ + $10\frac{1}{4}$	+26	431
1759. 14e. Juillet 6 h. soir	calme & serein	5194 +11 5183	5118 +17 5101	82	415	+18 +20	+38	431

Somme des 13 Observations 5657

Hauteur moyenne . . . . 435 $\frac{1}{13}$

IIIme. S T A T I O N. 586 *pieds.*

Même Exposition que les précédentes.

Dates & Heures.	Etat de l'air.	Baromètre infér.	Baromètre supér.	Différences des B.	Résultat par Log.	Therm. supér. & infér.	Sommes.	Haut. par la règle.
1760. 9ᵉ. Février 9 h. ¼ matin	calme & serein	5224 −12 5236	5098 −13 5111	125	630	−41 −46 }	−87	575
25ᵉ. Mars 4 h. ¾ soir	méd. S. pluie	5152 − 6 5158	5025 − 9 5034	124	634	−34 −29 }	−63	594
20ᵉ. dit 4 h. ½ soir	calme vapeurs	5164 − 7 5171	5040 − 7 5047	124	632	−23½ −20½ }	−44	604
12ᵉ. dit 4 h. soir	petit S. vapeurs	5165 − 5 5170	5050 0 5050	120	612	−14 −12 }	−26	596
1758. 1ᵉ. Octobre 3 h. ½ soir	calme & serein	5222 0 5222	5108 + 4 5104	118	596	− 8¾ − 7¼ }	−16	585
1760. 8ᵉ. Avril 4 h. soir	méd. N. serein	5207 − 1 5208	5091 + 3 5088	120	607	− 7¼ − 4¼ }	−12	600
7ᵉ. Août 8 h. ½ matin	zéphyre serein	5209 + 5 5204	5090 + 4 5086	118	597	− 8 + 2 }	− 6	594
12ᵉ. Avril 4 h. soir	fort N. E. serein	5182 + 3 5179	5058 + 3 5061	118	600	− 2 + 4 }	+ 2	601
22ᵉ. Juin 8 h. ¾ matin	calme & couvert	5160 + 5 5155	5048 + 8 5040	115	588	− 2 + 4 }	+ 2	589
20ᵉ. Juillet 7 h. ½ matin	calme & serein	5187 + 8 5179	5072 + 7 5065	114	580	− 2 + 8 }	+ 6	584
dit 5 h. soir	S. pluie tonner	5175 +12 5163	5062 +12 5050	113	577	+ 8½ + 9½ }	+18	586
1759. 14ᵉ. Juillet 6 h. ¼ soir	calme & serein	5196 +11 5185	5090 +18 5072	114	579	+17 +11 }	+28	595
1760. 7ᵉ. Août 5 h. soir	zéphyre serein	5192 + 9 5183	5083 +13 5070	113	574	+18 +11 }	+29	591

Somme des 13 Observations 7694

Hauteur moyenne 591 11/13

IVme. STATION. *728 pieds 8 pouces.*

A l'entrée d'une Gorge qui traverse la Montagne dans sa largeur, de l'Est à l'Ouest. Cette Gorge, ou Vallon, a peu de largeur à l'Ouest, où la Station est située; mais elle s'ouvre beaucoup vers l'Est.

Dates & Heures.	Etat de l'air.	Baromètre infér.	Baromètre s. pér.	Différences des B.	Résultat par Log.	Therm. supér. & infér.	Sommes.	Haut. par la règle.
1750. 9e. Février 9 h. ½ matin	calme & serein	5224 −12 5236	5070 −12 5082	154	778	−39 −30	−69	724
12 dit 9 h. ¼ matin	calme & serein	5271 −11 5282	5114 −12 5126	156	781	−37 −30	−67	748
25e. Mars 4 ⅝ soir	petit S. neige	5252 − 6 5258	4996 − 9 5005	153	784	−33 −29	−62	736
20e. dit 4 ⅛ soir	calme vapeurs	5163 − 7 5176	5011 − 9 5020	151	772	−26 −20	−46	736
12e. dit 3 h. ¾ soir	petit S. vapeurs	5165 − 5 5170	5023 0 5023	147	751	−15 −12	−27	731
1758. 1er Octobre 3 h. ¼ soir	calme & serein	5223 0 5222	5075 − 1 5075	147	744	−13¼ − 7¼	−20½	728
1755. 28e. Sept. 11 h. ½ matin	calme vapeurs	5151 1 5162	5017 + 2 5015	147	752	−10 −10	−20	737
1755. 9e. Mai 3 h. ½ soir	S. O. nuages	5132 + 6 5126	4985 + 9 4979	147	758	− 9 −11	−20	743
1760. 8e. Avril 4 h. ¾ soir	méd. N. nuages	5207 0 5207	5061 + 2 5059	148	751	−10 − 4½	−14½	740
1759. 7e. Septemb. 7 h. soir	zéphyre serein	5214 4 5210	5070 + 5 5055	145	735	− 6 − 3	− 9	728
1756. 30e. Août 7 h. matin	N. E. nuages	5204 + 1 5203	5061 + 3 5058	145	736	− 1 − 2	− 3	734
1758. 8e. Juin 8 h. ½ soir	calme & serein	5207 8 5202	5063 + 4 5059	144	732	− 1 − 2	− 3	729
1760. 7e. Août 8 h. ¾ matin	de même	5207 + 4 5203	5053 + 4 5059	144	731	− 4¼ + 1¼	− 3	728
1758. 8e. Juin 8 h. ¾ matin	de même	5200 + 8 5198	5062 + 7 5055	143	727	0 + 1	+ 1	728
Somme de 14 Observations								10250

Somme des Observations précédentes 10250

Date / heure	Vent & temps							
1760. 12e. Avril 3 h. ¼ ſoir	petit N. E. ſerein	5181 +3 **5178**	5041 +6 **5035**	143	730	$-2\frac14$ $+4\frac12$	$+2\frac14$	731
22e. Juin 9 h. matin	calme & couvert	5160 +5 **5155**	5019 +8 **5011**	144	738	-2 $+5$	$+3$	740
dit 5 h. ſoir	calme tonnerres	5138 +8 **5130**	4995 +8 **4988**	142	731	-1 $+4$	$+3$	733
1759. 14e. Juillet 7 h. ¼ ſoir	calme ſerein	5196 +12 **5184**	5055 +12 **5043**	141	719	$+5$ $+7$	$+12$	727
1760. 20e Juillet 7 h. ¾ matin	de même	5186 +8 **5178**	5044 −7 **5037**	141	719	$+7$ $+10$	$+17$	731
dit 4 h. ½ ſoir	violt. O. tonner.	5175 +12 **5163**	5035 +13 **5022**	141	721	$+8$ $+10$	$+18$	734
7e. Août 4 h. ¾ ſoir	zéphyre ſerein	5193 +9 **5184**	5056 +12 **5044**	140	713	$+9$ $+12$	$+21$	728

Somme des 21 Obſervations 15375
Hauteur moyenne . . . . $732\frac17$

Obſervations faites vers le lever du Soleil.

Date / heure	Vent & temps							
1760. 9e. Mars 6 h. ½ matin	calme ſerein	5202 −9 **5211**	5046 −12 **5058**	153	776	$-38\frac12$ -44	$-82\frac12$	712
1759. 8e. Septemb. 5 h. ¼ matin	zéphyre ſerein	5214 +4 **5210**	5065 +2 **5063**	147	746	-12 -17	-29	724
1758. 9e. Juin 3 h. ¾ matin	calme ſerein	5214 +6 **5208**	5056 +3 **5063**	145	736	-5 -13	-18	722

Vme. STATION. *917 pieds.*

Dans le Vallon au pied de la Colline qui le borne au Sud.

Dates & Heures.	État de l'air.	Baromètre infér.	Baromètre supér.	Différences des B.	Résultat par Log.	Therm. supér. & infér.	Sommes.	Haut. par la règle.
1760. 9e. Février 10 h. matin	calme & serein	5224 —11 5235	5032 —10 5042	193	979	—33¼ —29¾	—63½	917
25e. Mars 4 h. ½ soir	méd. S. neige	5152 — 6 5158	4957 — 9 4966	192	989	—34 —28	—62	927
12e. Février 9 h. ¾ matin	calme serein	5270 —11 5281	5076 —11 5087	194	975	—31 —30	—61	916
1756. 19e. Avril 6 h. ¾ soir	méd. N.E. serein	5149 — 5 5154	4959 — 7 4966	188	968	—34 —19	—53	917
1760. 20e. Mars 4 h. ¼ soir	calme serein	5167 — 7 5174	4975 —10 4985	189	970	—34 —19	—53	918
3e. Avril 5 h. soir	pet. N. E. serein	5200 — 4 5204	5011 — 5 5016	183	953	—22 —14	—36	924
1758. 1e. Octobre 1. h. soir	calme brouillard	5230 — 1 5231	5044 0 5044	187	948	—18½ —11½	—30	920
1755. 28e. Sept. 10h. ¾ matin	calme vapeurs	5166 + 1 5165	4985 + 5 4980	185	950	—11 —14	—25	926
1760. 12e. Mars 3 h. ½ soir	petit S. couvert	5165 — 5 5170	4987 0 4987	183	939	—17 — 9	—25	915
1756. 19e. Avril 4 h. soir	méd. N.E. serein	5153 — 2 5155	4973 + 1 4972	183	942	—10 — 8	—18	925
1760. 8e. Avril 4 h. ¾ soir	méd. N. serein	5207 0 5207	5023 0 5023	184	937	—12½ — 4½	—17	921
12e. dit 10h. ¼ matin	méd. N.E. serein	5191 + 1 5190	5012 + 4 5008	182	930	— 9 — 2	—11	920
1755. 14e. Juillet 2 h. soir	calme serein	5194 + 5 5189	5014 + 6 5008	181	925	— 4 — 2	— 6	919
1760. 22e. Juin 9h. ½ matin	calme couvert	5161 + 5 5156	4984 + 7 4977	179	920	— 4 + 3	— 1	919
1759. 7e. Sept. 6 h. ½ soir	calme serein	5217 + 8 5209	5035 + 6 5029	180	916	— 1½ + ½	— 1	916

Somme des 15 Observations 13800

Somme des Observations précédentes 13800

1760. 12e. Avril 3 h. ¾ soir	méd. N.E. serein	5181 + 2 5179	5004 + 5 4989	180	921	— 4 + 4	0	921
22e. Juin 11 h. ½ matin	petit S. couvert	5159 + 6 5153	4981 + 7 4974	179	921	— 4 + 4	0	921
1758. 8e. Juin 8 h. soir	calme serein	5207 + 4 5203	5029 + 8 5021	178	908	+ 2 + 1	+ 3	911
1760. 22e. Juin 5 h. soir	pet. S. tonnerres	5138 + 8 5130	4960 + 8 4952	178	920	— 1 + 6	+ 5	925
7e. Août 9 h. matin	zéphyre serein	5207 + 4 5203	5031 + 7 5024	179	912	— 1 + 6	+ 5	917
1756. 29e. Août 6 h. soir	méd. N.E. nuag.	5196 + 5 5171	5023 +11 5012	179	914	+ 4 + 4	+ 8	922
1760. 7e. Août 4 h. ¼ soir	zéphyre serein	5194 + 8 5185	5019 + 9 5010	176	899	+ 7 +14	+21	918
20e. Juillet 8 h. ½ matin	calme serein	5185 + 9 5176	5010 +10 5000	176	901	+ 9 +13	+22	921
dit 4 h. ½ soir	O. tonner. pluie	5175 +12 5163	5001 +13 4988	175	898	+ 9½ +13½	+23	919

Somme des 24 Observations 22075

Hauteur moyenne . . . . $919\frac{12}{14}$

Observations faites vers le lever du Soleil.

1760. 9e. Mars 6 h. ¾ matin	calme serein	5202 — 9 5211	5008 —11 5019	192	978	—39 —44	—83	897
1759. 15e. Juillet 5 h. matin	zéphyre serein	5197 + 8 5189	5015 + 6 5009	180	920	— 9½ — 7½	—17	904

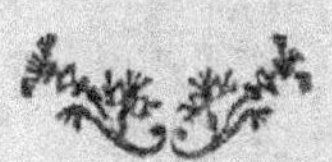

VIme. STATION.   *1218 pieds 8 pouces.*

En montant depuis le Vallon sur la partie Méridionale de la
Montagne. Lieu fort isolé, à l'Ouest.

Dates & Heures.	Etat de l'air.	Baromètre infér.	Baromètre supér.	Différences des B.	Résultat par Log.	Therm. supér. & infér.	Sommes.	Haut. par la règle.
1760. 9e. Février 10 h. ¼ matin	calme serein	5225 —12 5237	4973 — 9 4982	255	1301	—34 —29½	—63½	1218
25e. Mars 4 h. soir	petit S. neige	5150 — 6 5156	4894 — 9 4903	253	1311	—34 —27	—61	1231
12e. Février 10 h. matin	calme serein	5271 —10 5281	5016 — 9 5025	256	1295	—32½ —27	—59½	1218
1756. 19e. Avril 6 h. matin	N. E. serein	5150 — 6 5156	4900 — 8 4908	248	1284	—31 —21	—52	1218
1760. 20e. Mars 4 h. soir	pet. N.E. vapeurs	5168 — 7 5175	4915 — 9 4924	251	1295	—31¾ —21¼	—52	1228
3e. Avril 4 h. ¾ soir	pet. N. E. serein	5200 — 5 5205	4951 — 6 4957	248	1272	—21 —14	—35	1227
1758. 1e. Octobre o h. ½ soir	calme brouill.	5232 — 1 5233	4988 + 1 4987	246	1254	—18 —12	—30	1217
1760. 8e. Avril 4 h. ½ soir	méd. N. nuages	5207 — 1 5208	4963 0 4963	245	1255	—15 — 5	—20	1230
1756. 19e. Avril 2 h. ¾ soir	N. E. serein	5154 — 5156	5925 +11 4915	241	1247	—14 — 5	—19	1224
1755. 28e. Sept. 9 h. ¾ matin	calme vapeurs	5165 + 1 5164	4927 4 4923	241	1245	—13 — 5	—18	1223
1760. 12e. Avril 10 h. matin	fort N. E. serein	5192 0 5192	4954 + 3 4951	241	1238	—13 — 3	—16	1218
1759. 15e. Juillet 5 h. ½ matin	petit E. serein	5197 + 7 5190	4957 + 6 4951	239	1228	— 5½ — 2½	— 8	1218
7e. Sept. 6 h. ¼ soir	calme serein	5217 + 8 5209	4977 + 6 4971	238	1219	— 2½ + 2	— ½	1218
1760. 22e. Juin 11 h. ¾ mat.	petit S. couvert	5159 + 7 5152	4922 + 6 4916	236	1222	— 5 + 6	+ 1	1223

Somme des 14 Observations 17111

Somme

Somme des Observations précédentes 17111

Date / heure	Temps							
dit	'petit S. couvert	5138	4902			− 2½		
5 h. soir		+ 8	+ 7	235	1222	+ 5½	+ 3	1225
		5130	4895					
1756. 9e. Mai	S. O. nuages	5135	4903			− 1		
2 h. ¼ soir		+ 7	+ 9	234	1217	+ 5½	+ 4½	1222
		5128	4894					
29e. Août	N. E. nuages	5200	4969			− ½		
3 h. ¼ soir		+ 4	+ 9	236	1211	+ 5½	+ 5	1217
		5196	4960					
1760. 7e Août	zéphyre serein	5207	4974			+ 2		
9 h. ½ matin		+ 5	+ 8	236	1210	+ 3	+ 5	1216
		5202	4966					
1758. 8e. Juin	calme serein	5205	4970			+ 3½		
7 h. ½ soir		+ 8	+ 7	235	1205	+ 7½	+11	1218
		5198	4952					
dit	de même	5205	4971			+ 4½		
7 h. ¼ soir		+ 8	+ 8	235	1205	+11	+15½	1224
		5198	4963					
dit	de même	5205	4971			+ 5		
7 h. soir		+ 8	+ 8	235	1205	+13	+18	1227
		5198	4963					
dit	de même	5202	4977			+ 6		
1 h. soir		+ 8	+ 9	233	1194	+15½	+21½	1220
		5201	4968					
1760. 20e. Juillet	zéphyre serein	5185	4956			+ 9		
8 h. ¼ matin		+ 8	+11	232	1194	+13½	+22½	1221
		5177	4945					
1758. 8e. Juin	calme serein	5205	4973			+ 7½		
6 h. ¼ soir		+ 9	+ 9	232	1190	+17½	+25	1220
		5196	4964					
1760. 7e. Août	zéphyre serein	5195	4964			+10		
4 h. ¼ soir		+ 8	+ 8	231	1187	+16	+26	1218
		5187	4956					
1758. 8e. Juin	calme serein	5204	4973			+ 8½		
6 h. soir		+ 9	+ 9	231	1185	+20	+28½	1219
		5195	4964					
1760. 20e. Juillet	méd. O. tonnerr.	5175	4946			+ 9		
4 h. soir		+12	+11	229	1182	+19½	+28½	1216
		5164	4935					

Somme des 27 Observations 32974

Hauteur moyenne . . . . $1221\frac{7}{17}$

VIIme. STATION. 1420 *pieds.*

Sur le penchant de la Montagne, du côté qui domine le Vallon. L'exposition est au Nord-Est, & cette Station est à-peu-près au niveau du sommet de la Colline opposée.

Dates & Heures.	Etat de l'air.	Baromètre infér.	Baromètre supér.	Différences des B.	Résultat par Log.	Therm. supér. & infér.	Sommes.	Haut. par la règle.
1760. 9e. Mars	calme serein	5202	4906			—38		
7 h. ½ matin		— 9	— 10	295	1519	—35	—73	1408
		5211	4916					
9e. Février	idem	5226	4935			—33		
10 h. ½ matin		—11	— 7	295	1511	—29½	—62½	1416
		5237	4947					
25e. Mars	méd. S. neige	5150	4856			—35		
4 h. ¼ soir		— 7	— 9	292	1519	—27	—62	1425
		5157	4855					
12e. Février	calme serein	5271	4976			—30		
10 h. ¼ matin		—10	— 8	297	1508	—27	—57	1422
		5281	4984					
20e. Mars	petit N.E. serein	5168	4877			—34		
4 h. soir		— 8	— 8	291	1508	—21	—55	1425
		5176	4855					
3e. Avril	de même	5200	4911			—27		
4 h. ¼ soir		— 5	— 7	287	1478	—14	—41	1417
		5205	4918					
1758. 1e. Octobre	calme brouill.	5234	4951			—17		
0 h. ¼ soir		— 1	+ 1	285	1459	—12	—29	1416
		5235	4950					
1756. 19e. Avril	N. E. serein	5170	4896			—10		
2 h. ¼ soir		— 3	+ 5	282	1460	—19	—29	1418
		5173	4891					
1760. 8e. Avril	méd. N. nuages	5207	4924			—17		
4 h. ¼ soir		0	— 1	282	1451	— 4½	—21½	1420
		5207	4925					
1755. 28e. Sept.	calme vapeurs	5165	4890			—15		
9 h. matin		0	+ 4	279	1447	— 6½	—21½	1416
		5165	4886					
1760. 12e. Avril	fort N. E. serein	5192	4915			—14		
9 h. ¾ matin		0	+ 2	279	1439	— 3	—17	1415
		5192	4913					
1756. 29e. Août	pet. N. E. serein	5204	4927			— 9		
11 h. matin		+ 3	+ 3	277	1426	+ 3	— 6	1418
		5201	4924					
1759. 15e. Juillet	calme serein	5198	4922			— 2		
6 h. ¼ matin		+ 7	+ 8	277	1429	— 2	— 4	1423
		5191	4914					

Somme de 13 Observations 18439

Somme des Observations précédentes 18439

Date / Heure	Temps							
7e. Septemb. 6 h. ¼ soir	calme serein	5217 +8 ——— 5209	4940 +5 ——— 4935	274	1408	-4 $+4\frac{1}{2}$	0	1408
1760. 22e. Juin midi	petit S. couvert	5159 +7 ——— 5152	4885 +7 ——— 4878	274	1424	$-5\frac{1}{2}$ $+6\frac{1}{2}$	+1	1425
1756. 1e. Août 7 h. matin	S. couvert	5163 +4 ——— 5159	4891 +5 ——— 4886	273	1417	$+\overset{0}{1}$	+1	1418
1760. 22e. Juin 4 h. ¼ soir	petit S. couvert	5138 +8 ——— 5130	4865 +7 ——— 4859	271	1413	-3 $+7$	+4	1420
7e. Août 9 h. ¾ matin	zéphyre nuages	5207 +5 ——— 5202	4938 +9 ——— 4939	273	1405	$+3\frac{1}{2}$ $+6\frac{1}{2}$	+10	1419
1758. 8e. Juin o h. ½ soir	calme serein	5208 +7 ——— 5201	4941 +10 ——— 4931	270	1389	$+7\frac{1}{2}$ $+15$	$+22\frac{1}{2}$	1420
1760. 7e. Août 3 h. ¾ soir	zéphyre serein	5197 +8 ——— 5189	4928 +8 ——— 4920	269	1387	$+6$ $+7\frac{1}{2}$	$+23\frac{1}{2}$	1420
20e. Juillet 8 h. ¾ soir	idem	5184 +9 ——— 5175	4920 +13 ——— 4907	268	1386	$+10$ $+15$	+25	1420
1758. 8e. Juin 5 h. ½ soir	calme serein	5204 +8 ——— 5196	4934 +7 ——— 4927	269	1385	$+5\frac{1}{2}$ $+21$	$+26\frac{1}{2}$	1422
1750 20e. Juillet 3 h. ¾ soir	O. couvert tonn.	5176 +12 ——— 5164	4909 +11 ——— 4898	266	1378	$+8\frac{1}{2}$ $+22$	$+30\frac{1}{2}$	1420

Somme des 23 Observations 32631

Hauteur moyenne . . . . $1418\frac{17}{23}$

VIIIme. STATION. 2800 *pieds* 6 *pouces.*

Même Exposition que la précédente.

Dates & Heures.	Etat de l'air.	Baromètre infér.	Baromètre supér.	Différences des B.	Résultat par Log.	Therm. supér. & infé.	Sommes.	Haut. par la règle.
1760. 9e. Mars 8 h. matin	calme serein	5202 — 9 5211	4832 —10 4842	369	1914	—38 —32½ }	—70½	1779
25e. dit 4 h. soir	méd. S. neige	5150 — 7 5157	4781 — 9 4790	367	1923	—35½ —25 }	—60½	1807
9e. Février 11 h. matin	calme serein	5225 —10 5235	4856 — 8 4864	371	1915	—33 —27 }	—60	1800
22e. dit 11 h. matin	de même	5270 —10 5280	4901 — 7 4908	372	1903	—26½ —24½ }	—51	1805
3e. Avril 4 h. ½ soir	pet. N. E. serein	5200 — 5 5205	4837 — 6 4843	362	1878	—27¼ —12¼ }	—40	1803
1758. 1e. Octobre midi	calme brouill.	5234 — 1 5235	4878 + 1 4877	358	1846	—20¾ —13¼ }	—34	1783
1760. 8e. Avril 4 h. ¼ soir	méd. N. nuages	5207 — 1 5208	4852 — 1 4853	355	1840	—17½ — 4½ }	—22	1800
12e. Avril 9 h. ¾ matin	méd. N. E. serein	5192 0 5192	4840 — 1 4840	352	1829	—13 — 3 }	—16	1800
1759. 15e. Juillet 6 h. ¾ matin	petit N. E. serein	5198 + 8 5190	4850 + 8 4842	348	1808	— 1½ + ½ }	— 1	1806
7e. Septemb. 5 h. ¾ soir	calme serein	5218 + 9 5209	4870 + 5 4865	344	1780	— 5¾ + 5¾ }	— 0	1780
1760. 22e. Juin 0 h. ½ soir	petit S. couvert	5159 + 7 5152	4814 + 7 4807	345	1806	— 5 + 5 }	— 0	1806
ledit 4 h. ½ soir	de même	5142 + 8 5134	4799 + 6 4793	341	1791	— 3½ +10 }	+ 6½	1802

Somme de 12 Observations 21572

Somme des Observations précédentes. 21572

7e. Août 10 h. ½ matin	zéphyre serein	5207 + 5 5202	4866 + 9 4857	343	1788	$-\ \frac{1}{2}$ $+ 7\frac{1}{2}$	$+ 7$	1800
1758. 8e. Juin midi	calme serein	5208 + 7 5201	4867 + 7 4860	341	1787	$+ 6\frac{1}{2}$ $+13\frac{1}{2}$	$+ 20$	1802
1760. 7e. Août 3 h. ½ soir	zéphyre serein	5197 + 8 5189	4858 + 8 4850	339	1760	$+ 5\frac{1}{2}$ $+16\frac{1}{2}$	$+ 22$	1800
20e. Juillet 9 h. ¾ matin	de même	5184 + 9 5175	4851 + 13 4838	337	1754	$+ 8\frac{1}{2}$ $+17\frac{1}{2}$	$+ 26$	1800
le dit 3 h. ¾ soir	méd. O. tonner.	5175 + 12 5163	4838 + 10 4828	335	1748	$+ 7\frac{1}{2}$ $+22$	$+ 29\frac{1}{2}$	1800

Somme des 17 Observations 30574
Hauteur moyenne . . . . $1798\frac{8}{17}$

IXme. STATION. 1965 *pieds* 3 *pouces.*

Même exposition que la précédente.

Dates & Heures.	Etat de l'air.	Baromètre infér.	Baromètre supér.	Différences des B.	Résultat par Log.	Therm. supér. & infér.	Sommes.	Haut. par la règle.
1750. 9e. Mars		5202	4795			—38		
	calme serein	— 9	—10	404	2103		—70	1956
8 h. ½ matin		5211	4807			—32		
25e. dit		5150	4749			—36½		
	méd. S. neige	— 7	— 9	399	2098		—63½	1965
4 h. soir		5157	4758			—27		
9e. Février		5224	4823			—30¾		
	calme serein	—10	— 8	403	2087		—57½	1967
11 h. ¼ mat.		5234	4831			—26¾		
12e. dit		5269	4869			—26¼		
	de même	—10	— 7	403	2069		—49½	1967
11 h. ¼ mat.		5279	4876			—23¼		
3e. Avril		5200	4806			—27¼		
	pet. N. E. serein	— 5	— 6	393	2046		—40	1964
4 h. ¼ soir		5205	4812			—12¾		
1758. 1e. Octobre		5234	4847			—16½		
	pet. N.E. brouill.	— 1	+ 1	389	2012		—30	1952
11 h. ¼ matin		5235	4846			—13½		
1760. 8e. Avril		5207	4821			—28		
	méd. N. nuages	— 2	— 1	387	2011		—22½	1966
4 h. soir		5205	4820			— 4½		
12e. dit		5192	4808			—17		
	méd. N.E. serein	0	+ 1	385	2007		—21	1965
9 h. ½ matin		5192	4807			— 4		
1759. 15e. Juillet		5198	4821			— 2¾		
	pet. N. E. serein	+ 8	+ 8	377	1965		+ 1	1963
7 h. ¼ matin		5190	4813			+ 1¾		
1760. 22e. Juin		5159	4783			— 6½		
	petit S. couvert	+ 7	+ 6	375	1969		— 1	1967
0 h. ¾ soir		5152	4777			+ 5½		
1759. 7e. Sept.		5218	4841			— 4		
	calme serein	+ 9	+ 6	374	1942		+ 4	1950
5 h. ¼ soir		5209	4835			+ 8		
1760. 22e. Juin		5142	4768			— 2		
	petit S. couvert	+ 8	+ 6	372	1960		+ 6	1971
4 h. ½ soir		5134	4762			+ 8		
7e. Août		5207	4835			— ½		
	zéphyre serein	+ 6	+ 8	374	1945		+ 7	1958
10 h. ¼ mat.		5201	4827			+ 7½		

Somme de 13 Observations 25511

Sommes des Observations précédentes. 25511

dit 3 h. ½ foir	zéphyre ferein	5198 + 8	4828 + 8	370	1927	+ 3 +17	} +20	1965
		5190	4820					
1758. 8ᵉ. Juin 11 h. ¾ matin	calme ferein	5209 + 7	4839 + 7	370	1923	+ 8 +14	} +22	1965
		5202	4832					
1760. 20ᵉ. Juillet 9 h. ¾ matin	zéphyre ferein	5184 + 9	4820 +11	366	1911	+ 8 +17½	} +25½	1960
		5175	4809					
dit 3 h. ½ foir	méd. O. couvert	5176 +12	4811 +10	363	1900	+ 7 +22	} +29	1955
		5164	4801					

Somme des 17 Observations 33356
Hauteur moyenne . . . . $1962\frac{2}{17}$

Xme. *STATION.* 2211 *pieds.*

Même expofition que la précédente.

Dates & Heures.	État de l'air.	Baro-mètre infér.	Baro-mètre supér.	Diffé-rences des B.	Réful-tai par Log.	Therm. supér. & infér.	Som-mes.	Haut. par la règle.
1760. 9e. Mars 8 h. ½ matin	petit N. E. ferein	5202 — 9 5211	4751 —10 4761	450	2354	—38 —26	—64	2203
25e. dit 4 h. ¾ foir	petit S. neige	5150 — 7 5157	4704 — 8 4712	445	2352	—35 —25	—60	2211
9e. Février 11 h. ¾ matin	pet. S. O. ferein	5223 —10 5233	4773 — 8 4781	452	2354	—32 —25 ½	—57 ½	2218
12e. dit 11 h. $\frac{5}{8}$ at.	calme ferein	5268 —10 5278	4821 — 7 4828	450	2322	—26 —22	—48	2211
3e. Avril 4 h. foir	pet. N. E. ferein	5200 — 5 5205	4758 — 6 4764	441	2307	—28 —12 ¼	—40 ½	2213
1758. 1e. Octobre 11 h. ½ matin	méd. N. E. brouil.	5235 — 1 5236	4801 + 1 4800	436	2265	—11 —13	—24	2211
1760. 8e. Avril 3 h. ¾ foir	méd. N. nuages	5207 — 2 5209	4775 — 1 4776	433	2261	—18 — 4	—22	2211
12e. dit 9 h. ¼ matin	fort N. E. ferein	5192 0 5192	4761 — 1 4762	430	2252	—16 ¾ — 4 ¼	—21	2206
1759. 15e. Juillet 7 h. ¾ matin	pet. N. E. ferein	5198 + 8 5190	4773 + 5 4768	422	2210	— 6 + 6	0	2210
1760. 22e. Juin 1 h. foir	petit S. couvert	5158 + 7 5151	4736 + 5 4731	420	2216	— 5 ¾ + 5 ¾	0	2216
1759. 7e. Septemb. 5 h. ¼ foir	calme ferein	5219 + 9 5210	4797 + 6 4791	419	2185	— 3 ¼ + 9 ½	+ 5 ½	2197
1760. 22e. Juin 4 h. foir	petit S. couvert	5143 + 8 5135	4725 + 6 4719	416	2201	— 2 ½ +10	+ 7 ½	2217
7e. Août 11 h. ¼ mat.	zéphyre ferein	5207 + 6 5201	4789 + 7 4782	419	2289	+ 1 ½ + 8 ½	+10	2211

Somme de 13 Obfervations 28735

Somme des Observations précédentes 28735							
1758. 8e. Juin 11 h. ½ matin	calme ferein	5210 +7 ———— 5203	4797 +7 ———— 4735	417	2177	$+3\frac{3}{4}$ $+12\frac{1}{2}$ } $+16\frac{1}{4}$	2212
1760. 7e. Août 3 h. matin	zéphyre ferein	5199 +8 ———— 5191	4785 +8 ———— 4777	414	2166	$+3\frac{1}{2}$ $+16\frac{1}{2}$ } $+20$	2209
20e. Juillet 11 h. ¼ matin	de même	5184 +9 ———— 5175	4774 +10 ———— 4764	411	2156	$+4\frac{3}{4}$ $+18\frac{3}{4}$ } $+23\frac{1}{2}$	2207
dit 3 h. ¼ foir	méd. O. tonner.	5176 +11 ———— 5155	4767 +10 ———— 4757	408	2144	$+7$ $+23$ } $+30$	2209

Somme des 17 Observations 37572

Hauteur moyenne . . . . $2210\frac{2}{17}$

XIme. STATION. *2333 pieds.*

Sur la croupe de la Montagne. Depuis cette Station on ne monte plus qu'insensiblement vers les suivantes. La plaine se découvre d'ici parfaitement excepté au Sud-Ouest.

Dates & Heures.	Etat de l'air.	Baro-mètre infér.	Baro-mètre supér.	Diffé-rences des B.	Résul-tat par Log.	Therm. supér. & infér.	Som-mes.	Haut. par la règle.
1760. 9e. Mars 8 h. ¾ matin	calme serein	5202 / — 9 / 5211	4727 / — 10 / 4737	474	2485	—36 / —28	—64	2326
25e. dit 3 h. ¾ soir	petit S. neige	5150 / — 7 / 5157	4683 / — 8 / 4691	466	2468	—36 / —25	—61	2318
9e. Février midi	petit S. O. serein	5222 / —11 / 5233	4750 / — 9 / 4759	474	2474	—31½ / —25½	—57	2333
12e. dit 11 h. ¾ matin	calme serein	5267 / —10 / 5277	4795 / — 6 / 4801	476	2463	—26¾ / —21¼	—48	2345
3e. Avril 3 h. ¾ soir	petit N. E. serein	5200 / — 5 / 5205	4735 / — 6 / 4741	464	2433	—28½ / —12½	—41	2333
1758. 1e. Octobre 11 h. matin	calme brouill.	5236 / — 1 / 5237	4780 / + 1 / 4779	458	2585	—10 / —15	—25	2325
1760. 12e. Avril 9 h. matin	fort N. E. serein	5192 / 0 / 5192	4737 / — 1 / 4738	454	2385	—18½ / — 5	—23½	2329
8e. dit 3 h. ½ soir	méd. N. nuages	5207 / — 2 / 5209	4753 / — 1 / 4754	455	2382	—17½ / — 3½	—21	2332
2e. Octobre 3 h. ½ soir	pet. N. E. serein	5219 / + 3 / 5216	4775 / + 4 / 4771	445	2324	— 6 / + 4	— 2	2319
22e. Juin 1 h. ¼ soir	méd. S. couvert	5158 / + 7 / 5151	4714 / + 5 / 4709	442	2337	— 8½ / + 7	— 1½	2334
1759. 15e. Juillet 8 h. matin	pet. N. E. serein	5198 / + 8 / 5190	4750 / + 5 / 4745	445	2336	— 5¾ / + 8¾	+ 3	2343
1760. 22e. Juin 3 h. ¼ soir	méd. S. couvert	5147 / + 8 / 5139	4706 / + 5 / 4701	438	2321	— 3¼ / +14¼	+11	2346
7e. Août 11 h. ½ matin	zéphyre serein	5205 / + 6 / 5200	4768 / + 6 / 4762	438	2293	+ 1¼ / + 9¾	+11	2318
1758. 8e. Juin 11 h. ¼ matin	calme serein	5210 / + 7 / 5203	4770 / + 6 / 4764	439	2297	+ 3 / +12½	+15½	2333

Somme des 14 Observations 32634

Somme des Observations précédentes. 52534

1760. 7ᵉ. Août 2 h. ½ soir	zéphyre serein	5200 + 8	4762 + 7	437	2291	$+2\frac{3}{4}$ $+16$ } $+18\frac{3}{4}$	2333
		5192	4755				
20ᵉ. Juillet 9 h. ½ matin	de même	5183 + 9	4750 + 8	432	2272	$+5\frac{1}{2}$ $+19$ } $+24\frac{1}{2}$	2328
		5174	4742				
dit 3 h. soir	méd. O. couvert	5175 + 12	4743 + 10	430	2266	$+7\frac{1}{2}$ $+24$ } $+31\frac{1}{2}$	2337
		5163	4733				

Somme des 17 Observations 39632
Hauteur moyenne . . . . $2331\frac{5}{17}$

XIIme. STATION. 2582 *pieds* 4 *pouces.*

En suivant la croupe de la Montagne, vers le Sud-Ouest.
Les Observations ont été faites sur le bord Occidental.

Dates & Heures.	État de l'air.	Baromètre infér.	Baromètre supér.	Différences des B.	Résultat par Log.	Therm. supér. & infér.	Sommes.	Haut. par la règle.
1750. 12e. Février o h. ½ soir	calme serein	5263 — 9 5272	4745 — 5 4750	522	2717	—26¾ —20¼	—47	2589
12e. Avril 8 h. ¼ matin	fort N. E. serein	5192 — 1 5193	4688 — 3 4691	502	2649	—21 — 7	—28	2575
1758. 1e. Octobre 10 h. ½ matin	petit N. serein & brouillards au-dessous.	5236 — 1 5237	4734 + 3 4731	505	2648	— 9 —15½	—24½	2583
1760. 8e. Avril 3 h. ¼ soir	méd. N. nuages	5205 — 1 5207	4701 — 2 4703	504	2652	—18½ — 2	—20½	2598
1759. 15e. Juillet 9 h. matin	calme serein	5197 + 9 5188	4702 + 6 4696	492	2596	— 5¼ + 1¼	— 4	2586
1750. 2e. Octobre 3 h. soir	pet. N. E. serein	5220 + 3 5217	4727 — 5 4724	493	2587	— 7½ + 4	— 3½	2578
1756. 20e. Juin 7 h. ½ matin	calme serein	5187 + 5 5191	4695 + 4 4691	490	2589	— 8¾ + 5¼	— 3½	2580
dit midi	idem	5184 + 8 5175	4695 + 4 4692	484	2558	— 5¼ +12¾	— 7½	2578
1759. 7e. Septemb. 4 h. ¼ soir	calme vapeurs	5219 + 10 5209	4728 + 6 4722	487	2558	— 4 +12	+ 8	2578
1760. 22e. Juin 3 h. ¼ soir	calme couvert	5146 + 8 5158	4661 + 6 4655	483	2572	— 1¾ +12¼	+10½	2599
1758. 8e. Juin 10 h. ½ matin	calme serein	5209 + 7 5202	4725 + 7 4716	486	2556	+ ½ +10½	+11	2584
1760. 7e. Août o h. ¼ soir	zéphyre serein	5203 + 7 5196	4720 + 7 4713	483	2542	+ 3 +11	+14	2578
1760. 7e. Août 2 h. ¼ soir	de même	5198 + 8 5190	4716 + 7 4700	481	2534	+ 3 +16	+19	2582
1756. 20e. Juin 4 h. soir	calme serein	5180 + 11 5169	4700 + 9 4691	478	2528	+ 1 +19	+20	2579

Somme des 14 Observations . . . . 36167.

Somme des Observations précédentes 36167

| 1760. 20ᵉ Juillet 11 h. ¼ matin | petit N. nuages | 5181 +10 ―― 5171 | 4702 + 8 ―― 4694 | 477 | 2522 | + 3½ +19½ } +23 | 2580 |
| dit 2 h. ½ soir | méd. O. tonnerr. | 5174 +12 ―― 5162 | 4695 + 9 ―― 4690 | 475 | 2515 | + 8 +23½ } +31½ | 2574 |

Somme des 16 Observations 41341

Hauteur moyenne . . . . 2583 $\frac{1}{16}$

XIIIme. STATION. 2700 pieds.

Même Exposition que la précédente.

Dates & Heures.	Etat de l'air.	Baromètre infér.	Baromètre supér.	Différences des B.	Résultat par Log.	Therm. supér. & infér.	Sommes.	Haut. par la règle.
1750. 12ᵉ. Avril 8 h. matin	fort N. E. ſerein	5192 — 1 5193	4663 — 2 4665	528	2794	—20½ — 8	—28½	2715
1758. 1ᵉ. Octobre 9 h. ¾ matin	calme ſerein & brouillards au-deſſous.	5239 — 1 5240	4712 + 3 4709	531	2784	—11¼ —16¾	—28	2706
1760. 8ᵉ. Avril 3 h. ſoir	méd. N. nuages	5207 — 1 5208	4681 — 2 4683	525	2768	—17¼ — 1¾	—19	2716
2ᵉ. Octobre 2 h. ¾ ſoir	pet. N. E. ſerein	5220 + 3 5217	4706 + 3 4703	514	2703	— 6½ + 4½	— 2	2697
22ᵉ. Juin 2 h. ¾ ſoir	petit S. couvert	5151 + 8 5143	4640 + 5 4635	508	2710	+ 9 —11	— 2	2704
1759. 15ᵉ. Juillet 10 h. matin	calme ſerein	5194 +11 5183	4683 + 7 4676	507	2682	+ 2¼ + 5¾	+ 8	2703
7ᵉ. Sept. 4 h. ſoir	calme vapeurs	5218 +10 5208	4708 + 7 4701	507	2669	— 2¾ +14¾	+12	2701
1758. 8ᵉ. Juin 10 h. matin	calme ſerein	5209 + 7 5202	4701 + 7 4694	508	2677	+ 1½ +10½	+12	2709
1760. 7ᵉ. Août 0 h. ¾ ſoir	zéphyre ſerein	5202 + 7 5195	4697 + 7 4690	505	2665	+ ½ +11½	+12	2697
ledit 1 h. ¾ ſoir	de même	5199 + 8 5191	4695 + 7 4688	503	2666	+ 2¼ +14¼	+16½	2700
20ᵉ. Juillet midi	petit N. nuages	5179 +10 5169	4680 + 8 4672	497	2634	+ 4½ +20½	+25	2700
dit 0 h. ½ ſoir	de même	5179 +11 5168	4680 + 8 4672	496	2629	+ 5½ +21½	+27	2700
dit 1 h. ſoir	de même	5178 +11 5167	4679 + 8 4671	496	2629	+ 5½ +21½	+27	2700
dit 2 h. ¾ ſoir	de même	5174 +12 5162	4675 + 8 4667	495	2627	+ 5½ +23½	+29	2703
dit 2 h. ſoir	de même	5174 +11 5163	4677 + 8 4669	494	2620	+ 6 +24½	+30½	2700

Somme des 15 Obſervations 40551

Hauteur moyenne 2703 6/15

XIVme. STATION. 2742 pieds 5 pouces.

Toujours sur la croupe de la Montagne, mais à l'Orient près du Rocher sur lequel est la Station suivante.

Dates & Heures.	Etat de l'air.	Baro-mètre infér.	Baro-mètre supér.	Diffé-rences des B.	Résul-tat par Log.	Therm. supér. & infér.	Som-mes.	Haut. par la règle.
1760. 12e. Avril 6 h. matin	fort N. E. serein	5196 — 1 5197	4651 — 5 4656	541	2865	—25¼ —20¾	—46	2733
1758. 1e. Octobre 7 h. ¾ matin	petit E. serein & brouillards au-dessous.	5242 — 1 5243	4700 0 4700	543	2849	—17¼ —20¼	—37½	2742
8e. Juin 6 h. ¼ matin	E. nuages	5209 + 4 5205	4684 + 4 4680	525	2770	— 5 — 4	— 9	2745
1760. 2^e. Octobre 1 h. soir	pet. N. E. serein	5224 + 2 5222	4701 + 4 4697	525	2761	— 6½ + ½	— 6	2744
1758. 8e. Juin 6 h. ¾ matin	E. nuages	5208 + 4 5204	4689 + 6 4683	521	2749	— 3 + ½	— 2½	2742
dit 7 h. ¼ matin	calme nuages	5209 + 5 5204	4691 + 7 4684	520	2743	— 2¼ + 1¼	— ½	2742
1760. 13e. Août 3 h. ¼ soir	méd. S. nuages	5169 + 9 5160	4652 + 4 4648	512	2723	— 5½ +11	+ 5½	2738
1758. 8e. Juin 8 h. ½ matin	calme nuages	5210 + 6 5204	4692 + 6 4686	518	2732	— ½ + 6	+ 5½	2747
1759. 7e. Sept. 2 h. soir	de même	5216 + 8 5208	4702 + 8 4694	514	2708	— 2¼ +13¾	+11½	2739
15e. Juillet 4 h. soir	zéphyre serein	5181 +11 5170	4675 + 9 4666	504	2673	+ 5 +20	+25	2740

Somme des 10 Observations 27412

Hauteur moyenne 2741⅒

XVme. STATION. *2926 pieds 8 pouces.*

Sur un Rocher isolé, qui domine toute la Montagne.

Dates & Heures.	État de l'air.	Baro-mètre infér.	Baro-mètre supér.	Diffé-rences des B.	Résul-tat par Log.	Therm. supér. & infér.	Som-mes.	Haut. par la règle.
1756. 30e. Mai 6 h. ¾ matin	E. serein	5208 — 1 5209	4026 — 6 4032	577	3059	—28½ —14½	—43	2927
1758. 1e. Octobre 7 h. ½ matin	calme serein & brouillards au-dessous	5242 — 2 5244	4665 — 2 4667	577	3038	—18¼ —20¾	—39	2919
1756. 30e. Mai 11 h. ¼ matin	E. serein	5209 + 1 5208	4635 — 4 4639	569	3015	—23 — 5	—28	2930
1755. 3e. Août 8 h. ¾ matin	S. couvert	5126 + 5 5121	4566 — 1 4567	554	2983	—18 — 1	—19	2927
1756. 30e. Mai 3 h. ¼ soir	calme serein	5204 + 1 5203	4637 — 2 4639	564	2990	—17 — 2	—19	2933
1760. 2e. Octobre 0 h. ½ soir	petit N. E. serein	5225 + 2 5223	4669 + 3 4666	557	2939	— 6 + ½	— 5½	2923
1758. 8e. Juin 8 h. ¼ matin	E. nuages	5209 + 5 5204	4658 + 5 4653	551	2916	— 2 + 6	+ 4	2928
1760. 13e. Août 2 h. ¾ soir	S. nuages	5168 + 8 5160	4622 + 5 4617	543	2898	— 3½ + 9½	+ 6	2915
1759. 7e. Septemb. 1 h. ½ soir	petit N. nuages	5218 + 8 5210	4672 + 7 4665	545	2879	0 +15	+15	2922
15e. Juillet 2 h. soir	petit O. serein	5188 +11 5177	4644 + 9 4635	542	2881	— ½ +16½	+16	2927
ledit 3 h. ½ soir	de même	5182 +11 5171	4644 + 8 4636	535	2846	+ 5 +22	+27	2923

Somme des 11 Observations 32174

Hauteur moyenne . . . . 2924 $\frac{10}{11}$

OBSERVATIONS faites vers le lever du Soleil.

VIIme. Station, *haute de 1420 pieds.*

1756. 11e. Avril 6 h. ½ matin	Vapeurs	5167 / −7 / 5114	4827 / −7 / 4834	286	1467	−29 / −23	−52	1391
19e. dit 5 h. ¼ matin	Est serein	5149 / −4 / 5153	48[..] / −[.] / 48[..]	286	1488	−27 / −21	−48	1416
29e. Août 5 h. ¼ matin	petit E. serein	5201 / +2 / 5199	4921 / 0 / 492[.]	278	1432	−19 / −20	−39	1376
1e. Août 4 h. ½ matin	petit E. serein; peu apres S. nuages.	5162 / −1 / 5165	4886 / +3 / 48[.]	280	1453	−11 / −17	−28	1412

XIIme. Station, *haute de 2582 pieds 4 pouces.*

1756. 20e. Juin 4 h. ¾ matin	petit E. serein	5184 / +5 / 5179	4688 / +1 / 4687	492	2601	−13 / −11	−24	2539

XIVme. Station, *haute de 2742 pieds 5 pouces.*

1758. 1e. Octobre 6 h. ¾ matin	E. au niveau de la surface supér. des brouillards.	5240 / −2 / 5242	4697 / −4 / 4701	541	2838	−27¼ / −22¾	−50	2696
8e. Juin 4 h. ½ matin	E. serein	5202 / +2 / 5199	4679 / 0 / 4679	520	2746	−13½ / −17	−30½	2662

XVme. Station, *haute de 2927 pieds 8 pouces.*

1756. 30e. Mai 5 h. matin	E. serein	5203 / −1 / 5204	4623 / −6 / 4629	575	3051	−36½ / −22½	−59	2871
1760. 12e. Août 5 h. ¼ matin	fort N. E. serein	5196 / −3 / 5198	4517 / −5 / 4522	576	3060	−26 / −25	−51	2904
1758. 1e. Octobre 6 h. ¼ matin	E. serein. Il s'élevoit des brouill. des Rivières.	[..] / −2 / 5242	4560 / −4 / 45[..]	678	3044	−25½ / −25	−50½	2890
8e. Juin 4 h. matin	E. nuages	5202 / +4 / 5198	4646 / +1 / 4645	553	2931	−11 / −17	−28	2849
ledit jour 5 h. ¼ matin	de même.	5202 / +4 / 5198	4647 / +1 / 4646	552	2925	−9½ / −11½	−20½	2865

CHAPITRE SIXIÈME.

Nouvelles applications des *REGLES* précédentes.

LES observations que j'ai détaillées dans le Chapitre précédent, sont celles que j'ai d'abord cherché à concilier, en les ramenant le plus qu'il m'a été possible à des résultats semblables, par des règles susceptibles d'être généralisées. J'ai développé, dans le Chapitre III, la marche que j'ai suivie dans cette recherche, & l'on vient d'en voir le succès. Il est tel, que je ne m'étois jamais flatté de l'atteindre.

Le nombre des expériences que j'ai rapportées, est déjà une preuve bien forte de l'exactitude avec laquelle on peut mesurer les *hauteurs* par les moyens que j'ai indiqués. Mais toutes ces expériences ont été faites dans une même montagne, & l'on pourroit soupçonner que la conformité d'exposition produisoit une régularité qu'on ne retrouveroit pas ailleurs. Je me suis fait moi-même cette objection ; & pour m'éclaircir là-dessus, je n'ai perdu aucune occasion de vérifier ma règle, en divers lieux & de diverses manières. Je vais rapporter ces vérifications.

Observations faites au Clocher de S. PIERRE,
Cathédrale de GENEVE.

J'ai fait mention ci-devant du motif qui

m'avoit déterminé à faire ces observations (615 & 616); je vais maintenant en rendre compte.

635. Ce fut au mois de Juillet 1759, que je les entrepris ; je plaçai alors un Baromètre au plus haut de l'une des tours de *S. Pierre*, fixé solidement à la pièce de bois *de bout*, qui soutient le faîte du toît. La boîte qui le contenoit avec son Thermomètre, fermoit à clef, en sorte que je suis assuré qu'il n'a point souffert d'altération pendant tout le cours de mes expériences. Je plaçai un autre Baromètre, d'accord avec le précédent, dans un endroit des *rues-basses*, élevé d'environ 7 *pieds* au-dessus du niveau du Rhône en Été, tems auquel il est le plus haut. Ce Baromètre étoit enfermé, comme le précédent, avec un Thermomètre.

636. Je mesurai au cordeau, & de la manière que j'ai indiquée ci-devant (517), l'élévation du lieu où le Baromètre étoit placé à *S. Pierre*, au-dessus du rez-de-chaussée de la tour, & je la trouvai de . . . . . 124 *p*ds., 11 *p*ces

Je nivelai ensuite le terrein compris entre ce rez-de-chaussée, & le lieu où mon Baromètre étoit placé aux *rues-basses*, & je trouvai la hauteur verticale entre ces deux points . . . 84   7

Hauteur verticale comprise entre les deux Bar. . 209 *p*ds., 6 *p*ces

637. J'observois la chaleur de l'*air* au haut

[notes marginales :]
Emplacement des Baromètres, pour les observations à St. Pierre.

Mesure actuelle de la hauteur.

Observations.

de la tour, dans les tems des expériences, en fufpendant un de mes Thermomètres à boule ifolée à l'extrémité d'une longue perche, pour qu'il fût expofé aux vents, & pour l'éloigner en même tems des murs échauffés quelquefois par le foleil.

Depuis le mois de Juillet 1759 jufqu'au mois d'Août 1760, j'ai fait 87 *obfervations* correfpondantes au haut de cette tour & aux *rues-baffes*, par toutes fortes d'états de l'*air*. Il eft inutile de rapporter ces obfervations en détail; le précis fuffit.

Réfultat. 638. Le terme moyen de toutes les *hauteurs* du Baromètre obfervées aux *rues-baffes*, réduites à la température du *zéro* de mon Thermomètre, s'eft trouvé 323 *lignes* $\frac{2}{10}$. Le terme moyen des *hauteurs* du Baromètre à S. Pierre réduites à la même température, 321 *lig.* $\frac{1}{10}$. Et le terme moyen de chaleur de l'*air* — 17 de mon *échelle* pour le Thermomètre deftiné à l'obferver.

Le calcul des deux *hauteurs* du mercure, par les *logarithmes*, donne d'abord 218 *pieds* 1 *pouce* de *hauteur*, qui fe réduifent à 210 *pieds* 8 *pouces*, en faifant la correction requife pour les 17 *dégrés*, dont la chaleur moyenne de l'air s'eft trouvée au-deffous de *zéro*. Cette *hauteur* conclue des *obfervations* du Baromètre ne diffère donc que d'1 *pied* 2 *pouces* de la mefure actuelle.

*Obſervations faites à SUPERGUE, Égliſe
ſituée au ſommet de la* Montagne *de*
TURIN.

639. Le 18ᵐᵉ. Juin 1757, je meſurai la
hauteur de cette Égliſe depuis le pavé intérieur juſqu'à l'*appui* des petites fenêtres qui
introduiſent la lumière dans le haut du Dôme;
je la trouvai de . . . . 159 *Pieds.*

dont il faut déduire l'élévation de l'*appui* des fenêtres, au-deſſus d'un corridor
qui règne autour d'elles,
ſur lequel je plaçai mon
Baromètre 2   10 *p.ᵉˢ*

Reſte . . 156 *p.ᵗˢ.* , 2 *p.*

J'obſervai le Baromètre
à 4 heures ½ du ſoir
ſur le corridor, à . . 311 *lignes.*
Le Thermomètre du Ba-
romètre étant . . . ✝ 9

Hauteur du Baromètre
réduite à la tempé-
rature commune . . 310 $\frac{7}{16}$ *lignes.*

Je l'obſervai un inſtant
après ſur le pavé de
l'Égliſe, à . . . . 312 $\frac{11}{16}$ *lignes.*
Le Thermomètre du Ba-
romètre étoit . . . ✝ 8

Hauteur corrigée . . 312 $\frac{1}{16}$ *lignes.*

Mesure de la hauteur du Dôme de Supergue.

Obſervations.

Mon Thermomètre à boule isolée, suspendu dans l'intérieur du Dôme étoit — $\frac{1}{2}$.

Résultats. Le calcul de la différence de hauteur du mercure, par les *logarithmes*, donne 156 *pieds* 11 *pouces*, qui se réduisent à 156, 9, en déduisant ce qu'exige le $\frac{1}{2}$ *dégré* au-dessous du *zéro* de mon Thermomètre qui exprimoit la *chaleur* de l'air. La mesure par le Baromètre ne diffère donc que de 7 *pouces* de celle que j'avois prise au cordeau.

Je n'ai pu reconnoître l'accord de cette observation avec celles que j'ai rapportées précédemment, que plus de trois ans après l'avoir faite, c'est-à-dire, lorsque j'ai eu trouvé par la combinaison générale de mes expériences, les corrections nécessaires pour les concilier; il en est de même des suivantes.

Estimation de la hauteur de la montagne de Turin. 640. Un Baromètre, dont j'aurai occasion de parler bientôt, placé au rez-de-chaussée de l'Académie de *Turin*, étoit à trois heures du soir le même jour, à . . 329 $\frac{3}{16}$ *lignes.*

Thermomètre . . . $+ 8$

$328 \frac{11}{16}$ *lignes.*

J'observai, à-peu-près dans le même tems, mon Baromètre, auprès du portail de fer qui est à la droite de l'Eglise de *Supergue*; il étoit placé à un *pied* d'élévation sur le terrein, & je le trouvai, à . . . . 313 *lignes* $\frac{9}{16}$.

Thermomètre . . . $+ 14$

312 *lignes* $\frac{11}{16}$.

Le Ciel étoit par-tout légèrement couvert, excepté qu'à l'horiſon, du côté du midi, on voyoit une tempête affreuſe ; il venoit un petit vent de ce côté-là. Mon Thermomètre ſuſpendu en plein air, étoit à $+ 4$; mais je crois que la *chaleur* moyenne de l'air entre Turin & *Supergue* pouvoit être $+ 10$. Dans cette ſuppoſition, on trouvera, par ma règle, que le lieu où j'ai fait mon obſervation, eſt de 1330 *pieds* plus élevé que le rez-de-chauſſée de l'Académie.

Obſervations faites au Clocher de l'Égliſe de S. *JEAN,* Cathedrale de *TURIN.*

641. Le Clocher de cette Égliſe eſt une tour ſéparée du reſte de l'édifice ; elle s'élève à une aſſez grande hauteur ſans *retraites* ni ornemens, qui ſouvent empêchent de meſurer avec facilité. Je la choiſis, par cette raiſon, pour y faire l'expérience du Baromètre. Je meſurai donc la hauteur de cette tour, depuis des ſolives en croix placées intérieurement dans le haut, pour ſoutenir le couvert ; & je trouvai 164 *pieds* 9 *pouces*, dont il faut déduire 2 *pieds*, parce que je plaçai mon Baromètre à cette élévation au-deſſus du pavé. Reſte donc 162 *pieds* 9 *pouces*.

Meſure de la hauteur du Clocher de St. *Jean* à Turin.

Observations faites au pied de la Tour.

Le 10 Juin 1757, à 6 h. du matin, Baromètre . . 329 $\frac{1}{16}$. ⎫
Thermomètre du Bar. . + 6 ⎬ 328 $\frac{11}{16}$

Le 14 . . 4 $\frac{1}{2}$ soir . . 328 $\frac{9}{16}$ ⎫
                                     ⎬ 327 $\frac{14}{16}$
Thermomètre . . . . + 11 ⎭

Somme des deux observations . . 656 $\frac{9}{16}$

Terme moyen . . . . 328 $\frac{9}{32}$ lig.

Au haut de la Tour.

Thermometre en plein air
au haut de la Tour.

Le 10 Juin . . . 326 $\frac{15}{16}$ ⎫
                                  ⎬ 326 $\frac{10}{16}$ . . . — 1 $\frac{1}{2}$
Thermomètre . . + 5 ⎭

Le 14me . . . . . 326 $\frac{10}{16}$ ⎫
                                        ⎬ 325 $\frac{15}{16}$ . . + 14 $\frac{1}{2}$
Thermomètre . . + 11 ⎭

Somme de 2 obser. du Bar. 652 $\frac{9}{16}$ du T. + 13
Terme moyen . . . . . 326 $\frac{9}{32}$ . . + 6 $\frac{1}{2}$

La combinaison de ces deux observations,
dont la différence est relative au changement
de température, donne suivant ma règle 161
pieds 3 pouces. Ce résultat est bien peu différent de 162 *pieds 9 pouces,* que j'ai trouvés

par la mefure actuelle ; & même une partie de cette différence provient sûrement de ce que la *chaleur* moyenne de la colonne d'air étoit plus grande que celle du haut de la colonne à laquelle feule j'ai eu égard.

Obfervations faites au Fanal *de Gènes.*

642. Depuis le commencement de mes expériences fur le fujet que je traite, je défirois extrêmement d'avoir des obfervations exactes faites au bord de la mer.

Je propofai mon plan à plufieurs Phyficiens ; mais les foins qu'il falloit y apporter, le peu d'efpérance qu'avoient quelques-uns de ceux à qui je m'adreffai, de me voir réuffir dans mes travaux, & les occupations des autres me privèrent de ce fecours. Je vis donc avec bien du plaifir, la néceffité où je me trouvai, pour d'autres raifons, en 1767, de me rendre de *Turin* à *Gènes.* Tout concourut à favorifer mes vues ; le *Fanal* de ce Port eft auffi propre à des expériences de cette nature, que je pouvois le defirer ; je trouvai un ami complaifant, qui fe chargea de quelques obfervations qui demandoient du tems ; & mon frère devant paffer auffi à *Genes* peu de tems après, j'étois affuré qu'il vérifieroit exactement celles que je me propofois de faire moi-même.

Je commençai ces obfervations, en mefurant au cordeau, avec les précautions indiquées ci-devant, la hauteur comprife entre le pied de la maçonnerie qui foutient la cage de verre où font renfermées les lampes du *Fanal*, &

l'entrée de la batterie supérieure , qui est au-deſſous , dont le point fut déterminé par l'emplacement du Baromètre. Je trouvai cette *hauteur* de 222 *pieds* 11 *pouces.* Voici le détail des obſervations.

Hauteurs du mercure au pied du Fanal, environ 20 toiſes au-deſſus du niveau de la mer.

Obſervations.

Hauteurs corrigées du mercure.

Le 22 Juin 1757 , à 6 heures du matin . . . . 338 *lign.* $\frac{21}{32}$ } 337 $\frac{19}{32}$
Th. en $\frac{1}{2}$ *dég.* à cauſe des 32mes. +23 }

Le même jour à 4 h. $\frac{1}{2}$ du ſoir 338 $\frac{25}{32}$ } 337 $\frac{27}{32}$
demi-dégré du Thermomètre +30 }

Le 23 dudit à 9 h. $\frac{1}{2}$ du mat. 339 $\frac{3}{32}$ } 338 $\frac{3}{32}$
+26 }

Le même jour à 5 h. $\frac{3}{4}$ du ſoir 338 $\frac{8}{32}$ } 337 $\frac{18}{32}$
+26 }

Obſervation faite par mon frère.

Le 26 Juillet .. 1 h. ſoir . . . 338 $\frac{1}{32}$ } 337 $\frac{4}{32}$
+28 }

Somme des 5 obſervations . . 1688 $\frac{11}{32}$
Terme moyen 337

Observations faites au-haut du Fanal.

	Hauteur du mercure.	Thermomètre en plein *air* au haut du *Fanal.*

Le 22e. Juin 1757 matin .. 335 $\frac{17}{12}$ ⎰
demi-dég. du Therm. .... + 23 ⎱   335 $\frac{4}{12}$ .... + 6 $\frac{1}{2}$

Le même jour ... soir ... 336 $\frac{2}{12}$ ⎰
.. + 32 ⎱   335 $\frac{2}{12}$ ... + 18

Le 22e ...... matin .... 336 $\frac{6}{12}$ ⎰
.. + 22 ⎱   335 $\frac{16}{12}$ ... + 15 $\frac{1}{2}$

Le même jour .... soir ... 335 $\frac{6}{12}$ ⎰
.. + 26 ⎱   334 $\frac{18}{12}$ .... + 13

Observation faite par mon frère..

Le 26e. Juillet .... 335 $\frac{8}{12}$ ⎰
.. + 28 ⎱   334 $\frac{12}{12}$ ... + 12

Sommes des 5 observat. du Bar. . 1674 $\frac{14}{12}$ du Th. + 65
Terme moyen .... 334 $\frac{61}{64}$ ...... $\pm$ 13

Ces cinq obſervations ainſi combinées, & calculées ſuivant ma règle, donnent 221 *pieds* 1 *pouce* : ce qui ne diffère que d'1 *pied* 10 *pouces* de la hauteur réelle, & même une partie de cette différence provient ici comme dans les obſervations faites au Clocher de *Turin*, de ce que j'obſervai la température de l'air dans le haut, où il étoit ſûrement moins échauffé que le long du *Fanal*.

Vérification de la regle pour la meſure des *hauteurs* par des obſervations faites dans les mêmes lieux.

Les vérifications que je viens de rapporter ſont immédiates ; elles réſultent de la comparaiſon des *hauteurs* connues, avec des abaiſſemens du mercure dans le Baromètre. Mais ce ne ſont pas les ſeules vérifications qu'on puiſſe faire dans ce genre d'obſervations. Par exemple : le défaut de diverſes règles qu'on avoit établies précédemment, pour meſurer les *hauteurs* par le Baromètre, ſe manifeſtoit autant par le peu d'accord qui ſe trouvoit entre les réſultats des obſervations faites dans un même lieu, que par l'application de ces règles à la meſure de *hauteurs* connues. C'eſt donc une vérification très-réelle que de comparer les réſultats d'obſervations faites dans un même lieu en différens tems. Celles que je vais rapporter ſont de cette eſpèce.

Obſervations faites à la Dole *, montagne du* Pays-de-Vaud *, dans la chaîne du* Jura *, diſtante de* Genève *d'environ quatre-lieues.*

643. Je vais donner en détail les obſervations faites pour meſurer la hauteur de cette montagne ſur le niveau du *Lac* (ou du *Rhône* qui en ſort à *Genève*) ; afin qu'on puiſſe voir d'un coup-d'œil , combien celles du Baromètre ſeul ſeroient trompeuſes , ſi l'on n'y faiſoit pas les corrections auxquelles je ſuis parvenu. Elles le ſeroient bien davantage , ſi les différences de hauteur *abſolue* du Baromètre , & celles de la chaleur de l'*air* avoient été plus grandes.

Le 29ᵉ. Juillet 1764 nous montâmes , mon frère & moi ſur cette montagne , par un tems aſſez beau ; le vent étoit au *ſud* , & il charrioit des nuages : il avoit plu la veille. Voici nos obſervations de ce jour-là.

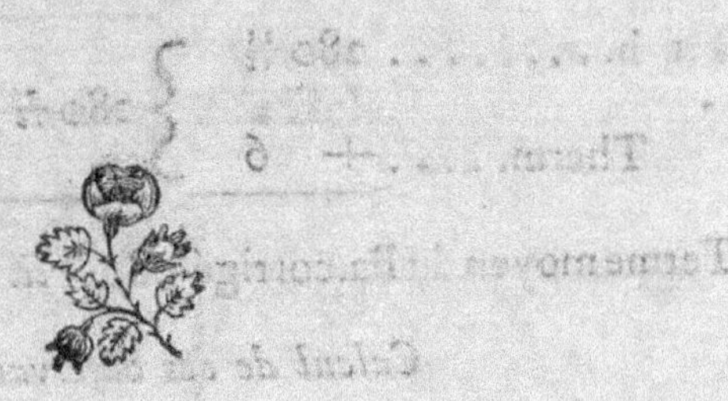

Observations faites à Genève dans un lieu élevé de 78 pieds au - dessus du niveau du Rhône en Eté.

à 1 h. après midi Ba. 326 *lig.* } 325 $\frac{1}{16}$ Th. en pl. air + 8 $\frac{3}{4}$

Therm. . . . + 13

à 1 h. $\frac{1}{2}$ . . . . 325 $\frac{14}{16}$ } 325 $\frac{1}{16}$ Therm. . . . + 9 $\frac{1}{4}$

Ther. . . . + 13

Terme moyen . . . . 325 $\frac{2}{16}$ *lig.* . . . . + 9

Observations faites au sommet de la Dôle.

à 1 h. . . . . . Bar. 280 $\frac{15}{16}$ } 280 $\frac{1}{16}$ Th. en plein air — 5

Therm. . . . . . + 7

à 1 h. . . . . 280 $\frac{15}{16}$ } 280 $\frac{7}{16}$ . . . . . Th. . . — 4 $\frac{1}{2}$

Therm. . . . + 6

Terme moyen du Ba. corrigé 280 $\frac{15}{16}$ *li.* de ch. de l'*air.* — 4 $\frac{3}{4}$

Calcul de ces observations.

A *Genève,* Ba. 325 $\frac{1}{16}$ en 16mes. de *li.* 5202 *log.* 37161,703
A la *Dole* . . . 280 $\frac{15}{16}$ . . . . . . 4487 $\frac{1}{2}$ . . 36520,044

Différence des *log.* . . . . *Toises* 641,659

Chal. de l'air à *Genève* $+ 9$

à la *Dole* $- 4\frac{3}{4}$

Somme (609) . . . . $+ 4\frac{1}{2} \times \dfrac{641,659}{1000} = + 2{,}727$

Haut. de la *Dole* relativ. au lieu de

l'obf. à *Genève*. . . . *Toif.* 644,386

pieds 3826

Hauteur du lieu de l'obf. fur le niv. du *Rhône* 78

Haut. de la *Dole* fur le niveau du *Rhône* au

fortir du *Lac. Pieds* 3944

Nous retournâmes à la *Dole* le 21 Juillet 1765. Le Ciel étoit parfméé de nuages ; il fouffloit un petit vent *Nord-Eft*. IIde. *obfervation fur la Dole.*

Obfervations à Genève *au même lieu.*

A 10 h. $\frac{1}{2}$ du m. B. $323\frac{1}{16}$ *lig.*

Therm. . . . $+ 7$

$322\frac{11}{16}$ Th. en pl. *air* $- 1\frac{1}{2}$

Obfervations à la Dole.

Bar. $277\frac{7}{16}$ *lig.*

Ther. $+ 3$

$277\frac{4}{16}$ . . . $- 19$

Calcul de cette observation.

Bar. à *Geneve* 322 $\frac{11}{16}$; en 16mes. de *lig.*

$$5163 \quad log. \quad 37129 , 021$$

à la *Dole.* 277 $\frac{4}{16}$. . . . . 4436 . . . . 36469 , 915

Différence des *log.* . . . . *Toises*   659 , 106

Th. en pl. air , à *Geneve* — 1 $\frac{1}{2}$

à la *Dole* — 19

Somme . . . . — 20 $\frac{1}{2}$ X $\dfrac{659, 106}{1000}$ = — 13, 511

Ha. de la *Dole* rel. au lieu de l'ob. à *Geneve. Toises* 645, 595

Pieds 3874

Hauteur du lieu de l'obf. fur le niveau du *Rhône* 78

Haut. de la *Dole* fur le niveau du *Rhône*   *Pieds* 2952

Comparaifon des deux obfervations.

Il n'y a donc que 8 *pieds* de différence entre ces deux *mefures*, faites à un an de diftance l'une & l'autre. Je n'oferois pas me flatter qu'elles fe rapprochaffent toujours à ce point; j'en dirai les raifons dans la fuite.

M. *Deffauffure*, Profeffeur en Philofophie à *Genève*, & qui cultive par goût les fciences relatives à fa profeffion, ayant fouhaité d'avoir un Baromètre femblable au mien, je le lui fis faire par un habile ouvrier, que je dirigeai. Il a porté depuis ce Baromètre dans les courfes qu'il a faites aux montagres, pour la botanique & pour d'autres branches de l'Hiftoire Naturelle.

Le

Le 8ᵉ. Juillet 1764, il le porta à la *Dole,* & j'obſervai à *Genève* dans le même tems. Voici nos obſervations & leur réſultat.

Obſervation faite ſur la Dole par M. Deſſauſſure.

A *Genève*... $323\frac{1}{16}$ *lig.*

Therm...... $+\ 9$ $\Big\}$ $322\frac{3}{16}$ Th. en pl. *air* $+\ 4$

A la *Dole* ... Bar. $277\frac{10}{16}$

Therm...... $+\ 2$ $\Big\}$ $277\frac{8}{16}$. . . . . . $-\ 14$

Calcul de cette obſervation.

Bar. à *Genève* $322\frac{8}{16}$, en 16mes. de

$$\text{lig. } 5160 \text{ log.} \qquad 37126,497$$
$$\text{à la } Dole\ 277\tfrac{8}{16}\ldots \qquad 4440 \qquad 36473,830$$
$$\text{Différ......} \qquad 652,667$$

The. en pl. *air* à *Genève* $+\ 4$
à la *Dole* $\quad -\ 14$

$$\text{Somme} \quad -\ 10\ \text{X}\ \frac{652,667}{1000} = -\ 6,752$$

$$\text{Toiſes} \qquad 646,140$$
$$\text{pieds} \qquad 3876$$

Ha. du lieu de l'ob. à *Genève* ſur le niv. du *Rhône* 78

Haut. de la *Dole* ſur le niv. du *Rhône*.. Pieds 3954.

Cette *hauteur* ne diffère que de 2 *pieds* de la précédente. Mais il faut ajouter à ces 2 pieds une différence qu'il y eut dans le lieu de l'ob-

Comparaiſon de cette Obſervation avec les précédentes.

Tome III.   P

fervation à la *Dole*. La partie la plus élevée de cette montagne, eft un rocher nud : M. Deffauffure n'ayant pu fe placer commodément au plus haut de ce rocher, fit fon obfervation un peu au deffous ; ce qui auroit dû produire dans la *hauteur* un différence contraire ; mais elle eft petite.

Mefure géométrique de la Dole par M. Fatio de Duillier.

644. J'ai encore en faveur de ma *mefure* de la *Dole* une autre efpèce de témoignage. C'eft celui de M. *Fatio de Duillier*, qui l'a mefurée géométriquement. On trouve le réfultat de fa mefure, dans des *remarques* qu'il a faites fur *l'Hiftoire Naturelle des environs du Lac de Genève*, imprimées à la fin du fecond volume de l'*Hiftoire de Genève*, par M. *Spon*, (4°. p. 457). La hauteur de la *Dole* fur le niveau du Lac, trouvée par M. *Fatio*, eft de 654 *toifes*, ou 3924 *pieds*, moindre de 25 *pieds*, que le milieu entre mes obfervations.

Remarque fur cette mefure.

M. *Fatio* ne dit pas s'il a corrigé dans fa *mefure* l'effet de la réfraction, qui, à la vérité, ne pouvoit pas être bien grand, parce que fa bâfe étoit peu diftante de la montagne. S'il ne l'a pas corrigé, la différence entre fa *mefure* & la mienne, feroit un peu plus grande. Sur quoi je remarquerai qu'on ne peut découvrir les vrais fommets des montagnes à une petite diftance, lorfqu'ils font arrondis. On prend alors pour le vrai fommet des parties plus avancées, qui le cachent. C'eft ce qui a dû arriver à M. *Fatio* ; il a pris vraifemblablement pour le vrai fommet de la *Dole*, quelque partie faillante du rocher, qui étoit plus baſſe. Mais, quoi qu'il en ſoit, l'écart eſt fort petit en lui-même; & voilà une nouvelle vé-rification de ma *meſure* par le Baromètre.

645. Je donnerai à la fin de cet ouvrage, la relation de pluſieurs voyages que j'ai faits avec mon frère, ſur les montagnes du *Fauſſi-gny*, principalement pour y obſerver la *cha-leur* de l'eau bouillante. Comme ces obſerva-tions étoient toujours accompagnées de celles du Baromètre, elles m'ont fourni pluſieurs eſpèces de vérifications de ma règle pour la *meſure* des *hauteurs*. Je ne rapporterai pas ces obſervations avec autant de détail que les pré-cédentes; les réſultats ſuffiront.

Le 25 Août 1765, nous partîmes de Ge-nève, pour aller à la montagne de *Sixt*, paſ-ſant par *Tuninge* & *Sixt*; & le lendemain par les *granges des communes* dans la montagne, pour parvenir ſur un rocher qu'on nomme le *Grenier*. Nous fîmes dans ces lieux-là l'expé-rience du Baromètre, & nous en conclûmes leur *hauteur* au-deſſus du *Lac*. Cinq ans après, nous avons répété ces expériences aux mêmes lieux. Voici les réſultats des unes & des autres.

Diverſes obſervations répétées dans la montagne de Sixt.

	En Août 1765.		En Août 1770	
	Hauteurs trouveés.	Chaleur moyenne de l'air en dégrés de mon échelle.	Hauteurs trouvées.	Chaleur moyenne de l'air en dégrés de mon échelle.
Taninge.	840 *Pieds* + 12 . .		842 *Pieds* — 0 $\frac{1}{4}$	
Sixt	1122 . . . . — 12 . .		1123 . . . . . . — 28	
Granges des communes.	3876 . . . + 1$\frac{1}{4}$ . .		3869 . . . . . — 6	
Grenier	6718 . . . . . . 0 . .		6718 . . . . . — 8$\frac{1}{4}$	

Autres observations dans la montagne de *Sixt.*

646. Dans notre voyage fur cette montagne, nous montâmes plus haut que la première fois. Nous nous étions arrêtés en 1765 au pied d'un rocher que nous ne crumes pas acceffible. En 1770, nous tentâmes d'y monter, & nous parvînmes à fon fommet, où nous fîmes l'expérience du Baromètre. Ce rocher fe nomme le *Grenairon* ; c'eft la plus haute fommité de cette partie de la montagne ; mais elle a par derrière à l'*Eft*, un rameau beaucoup plus élevé, & dont, par cette raifon, le fommet eft toujours couvert de glace ; on le nomme le *Glacier de Buet.* Nous y montâmes le mois fuivant, & nous fîmes fur ce fommet l'expérience du Baromètre : fa hauteur fur le niveau du *Lac*, fe trouva de 8229 *pieds*. Nous la fîmes auffi auprès d'un petit rocher qui fe montre hors de la glace, & dont la hauteur fur le même niveau, fe trouva de 8026 *pieds*.

Projet de vérification géométrique.

Ces quatre points, le *Glacier de Buet*, le *petit Rocher*, le *Grenairon* & le *Grenier*, fe voient très-diftinctement depuis le bord du Lac, près de *Genève*, à une diftance d'environ 13 lieues ; ce qui nous fit naître l'idée d'en prendre les angles d'élévation depuis ce bord, pour comparer enfuite les *tangentes* de ces angles, avec les *hauteurs* fournies par les Baromètres ; en ayant égard aux différences de diftance, que nous connoiffions affez bien. Si les *hauteurs* confervoient partout le même rapport avec les *tangentes* ; ce devoit être une preuve, finon de l'exactitude de la mefure par le Baromètre, du moins de fa régularité : &, comme je l'ai dit ci-devant, la régularité eft en même tems une preuve d'exactitude.

Nous exécutâmes ce projet avec un très-bon demi-cercle d'un pied de diamètre, armé de lunettes, & d'un *Nonius* au moyen duquel on peut très-bien prendre les *minutes* de *dégre*, & même les *demi-minutes*. Voici les *angles* de ces quatre points, pris depuis le bord du *Lac*, aux *Pâquis*.

Angles d'é-
lévation de
divers points
de la mon-
tagne de
Sixt, depuis
le bord du
*Lac de Ge-
néve*.

> *Glacier de Buet* . . . . 2°. 29.
> Le *petit Rocher* . . . . 2. 25.
> Le *Grenairon* . . . . 2. 13 ½
> Le *Grenier* . . . . 2. 4.

En faiſant la *tangente* de l'angle de 2°. 29, qui dans les *Tables* eſt 4336, 95, égale a 8229 *pieds*, on a la hauteur du *petit Rocher*, par cette analogie : 4336, 95 (*tang.* 2°. 29′) : 8229 :: 4220, 38 (*tang.* 2°. 25′) : 8008. On trouve donc la hauteur du *petit Rocher* de 8008 *pieds*, au lieu de 8026 qu'elle eſt donnée par le Baromètre. Ces deux points ſont ſenſiblement à une égale diſtance des *Pâquis*.

Ière. Com-
paraiſon des
tangentes de
ces angles,
avec les *hau-
teurs trou-
vées* par le
Baromètre.

Nous avions jugé, étant ſur les lieux, que le *Glacier de Buet* eſt d'un peu plus d'un quart de lieue plus éloigné de *Genève* que le *Grenairon*. En ſuppoſant les diſtances égales, la hauteur du *Grenairon* tirée du rapport des *tangentes*, eſt 7371 *pieds* : 4337 (*tang.* 2°. 29) - 8229 :: 3885 (*tang.* 2°. 13′ ½) : 7371. Sa hauteur priſe par le Baromètre, n'eſt que de 7223 *pieds* : ce qui ſuppoſe ſa diſtance moindre de 3810 *pieds*, que celle du *Glacier du Buet*; & 3810 *pieds* ſont un peu plus d'un quart de

IIde. Com-
paraiſon.

P iij

lieue. Par le peu d'effet que produit, sur la *hauteur*, cette différence de distance, on voit bien qu'il ne peut y avoir un écart sensible entre les résultats de ces deux espèces de *mesures* : ce qui confirme celle du Baromètre.

IIIe. comparaison.

Le *Grenier* & le *Grenairon*, étant sensiblement à même distance du lieu d'où nous avons pris les *angles*; la comparaison des deux *mesures* est plus directe par ces deux points. Or, en partant de la hauteur du *Grenairon* donnée par le Baromètre, on trouvera par le rapport des *tangentes*, que la hauteur du *Grenier* doit être de 6710 *pieds* :

3805 (*tang.* 2°. 13 ½) : 7223 :: 3609) *tang.* 2°. 4) 6710. Cette hauteur ne diffère que de 8 *pieds* de celle que nous trouvâmes en Août 1770 par l'observation du Baromètre, ou de 16 *pieds*, du terme moyen entre les deux observations.

Vérification de la même règle par deux différentes déterminaisons de *la hauteur du Lac de Genève* sur le *niveau de la Mer.*

647. J'ai fait encore quelques autres vérifications de *mesures* prises avec le Baromètre ; mais sur des lieux plus distans, dont les différences de hauteur ne peuvent être estimées avec exactitude, que par le milieu entre un certain nombre d'observations. Je ne rapporterai ici de vérification de ce genre, que celle que j'ai faite en déterminant la hauteur du *Lac de Genève* sur le niveau de la *Mer*, par des observations faites en des tems & des lieux différens : je renvoie les autres au Chapitre où je traiterai du *nivellement des routes* par le moyen du Baromètre.

Hauteur du Lac de Genève *ſur le niveau de la* Mer *, déterminée par le Baromètre.*

Dans mon voyage à *Gènes*, dont j'ai déjà parlé, je demeurai vingt jours à *Turin*. Je profitai de ce ſéjour pour y faire des obſervations du Baromètre, correſpondantes à d'autres que mon père faiſoit à *Genève*, ſur un Baromètre d'accord avec le mien ; & avant de partir pour *Gènes*, j'en établis un ſemblable chez M. *Lianna*, qui voulut bien ſe charger de l'obſerver pendant quelque tems, aux mêmes heures dont j'étois convenu avec mon père ; c'étoit le matin, à midi & le ſoir de chaque jour.

J'ai eu par ce moyen des obſervations exactes à *Turin* & à *Genève*, tant du Baromètre que du Thermomètre, depuis le 31e. Mai, juſqu'au 31e. Juillet 1757. J'ai pris toutes celles qui ſe correſpondoient pour le tems : il s'en eſt trouvé 170, dont j'ai dreſſé une *Table*, en corrigeant chaque obſervation pour la différence du dégré de *chaleur*. Les différences des hauteurs du mercure, ainſi corrigées, ne ſe ſont pas toujours trouvées ſemblables ; c'eſt pourquoi j'en ai pris le terme moyen, qui s'eſt trouvé 5 *lig.* $\frac{5}{29}$, dont le Baromètre à *Turin*, placé au rez-de-chauſſée de l'Académie, s'eſt tenu plus haut qu'à *Genève*, dans mon appartement, qui étoit élevé d'environ 50 *pieds* au-deſſus du niveau du *Rhône* au ſortir du *Lac*, en Eté. De ces 170 obſervations, il y en a

70, dont la différence d'avec le terme moyen, n'excéde pas $\frac{1}{3}$ de *ligne* en *plus* ou en *moins*. La plus grande différence en *plus*, est d'1 *lig.* $\frac{3}{4}$; & en *moins* de 2 *lig.* $\frac{1}{4}$: mais il y a peu de ces écarts.

Chaleur moyenne de l'air.

Le *dégré* moyen de chaleur de l'*air*, estimé par les Thermomètres qui accompagnoient les Baromètres, fut pendant le tems de ces observations à $+$ 18 de la *division en* 80 *parties*, qui correspondent à $+$ 3 de celle que j'ai destinée à marquer la chaleur de l'*air* dans les expériences du Baromètre.

Hauteurs moyennes des Baromètres.

J'ai indiqué la différence de hauteur des Baromètres ; mais pour le calcul, il faut les hauteurs absolues. La hauteur moyenne à *Turin*, fut de 329 *lignes* ; & à *Genève* de 323 *lig.* $\frac{1}{2}$.

Hauteur de Genève relativement à Turin.

De ces hauteurs correspondantes du Baromètre, & du *dégré* moyen de chaleur de l'*air*, il résulte, suivant ma règle, que le lieu où le Baromètre étoit placé à *Turin*, est plus bas de 442 *pieds* que mon appartement à *Genève*; & de 392 *pieds* que le niveau du *Rhône* à sa sortie du *Lac*, en Eté.

Hauteur de Turin sur Gênes.

648. En quittant *Gênes*, le 24 Juin, je laissai mon Baromètre chez M. *Baux*, mon ami, qui y demeuroit alors, & qui se chargea de l'observer pendant quelque tems.

Ses observations durèrent jusqu'au 27 Juillet ; & pendant ce même tems, M. *Lianna* observoit à *Turin*. J'ai dressé une *Table* de ces observations, semblable à celle dont j'ai parlé entre *Turin* & *Genève*; il y en eut 84, dont la différence moyenne s'est trouvée de 8 *lig.* $\frac{1}{2}$:

20 d'entr'elles ſont à très-peu près ſemblables au terme moyen ; & 24 ne s'en éloignent que d'$\frac{1}{4}$ de *ligne* : les plus grands écarts d'avec ce terme, ſont d'1 *ligne* $\frac{1}{8}$ en *moins*, & d'1 *lig.* $\frac{1}{2}$ en *plus* ; ils ſont en très-petit nombre, & leur milieu diffère très-peu du terme moyen entre toutes les obſervations.

En plaçant mon Baromètre dans la chambre de mon ami, je trouvai qu'il s'y tenoit de $\frac{3}{4}$ de *lig.* plus bas qu'au bord de la *Mer*, où je venois de l'obſerver. Ainſi la différence de hauteur du Baromètre entre *Turin* & le *niveau de la mer*, eſt de 9 *lig.* $\frac{1}{4}$. La chaleur moyenne de l'air pendant les obſervations, fut $+$ 20 de la diviſion *en* 80 *parties* ; qui correſpondent à $+$ 7 $\frac{1}{2}$ de celle qui eſt deſtinée aux corrections pour la température de l'*air*.

La hauteur moyenne du Baromètre à *Gènes* fut 28 *pouces* 2 *lignes* $=$ 338 *lignes*. Elle fut donc à *Turin* 328 *lig.* $\frac{3}{4}$; ce qui donne par ma règle 734 *pieds* $=$ 122 *toiſes* 2 *pieds*, pour la différence de *hauteur* entre *Gènes* & *Turin*.

J'ai dit précédemment (550) qu'il n'eſt point néceſſaire pour déterminer par le Baromètre la différence de hauteur entre deux ſtations, de ſavoir combien l'une d'elles eſt élevée au-deſſus du *niveau de la mer*. Cependant, puiſqu'il eſt poſſible de l'indiquer, relativement à celles où j'ai fait le plus d'obſervations, je crois devoir le faire.

Hauteur de la baſe des ſtations à Salère ſur le niveau de la Mer.

La hauteur de *Turin* (2 *pieds* au-deſſus du pavé de la rue de l'Académie), ſur le *niveau*

de la mer, trouvée ci-deſſus, eſt....   734 *pieds*
J'ai trouvé celle de mon apparte-
ment à *Genève*, relativement à
Turin, ...   442
Ainſi mon appartement étoit élevé
au-deſſus de la *mer* de . . . . . .   1176 *pieds*
J'ai pris avec un *niveau*, dans la
Tour de l'Egliſe de S. *Pierre*, un
point horizontalement correſpon-
dant à la *bâſe* commune de toutes
mes ſtations dans la montagne de
Salève ; & par la meſure de cette
Tour & le nivellement du terrein
depuis ſon pied, j'ai trouvé que
cette *bâſe* eſt plus élevée que mon
appartement d'environ   94

Ainſi le lieu ſur le *niveau* duquel
les hauteurs de toutes mes ſtations dans *Salève* ſout rapportées,
eſt élevé au - deſſus du *niveau de
la mer* de . . . .   1270 *pieds*

Hauteur du Lac de Genève ſur le même niveau. J'ai dit ci-devant que le lieu où étoit placé mon Baromètre à *Geneve*, étoit d'environ 50 *pieds* plus élevé que le niveau du *Rhône* à ſa ſortie du *Lac*. Déduiſant donc ces 50 *pieds*, des 1176 *pieds* qui ſont la hauteur de ce lieu ſur le *niveau de la mer* ; reſte 1126 *pieds*, dont ce *niveau* eſt plus bas que celui du *Rhône*, d'après les obſervations que je viens de rapporter.

IIde. déter- 649. Treize ans après cette première détermination de la hauteur du *Lac de Genève* sur le *niveau de la mer*, ayant à féjourner quelque tems à *Beaucaire*, je penfai à y vérifier cette mefure. *Beaucaire* eft fitué au bord du *Rhône*, à peu de diftance de la *mer*; delà, jufqu'à fon embouchure, le *Rhône* a fi peu de pente, que les barques le remontent à la voile.

J'y portai donc mon Baromètre, & je l'y obfervai depuis le 11 jufqu'au 30 Juillet, le matin, à midi & le foir de tous les jours où cela me fut poffible. Par plufieurs obfervations que je fis pour connoître la hauteur du lieu où mon Baromètre étoit placé, au-deffus du niveau du *Rhône*, qui étoit alors fort haut, je la trouvai de 42 *pieds*. Mon père obfervoit pendant le même tems à *Genève*, dans fon appartement que j'ai trouvé de 78 *pieds* plus haut que le niveau du *Lac* dans cette même faifon.

La hauteur moyenne du Baromètre à *Beaucaire*, conclue de mes obfervations, fut de 28 *pouces* 3 *lig.* $\frac{1}{16}$: & à *Genève*, par les obfervations faites aux mêmes tems, de 27 *pouces* 0 *lignes* $\frac{9}{16}$. La chaleur moyenne de l'*air*, conclue du terme moyen des chaleurs moyennes à *Beaucaire* & à *Genève*, obfervées en même tems que les hauteurs du mercure, fut à — 3 $\frac{1}{2}$ de mon *échelle*.

La différence moyenne entre les hauteurs du Baromètre, eft donc 14 *lig.* $\frac{1}{2}$; elle eft tirée de 50 obfervations correfpondantes, dont 12 donnent prefqu'exactement cette même différence, & 15 ne s'en écartent pas de $\frac{1}{2}$ *ligne*

en *plus* ou en *moins* : une feule s'en écarte d'1
ligne en *moins*, & une feule auffi d'1 *lig.*, en
plus.

Hauteur du Lac de Genève relativement à Beaucaire.

Le calcul des *termes moyens* de
ces obfervations, donne . . . . . 1131 *pieds*
A quoi ajoutant la hauteur du
Baromètre à *Beaucaire* fur le niveau du *Rhône*.   42
                                   _____

Et déduifant celle du Baromè- 1173
tre à *Genève* fur le niveau du *Lac*.   78

Refte pour la hauteur du *Lac* ______
fur le niveau du *Rhône* à *Beaucaire*. 1195 *pieds*.

Pente du Rhône de Beaucaire à la Mer.

Cette hauteur eft moindre de 31 *pieds*,
que celle que j'ai trouvée relativement au
niveau de la mer, par les obfervations de 1757.
Le *Rhône* auroit donc encore 31 *pieds* de pente
de *Beaucaire* à la *mer*.

Remarques fur cette pente déterminée par les obfervations du Baromètre.

J'ai lieu de croire que cette conféquence ne
s'écarte pas de la vérité. Par des obfervations
que j'ai faites, au bord du *Rhône* à *Avignon*,
en allant à *Beaucaire*, & au retour, j'ai trouvé
que la pente du *Rhône*, d'*Avignon* à *Beaucaire*,
eft d'environ 34 *pieds*. Je rendrai compte de
ces obfervations & de plufieurs autres que j'ai
faites le long du *Rhône*, dans le Chapitre où je
traiterai du *nivellement des routes* par le Baromètre. La diftance de *Beaucaire* à la *mer* eft à la
vérité plus grande, que celle d'*Avignon* à *Beaucaire*. Mais auffi le *Rhône* eft bien plus rapide
dans ce dernier trajet. On ne peut même lui
compter de pente fenfible entre *Beaucaire* &

la *mer*, que juſqu'à *Arles*. Car de-là à ſon embouchure, il paſſe entre la *Camargue* & la
Crau, qui ſont des attérriſſemens produits par
ſon limon, & qu'il traverſe horizontalement
par la preſſion des eaux ſupérieures, & par
le mouvement qu'il conſerve encore.

Je crois donc pouvoir regarder ces obſer-
tions faites à *Beaucaire*, comme une confir-
mation de celles qui avoient été faites à *Gènes*,
treize ans auparavant ; & par conſéquent,
comme une nouvelle preuve de l'exactitude
de ma règle pour meſurer les hauteurs par
le Baromètre, même à de grandes diſtances.

Je vais indiquer dans le Chapitre ſuivant,
quelques autres conſéquences qui découlent
des obſervations que j'ai faites au *niveau de
la mer*.

*Elle con-
firme la pre-
miere meſu-
re de la hau-
teur de Ge-
nève ſur le
niveau de la
Mer.*

CHAPITRE SEPTIÈME.

*Conſéquences générales tirées des obſervations
faites au niveau de la mer.*

650. IL découle de mes obſervations au bord
de la *mer*, & principalement de celles que
j'ai faites au *Fanal* de *Gènes*, diverſes conſéquences qu'on a ſans doute preſſenties,
mais qu'il eſt bon d'exprimer. Elles prouvent
d'abord que la denſité de l'*air* n'eſt point auſſi
grande au bord de la *mer* dans nos climats,
qu'on l'a cru juſqu'à préſent, d'après des expériences qui manquoient de pluſieurs condi-

*Erreur ſur
la denſité de
l'air au bord
de la Mer.*

tions néceffaires. Messieurs *Caffini*, *Mariotte*, *Scheuchzer* & bien d'autres ont décidé qu'il fuffifoit de s'élever de 60 à 64 *pieds* au-deffus du *niveau de la mer*, pour que le mercure baiffât d'une *ligne* dans le Baromètre. Cependant on voit, par mes expériences, dont je puis affurer l'exactitude, qu'il a fallu 80 *pieds* pour produire ce même abbaiffement.

On ne peut la détermi-ner d'une manière ab-folue. 651. Mais ce qu'il y a de plus effentiel à remarquer ici, c'est qu'on ne peut dire d'une manière abfolue quelle eft la hauteur de la colonne d'*air* qui tient en équilibre une *ligne* de mercure, ni au *niveau de la mer*, ni ailleurs; cette hauteur dépend, & du dégré de chaleur de l'*air*, & du poids variable de la colonne fupérieure.

Différence de cette den-fité à diffé-rentes lati-tudes. 652. Par exemple, au bord de la mer du *Nord*, & feulement au dégré de *froid* qu'é-prouvèrent dans ce climat-là MM. les Membres de l'Académie de Paris, qui allèrent y me-furer un Arc du Méridien, c'eft-à-dire à — 37 de la *divifion en* 80 *parties*, ou — 125 de la mienne, fuppofant le Baromètre à 29 *pouces*; il ne faut qu'environ 56 *pieds* d'air, pour foutenir une *ligne* de mercure. Tandis qu'au même niveau, lorfqu'on vit au *Sénégal* le Thermomètre de M. *de Reaumur* à + 39, qui font environ + 36 de la divifion en 80 parties du Thermomètre du mercure (448 *b*) ou + 44½ de la mienne, le Baromètre étant fuppofé à 28 *pouces*, il falloit environ 85 *pieds* d'air ainfi dilaté pour faire équilibre à une *ligne* de mercure.

Cette dif- 653. C'eft ici la principale caufe des différences confidérables qu'on a remarquées entre les diverfes règles que j'ai raffemblées dans ma Ière. PARTIE. Par exemple , MM. *Mariotte* & *Scheuchzer* , avec une bonne théorie fur les condenfations de l'*air* par la preffion fupérieure, mais partant d'un premier terme trop petit, n'ont point fatisfait à l'expérience ; & MM. *Maraldi* , *Caffini* & *Bernoulli* , ne fufpectant point la juftefſe du premier terme au *niveau de la mer* , & trouvant par des expériences faites à de grandes hauteurs, que la progreffion harmonique ne croîffoit point affez pour s'accorder avec elles , ont imaginé que l'*air* fe condenfoit dans un rapport différent de celui des poids dont il étoit chargé.

654. Je tire un fecond avantage de mes obfervations au bord de la *mer*. C'eft qu'étant faites fur la bâfe commune des *hauteurs* terreftres, elles m'ont appris que , quoique ma *formule* pour mefurer ces *hauteurs* par le Baromètre, découle d'expériences faites fur une bâfe plus élevée , elle eft cependant applicable aux lieux les plus bas. Deforte qu'en joignant à ces expériences celles que j'ai faites fur les montagnes de *Fauffigny* , il en réfulte que, par cette méthode, j'ai mefuré les *hauteurs* , depuis la bâfe de l'Atmofphère jufqu'à 1560 *toifes* d'élévation , avec une très-grande exactitude , quoique dans des climats affez différens. Je puis donc raifonnablement penfer que cette méthode eft générale , & qu'on peut l'appliquer à toutes les *hauteurs* acceffibles.

Utilité de répéter les expériences du Baromè-tre en divers climats.

655. J'aurai occasion dans la suite de for-tifier cette conclusion , en appliquant ma règle à des observations faites par d'autres Physiciens , en des climats fort éloignés , & bien différens de celui que nous habitons. Cependant je verrois avec un grand plaisir, qu'on entreprît les mêmes expériences dans tous les climats. Ce seroit un moyen sûr d'ap-procher davantage de la perfection , parce qu'on pourroit comparer les effets de différences bien plus grandes dans les diverses causes qui influent sur la densité de l'*air*, & sur ses rap-ports à diverses *hauteurs*.

Mais avec des précau-tions tou-jours plus grandes.

Mais pour que ce nouveau travail puisse devenir vraiment utile , il faut augmenter encore les précautions à tous egards , plutôt que de les diminuer. C'est-là une condition commune à toutes ces *mesures*, qui, par les efforts de l'esprit , nous conduisent du très-petit au très-grand. Quand je vois l'Astronome dans son observatoire , tenter de comparer les distances des Astres , aux parties pres-qu'imperceptibles de ses instrumens , au tra-vers de l'*air*, qui courbe diversement les rayons de la lumière ; quand je vois seulement le Géographe conclurre les positions des lieux terrestres , de celle de sa lunette sur le limbe de son Quart-de-cercle , & de l'heure de sa pendule ; je ne crains pas de présenter pour la *mesure* des *hauteurs*, les petites *echelles* du Baromètre & du Thermomètre. Mais aussi, j'en appelle au Géographe & à l'Astronome ; qu'ils nous disent s'ils ont perfectionné leur

Ar

Art tout d'un coup ; & fi l'exactitude du Mathématicien leur eût fervi beaucoup, fans celle de l'Artifte & de l'Obfervateur.

On ne fera donc rien pour perfectionner la *mefure* que je propofe ; on lui nuira même, fi l'on n'apporte, dans de nouvelles recherches, tous les foins qu'exigent des expériences de cette efpèce. On le comprendra, lorfque j'expoferai ce qui refte à perfectionner. C'eft ce que je vais faire dans les Chapitres fuivans.

Sans cela on retomberoit dans l'incertitude

On ne doute pas qu'une mefure facile & exacte des hauteurs acceffibles ne foit utile ; on fait fur - tout à combien d'égards il eft effentiel en phyfique de bien connoître les modifications qu'éprouve l'Atmofphère. On doit donc ranger les expériences du Baromètre & du Thermomètre , prifes fous ce point de vue , au rang de celles qui méritent le plus l'attention des Phyficiens.

Utilité de ces expériences.

CHAPITRE HUITIÈME.

Difficultés qui reftent encore à vaincre dans la mefure des hauteurs par le Baromètre , & principalement à l'égard de la détermination exacte des effets de la chaleur fur la denfité de l'air.

656. LA première caufe d'incertitude qui fe préfente dans les expériences du Baromètre, vient du Baromètre même. J'ai dit ci-devant (397) , que , malgré toutes les corrections que j'ai faites à cet inftrument & tous les foins que je

Signe d'imperfection dans le Baromètre.

prends dans l'obfervation, il fe trouve quelquefois un *feizieme* & même un *huitieme* de *ligne* de différence entre des Baromètres, qui, pour l'ordinaire, font d'accord.

Caufes de cette imperfection.

J'ai lieu de croire que ces différences proviennent, en grande partie, de l'imperfection des *tubes* (398). Peut-être auffi que la qualité du *mercure* y influe ; je n'ai jamais employé de *mercure* revivifié du cinnabre, qui peutêtre feroit plus liquide. En un mot, je penfe que ces différences font occafionnées par l'adhéfion du *mercure* au *verre*, ou par quelque différence d'attraction, dans les différentes parties du *tube*.

Moyen d'y remédier.

Je ne préfume pas que cette difficulté foit infurmontable. Quel dégré de perfection n'at-on pas donné tout-à-coup aux lunettes, en portant plus d'attention fur la nature du *verre* qu'on y emploie ? On peut donc trouver auffi quelqu'efpèce de *verre*, plus homogène, dont la furface foit plus polie ; peut-être auffi des *tubes* plus exactement cylindriques, & enfin du *mercure* plus pur. Tellement que les colonnes de *mercure* renfermées dans ces *tubes*, n'y obéiffent qu'au poids de l'air & à la chaleur, ou que leur réfiftance foit toujours la même.

Utilité de cette correction.

Ce feroit un grand point d'obtenu, fi l'on perfectionnoit ainfi le Baromètre. Ses défauts étoient un obftacle à la découverte de tant de caufes qui influent dans ces expériences. En le corrigeant au point où je fuis parvenu, j'ai découvert la plupart de ces caufes. Il s'agit à préfent de déterminer avec plus d'exactitude les *Loix* qu'elles suivent dans leurs effets, & l'on y parviendra bien plus sûrement, quand le Baromètre n'introduira aucune erreur dans les expériences.

657. Un des points les plus importans à déterminer, c'est l'influence de la *chaleur* sur la *densité* de l'*air* libre, diversement comprimé par son propre poids. A la vue des changemens considérables que j'ai faits sur les *hauteurs* fournies par le calcul immédiat des abbaisse-mens du Baromètre, pour les différences de la *chaleur* de l'*air*, on a dû comprendre combien il est essentiel de bien estimer les effets de cette cause. Le dégré d'uniformité auquel je suis parvenu, a montré en même tems que j'ai beaucoup approché de ce but. Cependant il reste encore bien des obstacles à vaincre.

Le premier est dans l'observation elle-même, & celui-ci me paroît le plus grand. On peut rarement compter que la *chaleur* indiquée par le Thermomètre exposé en plein air à la station la plus élevée, soit égal à la *chaleur* de l'*air* à cette même élévation, au-dessus de la station inférieure. C'est-là cependant une des condi-tions nécessaires pour l'exactitude, puisque l'ob-servation du Thermomètre supérieur doit con-courir à déterminer la *chaleur* moyenne de la colonne d'*air* qui s'élève verticalement depuis la station inférieure jusqu'à la hauteur qui correspond horizontalement à la station supé-rieure.

658. Mais en supposant que par les obser-vations du Thermomètre aux deux stations on connoisse exactement le dégré de *chaleur* des

décroisse-
mens de la
chaleur de
bas en-haut.

extrémités de la colonne d'air dont on veut mesurer la hauteur , il reste encore à savoir si la diminution de la *chaleur* de bas en-haut est en progression arithmétique ; ce que j'ai supposé pour plus de commodité dans le calcul. Si la différence de *chaleur* dans deux points différemment élevés étoit toujours la même, ou si du moins elle suivoit une Loi constante en ses variations , il m'auroit été facile de connoître la Loi des diminutions de la *chaleur* de bas en -haut. Mais je n'ai rien vu de fixe à cet égard ; & c'est en partie pour le prouver, que j'ai joint au détail de mes observations, les indications de la *chaleur* dans la plaine & sur la montagne , dont j'ai conclu la *chaleur* moyenne de la colonne d'*air* , en prenant la moitié de leur somme.

L'inertie
de l'air peut
occasionner
des conden-
sations & des
dilatations
irrégulières
dans les va-
riations de
la chaleur.

659. Une troisième cause d'incertitude dans la détermination des effets de la *chaleur* sur l'*air*, c'est l'inertie de ce fluide , quelque mobile qu'il soit relativement à d'autres corps. Quand la *chaleur* augmente dans un lieu. & que l'*air* tend à s'y dilater , il ne peut pas écarter d'abord l'air voisin ; il faut un certain tems pour que l'équilibre s'établisse ; & pendant ce tems-là , la densité de l'*air* est plus grande qu'elle ne devroit être comparativement à la *chaleur* observée. Le contraire doit arriver , quoique moins sensiblement , quand la *chaleur* diminue ; & comme ses vicissitudes sont très fréquentes , l'*air* n'est que rarement réduit au volume qu'il devroit occuper suivant les règles générales , tirées du tout ensemble des observations.

L'effet de cette cauſe ſur la meſure des *hauteurs* par le Baromètre, doit être de les donner trop grandes, quand la *chaleur* va en augmentant ; & trop petites, quand elle diminue ; parce que, dans le premier cas, la partie meſurée d'une colonne d'*air* eſt plus condenſée qu'elle ne devroit être ſuivant la règle ; & que dans le ſecond cas, elle l'eſt moins.

Effet de cette cauſe ſur la meſure des hauteurs.

C'eſt-là peut-être la raiſon de ce que j'ai trouvé, que pluſieurs de mes obſervations qui donnent trop de hauteur, ont été faites au moment le plus *chaud* du jour (596). La même cauſe contribue vraiſemblablement auſſi à ce que les obſervations faites vers le lever du ſoleil (tems où la *chaleur* diminue pour l'ordinaire ſubitement) ne donnent pas aſſez de *hauteur*.

Ce peut être la cauſe de quelques exceptions obſervées.

Ces effets doivent être plus ſenſibles, quand les augmentations ou diminutions de la *chaleur* ſont plus rapides ; & quand, par quelque cauſe locale, la *chaleur* agit plus fortement dans un lieu que dans les lieux voiſins. Ils doivent l'être davantage auſſi dans les val-lées, que dans les lieux où l'*air* eſt plus libre.

Modifica-tion qu'elle doit éprou-ver.

660. J'ai remarqué une autre exception à la règle générale, qui eſt, en quelque ſorte, oppoſée à la précédente ; c'eſt que dans l'é-tendue d'environ 200 *pieds* au-deſſus du ter-rein, quelle que ſoit ſon élévation, les effets de la *chaleur* ſur l'*air* ſont ordinairement plus grands que ne l'indique cette règle. J'attribue cette différence aux vapeurs ſur leſquelles la

Le plus grand effet de la chaleur eſt dans la cou-che d'air qui repoſe ſur le terrein.

chaleur agit avec plus de force que sur l'*air* pur. Mais il n'y a pas assez de constance dans cette cause, pour qu'il soit possible d'en soumettre les effets à des règles. D'ailleurs, il faut de bien grandes différences de *chaleur*, pour appercevoir ces effets sur de si petites colonnes.

661. Enfin, pour déterminer exactement l'effet de la *chaleur* sur la *densité* de l'*air*, par l'observation du Thermomètre de *mercure*, il faudroit connoître exactement le rapport des loix que suivent ces deux fluides dans leurs modifications par cette cause. Cet obstacle ne me paroît pas du genre des précédens ; je crois qu'on parviendra à le vaincre, mais ce ne sera pas sans de grandes difficultés.

Ce ne peut être l'objet de quelques expériences particulières, faites sur l'*air* renfermé. Son élasticité, & les corpuscules hétérogènes qui s'y mêlent, ne permettent pas de compter sur de telles expériences, pour avoir des résultats exacts ; je l'ai montré en traitant du Thermomètre de M. *Amontons* (421). D'ailleurs, il est peu sûr de conclurre du petit au grand. Cette marche est utile quand on ne connoît encore rien sur un objet ; elle commence à l'éclairer ; elle fournit des idées. Mais ici il s'agit de perfectionner, & l'on n'y parviendra, je crois, qu'en étudiant les effets de la *chaleur* sur l'*air*, dans l'Atmosphère même.

662. L'une des combinaisons que je fis de mes expériences dans la montagne de *Salève*, m'indiqua la variation *moyenne* qu'avoit subi

la *densité* de l'air , pour un *dégré* du Thermomètre de *mercure* , c'eſt-à-dire , le changement *moyen* qui en étoit reſulté dans le
rapport des *hauteurs de l'air* , avec les *abbaiſſemens du mercure* dans le Baromètre. Ce changement fut d'abord exprimé par le nombre
de *pieds* ou de *pouces* qu'il falloit ajouter ,
dans chaque ſtation , à la *hauteur* fournie par
l'obſervation du Baromètre , ou qu'il falloit
déduire de cette *hauteur* , pour une variation
d'un *dégré* ſur le Thermomètre , au - deſſus
ou au-deſſous d'un certain point que j'avois
déterminé (588).

Par une autre combinaiſon des mêmes expériences, je trouvai que ce changement ne
pouvoit pas être exprimé par une quantité
conſtante , quoique les *dégrés* du Thermomètre fuſſent égaux entr'eux ; mais que les
quantités à *ajouter* à la *hauteur* conclue de
l'obſervation du Baromètre , pour les *dégrés*
du Thermomètre *au - deſſus* du point fixe ,
devoient être moindres que les quantités à
ſouſtraire de cette même hauteur , pour les
dégrés qui étoient *au-deſſous* de ce point ; ou ,
en général , que la quantité *abſolue* de ces
changemens devoit ſucceſſivement décroître ,
pour des *dégrés* égaux de dilatation du mercure
dans le Thermomètre (601).

Juſques-là , tout cadroit encore avec la
ſuppoſition que les dilatations de l'*air* & du
mercure ſuivoient la même loi par les augmentations de la *chaleur*. Car dans le Thermomètre auſſi , les volumes égaux du *mercure* , qui forment ſes *dégrés* égaux , ont ſuc-

Q iv

la montagne
de *Salève*.

Première
détermina-
tion.

Elle ne
montre point
encore de
différence
entre les *loix*
des dilata-
tions de l'*air*
& du mer-
cure.

ceſſivement moins de poids ; & c'eſt par le rapport des poids des colonnes d'*air* & de *mercure*, qui ſe tiennent mutuellement en équilibre, que l'on conclut la hauteur des premières par la hauteur connue des dernières (603).

Il y a beaucoup de difficulté à pouſſer plus loin cette recherche.

J'avois apperçu tant de cauſes qui introduiſoient de petites erreurs dans ces obſervations, que je n'eſpérai pas de pouvoir y démêler la vraie *loi* des dilatations de l'*air*, comparativement à celle du *mercure*. Mais peut-être que, fatigué par tout le travail que j'avois déja fait, en combinant de tant de manières ce grand nombre d'obſervations, je déſeſpérai trop tôt de réuſſir dans cette recherche. Quoi qu'il en ſoit, voyant que les *hauteurs* fournies par le calcul immédiat des abbaiſſemens du mercure, étoient d'autant moindres que la *chaleur* avoit été plus grande, je me ſuis contenté de faire les corrections pour la *chaleur*, proportionnelles aux *hauteurs* conclues immédiatement. Par là, les changemens *abſolus* que je fais ſur ces *hauteurs* pour chaque *dégré* du Thermomètre, ſont bien ſucceſſivement moindres, à meſure que la chaleur augmente : mais je n'ai pu découvrir encore ſi la *Loi* que cette correction ſuppoſe, eſt exactement celle que ſuit l'*air* dans ſes modifications par la *chaleur*. Je vais montrer les difficultés que j'ai rencontrées dans cette recherche.

Règle admiſe proviſionnellement.

Formule qui en découle.

663. Je commencerai par donner, dans une ſeule *formule*, la règle que j'ai employée pour calculer les différences de hauteur du mercure, en y introduiſant cette correction pour la *chaleur*.

Pour l'intelligence de cette *formule*, il faut se rappeller que, lorsque la *chaleur* de *l'air* est au *zéro* de mon Thermomètre, la *différence des logarithmes des hauteurs du mer-cure* exprime en *milliemes de toises* la *diffé-rence de hauteur des lieux* où le Baromètre a été observé (610); & que les *dégrés* de mon Thermomètre ont une grandeur telle, qu'aux environs du point *zéro*, un de ces *dégrés* correspond à $\frac{1}{100}$, ou un *demi-dégré* à $\frac{1}{1000}$ de changement dans le volume de *l'air.* Cela posé:

> soit *a* Le nombre des *demi-dégrés* de mon Thermomètre observés en + ou en —, relativement au point *zéro*:
>
> *b* La hauteur du mercure dans le Ba-romètre, observée à une certaine station:
>
> *c* Sa hauteur observée au même mo-ment à une station plus basse:

Alors la règle que j'emploie pour avoir en *toises* la différence de *hauteurs* des deux sta-tions, se réduit à cette *formule*;

$$\frac{Log.\ c - log.\ b - \dfrac{+log.\ c - log.\ b \times a}{1000}}{1000}$$

Mais cette règle est-elle exacte? J'ai cru Doutes sur son exacti-tude. quelquefois être en état de résoudre cette question; & toujours quelque nouvelle con-sidération physique est venue déranger mes calculs. Il est vrai que par le nombre des conditions qu'il faut avoir à la fois présentes à l'esprit, dans cette recherche, il faudroit nécessairement la suivre sans interruption, & jamais je ne l'ai pu.

Recherche de l'enet des variations de la *chaleur* dans l'*air*, sur la différence de hauteur du Baromètre.

Je pensai d'abord à chercher, par la Théorie, quelle correction il faudroit faire, pour la *chaleur* de l'*air*, sur les observations du Baromètre, afin que leurs résultats fussent les mêmes dans les mêmes lieux, en partant de l'hypothèse, que les dilatations de l'*air*, & celles du *mercure* par la *chaleur*, sont proportionnelles; me proposant ensuite de comparer cette correction avec celle que j'ai employée, & sur-tout avec mes expériences.

But qu'on doit se proposer dans cette recherche.

Les *différences de hauteurs* des lieux où l'on a observé le Baromètre, étant proportionnelles aux *différences des logarithmes* des hauteurs où le mercure s'est soutenu dans ces lieux-là, & les *différences des logarithmes* des nombres qui ont ent'eux le même rapport, étant égales entr'elles, pour trouver toujours par le Baromètre la même *différence de hauteur* entre deux lieux donnés, quelle que soit la *chaleur* de l'*air*, il faut pouvoir ramener sûrement les hauteurs du Baromètre, observées en ces lieux-là, au *rapport* qu'elles auroient entr'elles par un dégré fixe de *chaleur* de l'*air*.

Quelle est celle des deux hauteurs observées du Baromètre, qui doit être corrigée?

Ici se présente une première question. Sur laquelle des deux *hauteurs* du mercure, faut-il faire la correction, pour rétablir entr'elles le *rapport* altéré par la différence de la *chaleur*? Il me semble que ce doit être sur celle qui a été observée au lieu le plus bas. Car nous avons d'abord à connoître la *densité* de l'*air* résultante de la *pression*. Or, la quantité de la *pression* est déterminée par la hauteur de la colonne de mercure soutenue dans le Baromètre au lieu le plus élevé, quelle que soit la cause qui donne à l'air le *poids* représenté par cette *colonne*. C'est donc là une des *données* invariables du problème. Ainsi le seul effet de la *chaleur* qu'on doive considérer, c'est l'altération qu'elle produit dans la *densité* de la colonne d'air *interceptée* par les deux stations ; & par conséquent dans la *hauteur* du mercure à la station la plus basse, dont la différence avec la *hauteur* observée au lieu le plus haut, est produite par le *poids* de la colonne *interceptée*. Il résulte de là (en ne considérant point les effets de l'élasticité de l'*air* dans les changemens que produit la *chaleur*) que les hauteurs du Baromètre, devroient être ainsi corrigées,

C'est celle qui a été observée au lieu le plus bas.

Formule pour cette correction, en négligeant l'effet de l'élasticité de l'air.

$$\text{pour les différences de la } \textit{chaleur} : c + \frac{\overline{c - b} \times a}{1000}$$

Je ne m'arrêterai pas à le démontrer.

664. Mais cette formule suppose, que le seul effet qui résulte des variations de la *chaleur* dans la colonne d'air *interceptée*, est un changement dans sa *densité*, semblable dans toutes ses parties. Tandis que l'*air* étant *élastique*, & ses parties pesant les unes sur les autres, les changemens qui arrivent dans la *densité* des parties supérieures de cette colonne, influent sur la *densité* des parties inférieures. Ainsi la *densité* de celles-ci est modifiée de deux manières par les variations de la *chaleur* ; sa-

Effet de l'élasticité de l'air dans les changemens qu'il subit par la chaleur.

voir, par les changemens qu'elles subissent elles-mêmes, & par la différence de *pression* qu'elles éprouvent, à cause de ceux que subissent les parties supérieures. Cette dernière cause tend à augmenter l'effet de la première, mais suivant une autre *Loi*; ce qui complique déjà le problême.

Et s'il est vrai, comme M. *Amontons* a cru le voir dans ses expériences (421 *p.* 434 *d*), que les effets de la *chaleur* sur l'*air*, sont proportionnels au *poids* dont il est chargé : voilà encore une nouvelle condition à laquelle il faut satisfaire. Et alors il ne suffira pas d'avoir égard à la *différence* des *hauteurs* du Baromètre : les *hauteurs* elles-mêmes influeront. Et de plus, il faudra considérer doublement l'effet des changemens produits par la *chaleur* dans la *pression* qu'exercent les unes sur les autres, les parties de la colonne d'air *interceptée*.

Mais il ne suffit pas de résoudre ce problême mathématique, il faut s'assurer de l'existence des causes physiques. Et comment découvrir à la fois, s'il est vrai que les effets de la *chaleur* sur la *densité* de l'*air*, soient proportionnels au *poids* dont il est chargé; & quelle est la *Loi* que suivent les dilatations de l'*air* par cette même cause, comparativement à des dilatations du *mercure* égales entr'elles? Comment sur-tout parvenir à ces découvertes, au travers d'autres causes de différences dans les observations?

Voilà d'où naissent les difficultés, & ces recherches devenoient d'autant plus pénibles pour moi, qu'à chaque tentative il auroit

fallu calculer de nouveau ce grand nombre
d'obſervations, que j'avois déjà calculées tant
de fois. Je me ſuis donc contenté de faire des
eſſais ſur des *enſembles*, pris dans les différens ſens qui pouvoient faire reſſortir les différences des formules : & juſqu'à préſent, je
n'en ai trouvé aucune qui augmente aſſez la
régularité de mes réſultats, pour lui ſacrifier
la ſimplicité de celle que j'ai employée. Il eſt
vrai que je n'ai pu donner à cet examen tout
le tems qu'il auroit exigé. C'eſt-pourquoi je
ne rends pas compte en détail de toutes ces
tentatives. Je me ſuis propoſé ſeulement de
montrer les cauſes de l'incertitude qui reſte
encore dans la détermination des effets de la
chaleur ſur la *denſité* de l'*air*. En voilà déjà un
grand nombre que j'ai expoſées dans ce Chapitre ; cependant il en reſte encore une, dont
les conſéquences ſont très-étendues, & qui
par cette raiſon fera l'objet du Chapitre ſuivant.

CHAPITRE NEUVIEME.

*Eſſai ſur la principale cauſe des Variations
du Baromètre dans un même lieu : ſon
influence ſur les obſervations de cet inſtrument relatives à la meſure des Hauteurs.
Explication des principaux Phénomènes qui
accompagnent ces variations.*

665. J'AI renvoyé dans ce Chapitre l'expo-
ſition d'une des cauſes qui m'eſt vraiſemblable-

ment le plus d'obstacle à l'estimation exacte des effets de la *chaleur* sur la *densité* de l'*air*, me proposant de la traiter avec assez d'étendue.

Plusieurs des expériences que j'ai faites à la montagne de *Salève* m'ont fait penser, que la cause des variations du Baromètre dans un même lieu, n'influe pas toujours également dans toute la *hauteur* de l'Atmosphère. Si l'on examine les observations que j'ai faites en un même jour, à toutes mes stations dans la montagne de *Salève*, on verra quelquefois que, dans les stations les plus basses, l'observation donne trop de *hauteur*; & qu'à mesure que les stations s'élèvent, cette différence diminue, & passe même jusqu'à devenir opposée dans le haut de la montagne. D'autres fois au contraire, c'est dans le bas que l'observation ne donne pas assez de *hauteur*; & cette différence, opposée à la première, se corrige aussi & devient même contraire dans les stations supérieures. Les observations du 25   Mars 1760, font un exemple du premier cas; & l'on trouvera le dernier dans celles du 8e. Juin 1758. Il y a beaucoup d'autres exemples semblables, qui, sans être aussi frappans, concourent cependant à indiquer l'action de quelque cause particulière.

La Loi des pressions est quelquefois troublée dans la région des météores.

666. Ce changement de rapport dans les *densités* de l'Atmosphère m'a conduit à penser, que la région des exhalaisons & des vapeurs est sujette à des vicissitudes de dilatations & de condensations qui sont indépendantes des loix générales; & qui, par conséquent, doivent occasionner des exceptions à ces loix. Si

j'avois pu former dès le commencement de mes recherches, tous les plans d'observations que la réflexion & l'expérience m'ont fournis depuis, j'ai lieu de croire que je serois parvenu à connoître quelque chose de plus positif sur l'influence de cette cause. Mais je n'ai apperçu cette possibilité, qu'après avoir fait toutes les observations que j'ai rapportées. C'est-pourquoi je me bornerai pour le présent à développer ce que ces mêmes observations indiquent, quoique je les aie entreprises sans aucune vue à cet égard.

667. La méthode que j'emploie pour calculer les abbaissemens du mercure dans le Baromètre, suppose que les variations de hauteur de sa colonne dans le même lieu, sont produites par une cause absolument semblable à celle qui la rend plus longue ou plus courte, lorsqu'on descend ou qu'on monte dans l'Atmosphère (549); c'est-à-dire, que je considère le changement qui se fait dans l'élasticité & la densité de l'*air*, quand le mercure s'abbaisse dans le Baromètre *sédentaire*, comme semblable à celui qu'on éprouveroit, si l'on portoit le Baromètre dans un lieu plus élevé, & réciproquement.

Différence possible entre les effets de la cause qui fait abbaisser le mercure dans le même lieu, & de celle qui le fait abbaisser quand on élève le Baromètre.

Mais pour que cette méthode fût parfaitement exacte, il faudroit que la diminution du poids de l'*air* dans un même lieu, fût produite par la soustraction d'une partie de ce fluide, parfaitement de même nature que le tout. Cependant on peut concevoir, que l'élasticité spécifique de la partie soustraite, est plus grande, ou moindre, que l'élasticité moyenne de la colonne ; & si cela est, il faut nécessairement avoir égard à cette différence. Par exemple, si le fluide qui s'échappe est spécifiquement plus élastique que le composé total de l'Atmosphère après sa sortie, ce composé étant moins élastique qu'il n'étoit auparavant, doit nécessairement être plus condensé ; en sorte qu'une de ses colonnes, égale en poids à une autre colonne du composé précédent, doit avoir moins de longueur par une égale pression. Cette idée m'est venue trop tard, pour la soumettre à des expériences immédiates ; j'espére cependant de lui donner quelque consistance, en l'appliquant à mes observations.

Plusieurs des observations qui donnent les hauteurs trop grandes ont été faites en des tems où le Baromètre étoit bas.

668. N'ayant à consulter que mes expériences précédentes, lorsqu'elles m'indiquèrent elles-mêmes que l'air pouvoit bien être sujet à des mélanges qui rendoient son élasticité variable, je les considérai sous ce point de vue ; & reprenant celui de mes *tableaux* où j'avois rangé mes expériences suivant l'ordre de leurs résultats (592), je remarquai qu'assez généralement les observations qui donnoient trop de *hauteur*, correspondoient aux moindres élévations du Baromètre de la plaine. Mais comme il y avoit plusieurs exceptions à ce rapport, je vis qu'il falloit chercher d'abord, non la certitude, mais la probabilité.

Les résultats moyens indiquent cette même relation.

Pour cet effet, je rangeai de nouveau toutes mes observations, suivant l'ordre des hauteurs du Baromètre de la plaine, en commençant à chaque station par le plus grand abbaissement du mercure : après quoi, j'additionnai séparément les moitiés supérieures & les moitiés

moitiés inférieures des colonnes qui renfermoient les *hauteurs* résultantes du calcul. Je vis
par cette première tentative, qu'excepté dans la
1ere. la 13me. & la 14me. station, la somme
des moitiés supérieures de ces colonnes ; c'est-
à-dire, de celles qui correspondoient aux moindres élévations du mercure dans le Baromètre de la plaine, étoit toujours plus grande
que la somme des moitiés inférieures qui contenoient les observations faites dans les tems
où le Baromètre avoit été le plus haut.

669. De ce premier examen, je passai à un
second. On a vu dans le détail de mes expériences, que la hauteur moyenne donnée par
le calcul, est dans quelques stations plus grande,
& dans les autres plus petite que la hauteur
réelle. Je cherchai donc à savoir, si cette différence avoit quelque rapport avec celle de la
hauteur du mercure. Pour cet effet, j'additionnai toutes les hauteurs du mercure dans
le Baromètre de la plaine à chaque station, &
je divisai leurs sommes par le nombre des expériences. Je rangeai ensuite toutes ces hauteurs moyennes du mercure suivant l'ordre de
leurs augmentations, & je plaçai auprès de chacune, la différence trouvée entre la *hauteur*
moyenne du lieu, déterminée par le calcul,
& la *hauteur* réelle, soit en *excès*, soit en *défaut*.

Le résultat de ce second examen, confirma
celui du premier ; car les différences en *excès*,
se trouvèrent toutes dans le haut de la colonne;
c'est-à-dire, qu'elles correspondoient avec les
moindres hauteurs moyennes du Baromètre de
la plaine.

Enfin, j'examinai les circonstances qui avoient accompagné les observations dont les résultats différoient du résultat moyen ; c'est-à-dire, de celles qui, faites dans des tems où le Baromètre de la plaine avoit été au-dessous de sa hauteur moyenne, ne donnoient cependant pas trop de *hauteur*, ou n'en donnoient pas même assez ; & de celles qui, au contraire, par des hauteurs du mercure plus grandes que sa hauteur moyenne, donnoient néanmoins trop de *hauteur* par le calcul ; & je trouvai par cet examen, que dans la plupart des observations du premier cas, il faisoit fort chaud ; & que dans celles du second cas, la chaleur avoit été le plus souvent au-dessous du terme moyen.

670. Il me paroît donc que, pour déterminer exactement par le Baromètre la différence de *hauteur* de deux stations, il ne suffit pas de connoître par la hauteur du mercure le poids qui comprime la colonne d'air, & par le Thermomètre la température de cette colonne ; mais qu'il faut encore avoir égard à une autre cause qui influe sur la densité de l'*air*; savoir celle des *variations* du Baromètre.

671. Pour découvrir la cause qui produit les *variations* du Baromètre *sédentaire*, examinons les circonstances qui les accompagnent. L'accord presque ordinaire du Baromètre & de l'*Hygromètre*, est la plus essentielle de ces circonstances ; c'est aussi celle que j'ai particulièrement en vue pour le présent.

Quoique l'*Hygromètre* soit placé dans un lieu qui n'a, avec l'*air* extérieur, que des communications imperceptibles, il indique or-

Les exceptions ont des rapports avec les différences de chaleur.

Il faudroit donc une nouvelle correction relative à ces nouveaux rapports.

Accord ordinaire de l'hygromètre & du Baromètre pour prédire le beau & le mauvais tems.

dinairement une augmentation d'humidité,
quand le Baromètre descend. Toute personne
attentive peut avoir remarqué ce Phénomene ;
& il n'est pas nécessaire pour cela d'avoir un
hygromètre artificiel ; les cordes, les sels, les
bois, les pierres même, sont autant d'*hygroscopes* qui tiennent lieu de *Baromètre* au Peuple
dans tout pays, pour prédire la pluie prochaine, & le retour du beau tems. (*a*). On

---

(*a*) L'humidité fait enfler les cordes qui sont composées de fibres végétales tordues, & par cela même
ces cordes s'accourcissent quand elles en sont pénétrées :
Elle ramollit & relâche celles qui sont faires de substances animales, comme les cordes de boyau qui, par
cette raison, s'allongent : elle pénètre en très-grande
abondance la plupart des sels qui augmentent alors de poids
& même quelquefois se liquéfient : elle s'insinue dans le
bois, sur-tout quand il est en œuvre & que par conséquent la sève est évaporée ; elle écarte alors ses fibres,
& c'est par-là qu'elle empêche souvent des portes de
s'ouvrir ou de se fermer ; & qu'elle produit ces pétille-
mens qu'on entend quelquefois dans les boisages, dont
les assemblages tendent à se resserrer quand l'humidité
les pénètre.

J'ai dit que les pierres même sont des hygroscopes ;
mais l'humidité s'y manifeste différemment que dans les
corps dont je viens de parler. Certaines pierres poreuses
se ramollissent considérablement quand l'air est humide. On voyoit par exemple, & l'on voit peut – être
encore, auprès d'Assecheleben, à 20 lieues à l'Ouest de
Leipsick, une pierre qui tenoit lieu de Baromètre aux
voyageurs. Quand la pluie étoit prochaine, on y plan-
toit un clou, comme dans de l'argile ; mais quans le beau
tems devoit continuer, cette pierre, qu'on voyoit toute
garnie de cloux, émoussoit au premier coup ceux qu'on
vouloit y planter alors.

D'autres pierres manifestent l'humidité, parce que

fait auffi que la couronne foiblement lumi-
neufe, dont la lune eft quelquefois environ-

---

leur furface eft polie ; ce qui fuppofe ordinairement
qu'elles font dures, & que leurs pores font affez ferrés
pour que l'humidité les pénètre difficilement : dans ce
cas, le fluide igné qui eft fon vehicule, comme on le
verra bientôt, s'introduit feul, & la dépofe à la furface
de ces pierres où fon accumulation la rend vifible. Les
pierres les plus tendres & les plus poreufes peuvent auffi
produire le même effet, lorfqu'elles font expofées long-
tems à la tranfpiration ou à l'attouchement des hommes
& des bêtes, ou quand, par d'autres caufes, elles ont
été couvertes d'une efpèce de vernis qui bouche l'entrée
de leurs pores, & fur lequel l'humidité s'accumule par la
même raifon que fur les pierres dures & polies. On
voit fréquemment des pierres ainfi *verniffées* dans de
vieux bâtimens, & ce ne font pas celles qui fe confervent
le moins.

Une autre condition néceffaire pour que les pierres &
les autres corps polis qui n'admettent pas aifément l'humidité dans leurs pores, en foient couverts à leur furface
quand elle eft répandue dans l'air ; c'eft que ces corps fe
trouvent en des lieux où l'air ait un libre accès, fans
néanmoins qu'il s'y renouvelle fréquemment par les
courants que les vents produifent dans l'Atmofphère.
Ainfi l'on voit rarement ces corps fe couvrir d'humidité
en plein air ; c'eft-à-dire, dans les grandes rues, dans les
places publiques, dans le haut des édifices, & même dans
les grandes cours bien percées ; parce que les corps expofés à l'air libre contractent beaucoup plus promptement fa température ; & parce que dans tout air agité
l'évaporation eft plus prompte. L'humidité, qui s'attache
fur les corps polis expofés en plein air, s'évapore de
nouveau prefqu'auffi-tôt qu'elle eft dépofée, à moins
qu'il n'y ait une augmentation confidérable & fubite de
chaleur & d'humidité. Mais dans l'intérieur des édifices
trop refferrés, & même dans les rues étroites, où la
température change fort lentement, & où l'air ne circule

née (*a*), est un présage de pluie. Or, cette couronne n'est produite que par la réflexion des rayons de la lune, sur des vapeurs répandues dans l'air, qui, sans cela, seroient imperceptibles.

672. L'*humidité* qui agit ordinairement sur l'*Hygrometre*, n'est point semblable à celle que nous voyons sous la forme de *brouillards*. Ceux-ci ne font pas baisser le Baromètre, & l'*Hygrometre* n'en est presque point affecté, quand il est dans une chambre bien fermée. Aussi les *brouillards* ne produisent-ils pas dans les observations relatives à la mesure des *hauteurs*, une erreur semblable à celle que produit l'*humidité*; on peut voir, par celles que j'ai faites le premier Octobre 1758 dans toutes les stations de *Salève*, que l'erreur est

Différence entre les brouillards & l'humidité qui affecte ordinairement l'Hygrometre.

qu'avec peine ; les pierres polies, celles qui sont couvertes de cette espèce de vernis dont j'ai parlé, & les murs même dont les pores extérieurs ont été bouchés par un enduit semblable, sont des hygroscopes qui pour l'ordinaire annoncent la pluie en manifestant l'humidité de l'air.

Il y a des tems où cette humidité qui paroît distiller des murs n'est pas un signe de pluie ; j'aurai soin de les indiquer lorsqu'après avoir développé mon sistême météorologique, j'expliquerai les phénomènes qui appartiennent à ce sujet.

(*a*) Je n'entends pas ici les *Hálos* ou cercles lumineux qui se forment quelquefois autour de la lune ; ce phénomène est peu fréquent. Je ne parle que d'un phénomène très-commun, de cette foible lumière qui environne la lune lorsqu'on dit vulgairement en certains pays : *la lune se baigne.*

opposée à celle dont je parle ; mais on verra en même tems, que le Baromètre étoit ce jour-là au-deſſus de ſa *hauteur* moyenne.

673. Il y a donc une différence eſſentielle entre les *brouillards* & l'*humidité* ; & la chaleur, qui eſt leur cauſe commune, agit différemment pour les produire. Les *brouillards* ne s'élèvent des marais, des rivières, des lacs & de la mer même, que dans les tems où l'eau eſt beaucoup plus chaude que l'*air* ; ce qui arrive ordinairement en Automne. La *chaleur* agit, en ce cas, de l'intérieur à l'extérieur ; elle ſort de l'eau pour ſe mettre en équilibre, & entraîne avec elle des particules d'eau, en forme de globules très-diſtincts à nos yeux. Ces particules flottent dans l'*air* ſans l'altérer ſenſiblement.

674. Quant à l'*humidité*, que je nommerai *vapeur* dans la ſuite, elle eſt produite en tout tems par l'action de la *chaleur* ; elle n'eſt point viſible, parce que ſes particules ſont ſi petites, & ſe mêlent ſi intimément avec l'air dans lequel elles s'élèvent par leur *légéreté*, qu'elles ne diminuent preſque point ſa tranſparence, & qu'elles l'accompagnent par-tout où il pénètre.

Comme l'excès de peſanteur ſpécifique de l'*air* ſur les *vapeurs*, eſt le fondement de tout ce que je me propoſe dire ſur cette matière, & que ce point n'eſt pas généralement admis par les Phyſiciens (201), je me crois obligé, avant d'aller plus loin, d'expoſer les raiſons ſur leſquelles je le fonde.

Preuves de la légèreté des vapeurs relativement à l'air.

675. On convient généralement que, si la chaleur est la cause immédiate de l'évaporation, les *vapeurs* qui en résultent, peuvent être plus *légeres* que l'air. En effet, quelle que soit la maniere dont le fluide igné se combine avec l'eau ; qu'il gonfle ses particules comme des ballons ; ou que s'attachant à elles, il les divise & leur communique l'agitation dont il est doué ; qu'il dilate leurs pores ; ou qu'enfin il augmente leur élasticité ou leur force répulsive (*a*) : ces petits composés d'eau & de feu, que je nomme *vapeurs*, pourront être plus *légers* que l'air (*b*). Il suffit donc de faire voir : 1°. Que le feu a plus d'affinité avec l'eau qu'avec l'air, & meme qu'avec la plupart des matières combustibles ; & que, par conséquent, il peut être dans les *vapeurs* en très-grande quantité : 2°. Qu'il y a toujours assez de feu répandu dans les corps, même au plus fort de l'Hyver, pour produire l'évaporation : 3°. Que les *vapeurs* indiquent

Si les vapeurs sont produites par le feu, elles peuvent être plus légeres que l'air.

(*a*) Voyez le *Cours de Physique expérimentale de Désuguliers*, traduction du P. *Pezenas*, 4°. Tom. II. *p.* 350.

(*b*) Il est encore indifférent à mon hypothèse que le *feu* soit une matière réelle, ou une simple modification ; car pourvu qu'on m'accorde que cette modification se communique (ce que personne ne refusera) tout ce que je dirai dans la première supposition sera également vrai dans la seconde.

R iv

elles-mêmes ce véhicule : 4°. Enfin, que l'expérience prouve la *légereté des vapeurs.*

676. J'ai dit d'abord que *le feu a plus d'affinité avec l'eau qu'avec l'air, & même qu'avec la plupart des matières combustibles.* Je fonde ce sentiment sur plusieurs Phénomènes très-connus, & qu'il suffit d'expliquer. L'*eau* n'éteint le *feu*, que parce qu'elle a plus d'affinité avec lui qu'il n'en a avec les matières combustibles auxquelles il est attaché ; il quitte ces matières pour se joindre à l'*eau* ; il la réduit en *vapeurs* & s'échappe avec elle. L'*eau* garantit de l'action du *feu* les matières qu'elle environne, ou qu'elle a pénétrées, parce que le *feu* ne s'attache qu'à l'*eau*, tant qu'il y en a suffisamment pour l'absorber. C'est par la même raison, que le bois *verd* ne brûle pas si promptement que le bois *sec.* Si les matières combustibles sont d'une nature telle que le *feu* ait moins d'affinité avec l'*eau* qu'il n'en a avec ces matières ; l'*eau* ne les *éteint* point quand elles sont embrâsées ; tel est sans doute le *feu grégeois.*

677. L'*air*, au contraire, bien loin d'*éteindre* le *feu*, augmente son action sur les matières combustibles ; n'ayant que très-peu d'affinité avec le *feu*, il le concentre sur ces matières, & le tient comme en prison. C'est pour cela que quand on fait le *vuide* sous un récipient, où l'on a renfermé une bougie allumée, ou des charbons embrâsés, le *fluide igné* n'étant plus retenu par la compression de l'air, se dilate & se dissipe. C'est aussi par la même raison, que les corps perdent plus

promptement leur chaleur dans le *vuide* que dans l'air. Le *feu* de nos cheminées eſt plus actif quand l'air eſt ſec que quand il eſt humide ; parce que, dans ce dernier cas, le *feu* abandonne le bois, pour ſe joindre aux *vapeurs*. L'*air* renfermé dans une petite boule de verre ſcellée hermétiquement, réſiſte à l'introduction du fluide *igné*, & la phiole peut reſter long-tems expoſée à l'action du *feu* ſans ſe rompre. Mais ſi l'on y renferme une ſeule goutte d'*eau*, le *feu* la réduit auſſi - tôt en *vapeurs*, & s'accumule en ſi grande quantité dans ſes pores, que la petite boule ſe rompt avec éclat.

678. On ſait que la chaleur diminue à meſure qu'on s'élève dans l'Atmoſphère, (203). Ce Phénomène général combiné avec mes obſervations dans la montagne de *Salève*, prouve encore que le *feu* a moins d'affinité avec l'*air* qu'avec les particules aqueuſes. On attribue uniquement, pour l'ordinaire, la plus grande chaleur des parties inférieures de l'Atmoſphère, aux réflexions produites par le terrein. Je conviens que l'influence de cette cauſe eſt très-grande ; mais elle ne ſuffit pas pour expliquer les Phénomènes. Car s'il n'y avoit pas une autre cauſe de la différence de chaleur dans les couches d'air placées à différentes élévations, le rapport de la chaleur entre deux lieux différemment élevés devroit ſe conſerver à-peu-près le même. Or il eſt certain, par mes expériences, que ce rapport varie beaucoup, & continuellement. Il faut donc avoir recours à une autre cauſe,

qui arrête la chaleur dans les différentes couches de l'Atmofphère ; à une caufe mobile, qui agiffe plus ou moins dans un même lieu en différens tems, & dont cependant les effets foient plus confidérables, à mefure qu'on defcend vers la plaine. Les *exhalaifons* & les *vapeurs* peuvent fatisfaire à toutes ces conditions ; elles font fort abondantes dans le bas de l'Atmofphère, parce que l'*air* plus denfe eft plus capable de les foutenir. Mais comme elles font mobiles, l'agitation de l'*air* les fait élever plus ou moins, fuivant fa direction ; les vents peuvent en apporter auffi plus ou moins, dans différentes couches de l'Atmofphère ; ces *vapeurs* & ces *exhalaifons* retiennent pendant long-tems le *feu* qui les a produites, & celui qui circule dans l'*air,* quelle que foit fa fource immédiate ; & par cela même, le rapport de la *chaleur* entre les diverfes couches de l'*air* doit fuivre, comme il fuit en effet, l'inconftance de cette caufe.

679. Cette influence de la différence de *pureté* de l'*air* fur fon dégré de *chaleur*, eft probablement une des caufes de la différence de température des courants d'air produits par les vents du *Nord* & du *Sud*. Le dernier eft conftamment plus chaud dans nos climats que le premier. Si cette différence n'avoit lieu qu'en Hyver, on pourroit l'attribuer à la pofition du foleil, qui, ceffant d'échauffer les régions de notre Pole, en paffant au-delà de l'Équateur, doit mettre dans la température de l'*air* qui nous vient de ces deux parties du Globe, la différence que nous y obfervons. Mais nous

éprouvons la même différence en Été, & dans cette saison, la position du soleil est opposée à la précédente. La différence de chaleur de ces deux vents ne vient-elle donc point de ce que l'*air* que nous apporte celui du *Sud*, étant chargé de *vapeurs*, est plus susceptible d'être échauffé ; & qu'au contraire le vent du *Nord* charrie un *air* pur, qui résiste à l'être ?

630. Entre un grand nombre d'autres Phénomènes qui concourent à prouver que *le feu a plus d'affinité avec l'eau qu'avec l'air*, il en est un que je ne dois pas omettre. Comme il est d'une autre espèce, il fera connoître d'autant mieux que cette différence d'affinité tient à une Loi générale. Il s'agit du *fluide électrique*, qui ressemble à tant d'égards au *fluide igné*, (si toutefois il n'est pas le même) ; qui, comme lui, se dissipe dans l'*air humide*, & se communique à l'*eau* très-facilement. *Le fluide électrique a aussi plus d'affinité avec l'eau qu'avec l'air.*

681. Une expérience singulière, que nous fîmes, mon frère & moi, dans le commencement de l'année 1749, prouve, d'une manière bien sensible, cette affinité du *fluide electrique* avec l'*eau*. Nous parvînmes successivement à faire l'*expérience de Leyde*, au travers du *Rhône*, & de toutes les Fontaines auxquelles il donne de l'eau par le moyen de pompes aspirantes & refoulantes, à une distance de 200 *toises* (*a*). Ce qu'il y eut encore de re- *Le Rhône & les fontaines qui en dérivent devenus conducteurs du fluide électrique.*

(*a*) La distance de 200 *toises* étoit la borne locale & non celle de la propagation du *fluide électrique* : car, malgré cet intervalle, la *commotion* n'étoit point sensi-

L'humidité des rues produit le même effet.

marquable dans cette expérience , c'est que par-tout où le pavé des rues étoit simplement humecté par l'eau des Fontaines , on éprouvoit la *commotion* dans les jambes , en tirant une étincelle d'un fil de fer qui partoit du *conducteur* de la machine (*a*). On voit , par cette expérience , que l'*humidité* seule suffit , pour transmettre le *fluide électrique* à une distance considérable ; car , dans quel sens qu'on imagine que se fit le courant de ce fluide , il est toujours certain que le *Rhône* & toute la masse du terrein *humide* lui servirent de véhicule.

L'air s'oppose à l'expansion du fluide électrique.

682. L'air , au contraire , s'oppose à l'expansion du *fluide électrique.* On sait qu'une bouteille pleine d'*eau* , ou vuide d'*air* , étant suspendue dans l'*air sec* par un cordon de soie , conserve pendant fort long-tems le *fluide électrique* qu'on lui a communiqué.

Je puis donc poser comme certain , que la matière du *feu* & le *fluide électrique* , qui sont peut-être une seule & même substance différemment modifiée , s'unissent très-facilement à l'*eau* , & que le *feu* proprement dit la transforme en *vapeurs.*

---

blement affoiblie. Peut-être que , s'il étoit possible de conduire un fil de métal suffisamment isolé , depuis *Genève* jusqu'à la *Mer* , on pourroit faire l'expérience de Leyde à cette distance , par l'entremise du *Rhône.*

(*a*) Cette expérience est rapportée avec assez de détail dans la 3me. des *Lettres* que M. l'*Abbé Nollet* publia sur l'électricité en en 1763. Cette lettre est adressée à feu M. le Professeur *Jallabert* , qui , ayant été témoin de cette expérience , en fit part à M. l'*Abbé Nollet.*

683. Il résulte aussi des mêmes expériences, que ces *vapeurs*, flottant dans l'air, doivent conserver leur *feu* pendant long-tems, comme le conserve l'*eau* électrisée, dont je viens de parler. On ne m'objectera pas, sans doute, le *refroidissement* des corps dans l'air, & la diminution du *fluide electrique* dans l'*eau* de la dernière expérience ; car je n'ai pas dit que l'*air* n'admet point le *feu*, mais seulement qu'il résiste beaucoup à l'admettre. D'ailleurs, outre la lenteur de ces diminutions, il est certain que l'*air* n'est jamais *pur* autour des corps qui se *refroidissent* : au-lieu que relativement aux particules des *vapeurs* & des *exhalaisons*, qui sont elles-mêmes l'*impureté* de l'air, celui qui les environne, est toujours parfaitement *pur*.

> Les vapeurs doivent conserver long-tems le feu qu'iles a produites.

684. J'ai dit secondement, *qu'il y a toujours assez de feu répandu dans les corps terrestres, pour produire l'évaporation, même au plus fort de l'Hyver*. Pour le prouver, je considérerai d'abord la nature du *feu* dans ses effets connus. L'expérience nous apprend que le *feu* est dans une agitation continuelle, qu'il heurte contre les corps solides & fluides, qu'il tend à les diviser, & qu'il les divise effectivement ; mais qu'il agit plus ou moins sur les corps, suivant leur nature : par exemple, il fait exhaler le plomb dans les fourneaux, tandis que les scories de ce même plomb, quoique moins pesantes, lui résistent.

> IIᵉ. proposition. *Il y a toujours assez de feu, même au fort de l'hiver, pour produire l'évaporation.*

> La matière du feu est dans une très-grande agitation.

L'eau est un des corps que le *feu* divise le plus facilement. Ainsi, quelle que soit la quantité de *feu* que contient l'*eau*, il doit en

> Elle divise l'eau to t aisément.

détacher des particules, & les entraîner avec lui. L'*eau* peut donc s'évaporer en toute saison, & la difficulté ne consiste que dans la quantité de l'évaporation.

685. On croit assez communément que la différence de chaleur de l'Été à l'Hyver est très-grande ; & que, si l'évaporation résulte du mélange du *feu* avec l'*eau*, elle doit être beaucoup moindre en Hyver qu'en Été.

686. Je réponds d'abord qu'il y a en effet une différence sensible d'*évaporation* entre l'Été & l'Hyver dans les petites masses d'eau ; & que, par conséquent, il y a certainement quelque rapport entre la diminution de la *chaleur* & celle de l'*évaporation*. Cela étant, rien n'empêche d'admettre que ces deux diminutions sont proportionnelles. Car pouvons-nous connoître les quantités absolues de la *chaleur* ? Si nous éprouvons des sensations très-différentes en Été & en Hyver, nous le devons à la nature de nos organes. Examinons seulement ce qui se passe sous nos yeux ; ne voyons-nous pas un grand nombre d'animaux qui éprouvent à la campagne, sans en paroître incommodés, les mêmes différences de température que nous supportons avec tant de peine, tandis que d'autres animaux cherchent, beaucoup plus que nous, l'ombre en Été & la chaleur en Hyver ? Or je suis persuadé que ces diverses espèces d'animaux trouvent une même différence entre les températures qu'ils peuvent supporter, quoique la distance entre les deux extrêmes soit réellement inégale. La même différence se voit

d'homme à homme , en comparant les Habitans des Pays septentrionaux avec ceux des Pays méridionaux , les Habitans de la Campagne avec ceux des Villes , & même les hommes d'une constitution robuste avec ceux dont le tempérament est délicat.

687. Nous avons , il est vrai , d'autres mesures de la *chaleur* , savoir : des fluides qui se dilatent , se condensent & se congélent ; des corps dont le volume augmente ou diminue sensiblement , suivant la quantité de chaleur dont ils sont pénétrés. Mais nous ne voyons en tout cela aucune limite , & nos congélations forcées par les sels , aidées de la plus grande diminution naturelle de la *chaleur* , nous prouvent elles·mêmes que nous sommes fort éloignés de connoître le point où elle cesse totalement.

Nous avons d'autres mesures de la chaleur.

Mais elles n'ont rien d'absolu.

688 On peut donc admettre avec la plus grande vraisemblance , que la distance entre la *chaleur* de l'Eté & celle de l'Hyver est très·petite , comparativement à la distance totale de la *chaleur* de l'Eté au *froid* absolu ; & que , par conséquent , la différence d'*évaporation* est proportionnelle à la différence de *chaleur* entre l'Été & l'Hyver.

La différence de chaleur de l'été à l'hiver peut être petite relativement au froid absolu.

689. Au reste il n'est pas nécessaire à mon système que la *chaleur* & l'*évaporation* soient proportionnelles. Il s'agit seulement de savoir si , en admettant que l'*évaporation* est produite par la *chaleur* , nous trouverons assez de *vapeurs* en Hyver. Or , il reste toujours assez d'eau fluide sur la surface de la Terre , pour produire les *vapeurs* nécessaires ; la Mer , les

D'ailleurs il reste toujours une grande quantité d'eau fluide.

Lacs, les Rivières, les Fontaines, font des fources fuffifantes. Et comme ces maffes d'*eau* participent plus ou moins à la témpérarure générale & conftante du globe terreftre, nous n'y trouverons plus une grande différence de chaleur de l'Été à l'Hyver.

690. Je vais plus loin, & je crois qu'il peut arriver dans certaines circonftances qu'il y ait plus d'évaporation en Hyver qu'en Été. Je ne parle pas d'une petite quantité de liqueur expofée à l'air dans un vâfe, ni de toute autre maffe d'eau, que l'air peut réduire à fa température ; c'eft pour ce cas-là que j'ai dit ci-deffus, qu'il y a moins d'évaporation en Hyver qu'en Été, & cela eft certain. Mais le contraire arrivera, fi la liqueur eft à une température conftante. On fait que les liqueurs échauffées s'évaporent d'autant plus promptement, que l'air environnant eft moins chaud. Les diftillations fe font avec beaucoup plus de fuccès en Hyver qu'en Été ; & fi la température de l'air eft trop chaude, on fe fert de l'eau *fraiche* & même de la glace pour accélérer la diftillation. Les eaux thermales s'évaporent beaucoup plus en Hyver qu'en Été, foit parce que leur température eft à-peu-près conftante, & que le *feu* dont elles font pénétrées s'échappe plus abondamment quand l'air eft moins chaud ; foit parce que les *vapeurs* qui s'en détachent s'élèvent d'autant plus aifément que la différence de leur pefanteur fpécifique à celle de l'air augmente, quand celui-ci eft moins dilaté par la *chaleur.*

Confidérons maintenant les principales fources

Et la chaleur des grandes maffes d'eau augmente en hiver, relativement à la température de l'Atmofphère.

sources des *vapeurs* ; savoir la Mer, les Rivières & les Lacs. Je sais que la température extérieure les affecte, & que leurs eaux sont moins chaudes en Hyver qu'en Été, dans le sens absolu. Mais comme elles participent aussi à la température de la Terre, il est certain que leur dégré de *chaleur* augmente relativement à l'air extérieur ; en sorte que l'effet de cette augmentation relative peut se compenser avec celui de la diminution absolue, & même le surpasser dans certains cas. Nous aurons donc des *vapeurs* en toute saison, parce qu'il y aura toujours assez de *chaleur* pour les produire.

691. La troisième proposition que je dois démontrer, c'est que *nous trouvons dans les vapeurs elles-mêmes des preuves que le feu est leur véhicule.* Je pourrois alléguer un grand nombre de Phénomènes en faveur de cette proposition ; mais je me bornerai aux suivans.

692. Si l'on expose dans l'air un vâse plein d'une liqueur dont le dégré de *chaleur* soit beaucoup moindre que celui de l'air environnant, l'extérieur du vâse se couvre d'eau qui s'écoule en quantité plus ou moins grande, suivant la quantité des *vapeurs* qui sont répandues dans l'air, & la différence de *chaleur* entre ces *vapeurs* & la liqueur du vâse. On voit manifestement dans ce Phénomène, que les *vapeurs* se condensent, parce que le *feu* qui les dilatoit s'insinue dans le vâse & dans la liqueur qu'il contient. Cette condensation ne se fait pas quand la différence de *chaleur* entre la liqueur & l'*air* n'est pas assez grande, parce que, dans ce cas, la liqueur

IIIme. Proposition. *Les vapeurs indiquent elles-mêmes que le feu est leur véhicule.*

Condensation des vapeurs sur les vâses pleins de liqueur fraîche.

peut acquérir le dégré de *chaleur* de l'air, fans dépouiller les *vapeurs* de leur *feu*, au point de les condenfer fur le vâfe.

Refroidiffe-
ment des li-
queurs par
l'évapora-
tion.

693. Le fecond Phénomène dont je veux parler, fe modifie en plufieurs manières. On fe fert communément en Efpagne pour *rafraîchir* l'eau, d'une efpèce de vâfes faits de terre poreufe, au travers de laquelle l'eau fuinte fans ceffe. L'effet attendu, & qui ne manque pas d'arriver quand on expofe le vâfe à un courant d'*air*; c'eft que l'eau qui refte dans ces vâfes, devient plus *fraîche* que l'air dont elle eft environnée. Les Matelots font *rafraîchir* leur boiffon dans des bouteilles qu'ils fufpendent aux cordages des vaiffeaux, & qu'ils mouillent fréquemment. Un Thermomètre plongé dans une liqueur & retiré alternativement, defcend au-deffous de la température de cette liqueur, & l'abbaiffement du Thermomètre eft d'autant plus grand, que la liqueur eft plus évaporable.

Tous ces Phénomènes, qui font de même efpèce, s'expliquent très-aifément par la plus grande *évaporation*, qui eft manifefte dans les trois cas que j'ai cités. Or, fi la quantité de *feu* que renferme une liqueur, diminue lorfqu'on fait augmenter artificiellement l'*évaporation*, foit de la maffe même de la liqueur, foit autour du vâfe qui la renferme; c'eft une preuve que l'*évaporation* fe fait par le moyen du *feu*.

Formation
& afcenfion
d'un nuage
plus chaud

694. Le troifiéme Phénomène eft d'une autre nature; je l'obfervai le 30 Mai 1756, à la hauteur de mes ftations fur la montagne

de *Salève*. L'air étoit très-pur vers le lever
du soleil, & il demeura dans cet état jusqu'à
huit heures du matin. Je vis alors quelques
nuages parsemés dans l'air, sans m'être apperçu qu'ils eussent été apportés par le vent;
il avoit été le matin à l'*Est*, il passa ensuite
au *Nord-Est*, & enfin au *Nord*; mais il fut
toujours très-foible. Pendant que je réfléchis-
sois sur l'apparition subite des nuages, je
découvris un petit amas de *vapeurs* du côté
du *Nord*, à 3 ou 400 *pieds* au - dessous de
moi. Je le considérai avec attention, & je
remarquai d'abord que son volume augmentoit
sensiblement, sans qu'il me fût possible d'appercevoir d'où lui venoient ses accroîssemens.
Je vis ensuite qu'au-lieu de s'abbaisser à mesure qu'il grossissoit & qu'il paroissoit même
devenir plus dense, il s'élevoit au contraire.
Le vent le poussoit insensiblement vers moi.
Il m'atteignit enfin, & m'environna tellement,
que je ne vis plus ni le ciel ni la plaine. Je
pensai au même instant à observer mon Thermomètre, qui étoit suspendu en plein air,
exposé au soleil, & que j'avois vu auparavant
à $+$ 4 $\frac{2}{7}$; je présumois que l'action du soleil
étant interceptée par ce nuage, mon Thermomètre devoit baisser, & je fus très-surpris
de le voir au contraire à $+$ 5 $\frac{1}{2}$. Le nuage qui
continuoit à monter obliquement vers le *Sud*,
abandonna bientôt le lieu où j'étois; le soleil
reparut; mais, malgré son action, le Thermomètre redescendit insensiblement, & se trouva
quelque tems après au point où je l'avois vu
avant le passage de ces *vapeurs*. Il est donc cer-

que l'air en-
vironnant.

S ij

tain qu'elles contenoient plus de *feu* que l'air dont elles étoient environnées.

695. Je puis ajouter à ce Phénomène particulier un Phénomène général de même espèce, qu'on observe dans tous les lieux qui sont sujets aux *brouillards* par le voisinage d'un *Lac* ou de quelque Rivière considérable. Sur la fin de l'Automne & au commencement de l'Hyver, si l'*air* est calme pendant quelque tems, sa chaleur diminue par la diminution de hauteur & de séjour du soleil sur l'horison. L'*air* qui dans cette saison est assez pur, ne reçoit qu'une petite quantité de la chaleur dont la terre & l'eau sont encore pénétrées ; s'il reste serein pendant quelque tems, la *chaleur* continue à diminuer au-delà du terme de la congélation. Mais quand la différence de chaleur de l'eau à l'*air* est parvenue à ce point, elle produit un effet qui rapproche bientôt ses températures. Le *feu* sortant de l'eau avec rapidité, en détache des *vapeurs* épaisses, c'est-à-dire, des *brouillards*, qui se mêlant à l'air, le rechauffent assez pour faire cesser la gelée (*a*).

696. Si le dégré de *chaleur* de l'air avant la formation des *brouillards*, a été assez long-tems au-dessous de la congélation, pour que les corps solides aient perdu beaucoup de leur *chaleur*; ou si les *brouillards* ne sont pas assez *chauds* pour faire cesser la gelée, ils forment alors le *givre*, qu'on remarque particulièrement sur les arbres & sur les plantes à la cam-

---

(*a*) Voyez la note du §724.

pagne. Les *brouillards* se condensent & se
congèlent successivement sur ces corps, & par
cette succession ils produisent une sorte de
filagramme très-agréable à la vue, soit dans les
masses, soit dans les détails. Cependant, malgré ces *frimats*, qui semblent annoncer que
l'air est très-*froid*, il ne l'est jamais autant,
toutes choses d'ailleurs égales, quand il est
mêlé de *brouillards*, que lorsqu'il est serein.

697. Il est vrai que, si nous ne pouvions
juger du dégré de chaleur de l'*air*, que par
l'impression qu'il fait sur nous, nous porterions souvent un jugement contraire. Mais c'est-
là une sorte d'erreur de nos sens, ou du moins
une interprétation erronnée d'une sensation
réelle, qui devient une nouvelle preuve de
ma première proposition, c'est-à-dire, de la
grande affinité du *feu* avec l'*eau*. L'air peut
se trouver au même dégré de *chaleur* en deux
lieux différemment *humides*. Si l'on y transporte des Thermomètres tirés d'un lieu plus
chaud, celui qui sera placé dans l'endroit le
plus *humide*, baissera plus promptement que
l'autre; mais ils s'arrêteront tous deux au même
point, & par conséquent ils marqueront une
chaleur égale. Mais nous ne porterions pas le
même jugement, & nous trouverions sûrement
le lieu le plus *humide* moins *chaud* que l'autre,
parce que nous avons une cause interne de
chaleur qui fournit continuellement à la dé-
perdition extérieure ; & que plus cette cause,
quelle qu'elle soit, est obligée d'agir, plus
nous éprouvons le sentiment du *froid*. C'est
ce qui arrive dans l'air *humide*, à cause de

Erreur de nos sens sur la tempéra- ture de l'air humide.

L'air hu- mide nous fait dissiper une plus grande quan- tité de cha- leur naturelle que l'air sec.

la quantité de *chaleur* qu'il absorbe. Cette sensation est aussi plus ou moins excitée, suivant l'efficace des organes qui produisent la chaleur naturelle ; &, par conséquent, tous les hommes n'éprouvent pas la même sensation à cet égard, quoique dans les mêmes circonstances.

698. Un autre effet que les *brouillards* produisent dans la température de l'air, c'est qu'elle change moins par la différence du jour à la nuit, parce que les *brouillards* qui contribuent le plus alors à déterminer cette température, ont toujours à peu-près le même dégré de *chaleur*

699. Enfin les changemens qui arrivent dans le dégré de *chaleur* de la couche d'air occupée par les *brouillards*, n'ont point lieu sur les montagnes. L'air y reste serein & *froid*, surtout pendant la nuit. Car durant le jour, le soleil qui ranime toujours la nature, produit alors sur le penchant des côteaux tournés au midi, la température du Printems.

Par tout ce que je viens de dire sur ce sujet, il me paroît démontré ; que *les vapeurs nous indiquent elles-mêmes leur véhicule, qui est le feu.*

700. Si *les vapeurs visibles sont plus légères que l'air*, on doit en conclurre par analogie, que les *vapeurs invisibles* le sont aussi. J'établirai cette analogie, après que j'aurai démontré que les *vapeurs visibles* sont en effet plus *légères* que l'air. C'est d'abord ce que l'ascension du nuage qui réchauffa mon Thermomètre sur la montagne (694), prouve clairement, sans que je m'arrête à le montrer : je

passe donc à des nuages d'une autre espèce.

701. J'ai vu très - souvent du sommet des montages, au lever du soleil, en jettant les yeux sur la plaine, qu'il sortoit des *vapeurs visibles* des Lacs, des Fleuves & des Marais, & que ces *vapeurs* s'élevoient peu-à-peu; quelquefois verticalement; d'autres fois, & le plus souvent, en suivant des lignes différemment inclinées, selon la direction des courants de l'air. Ce Phénomène prouve d'abord que l'air ne dissout pas l'eau, à la façon des menstrues; car si cela étoit, ces *vapeurs* ne sortiroient pas de l'eau, au moment où l'air est le moins échauffé; c'est-à-dire, losqu'il doit avoir une moindre vertu dissolvante. Et en supposant même que les *vapeurs* peuvent s'élever par cette cause, l'air devroit les dissoudre entièrement, puisqu'il les environne de toutes parts, & qu'elles lui présentent une infinité de surfaces. Or, ces vapeurs sortent de l'eau & s'élèvent dans l'air, sans perdre de leur volume. Ainsi la dissolution proprement dite, n'est point la cause de l'ascension des *vapeurs*; & ce même Phénomène commence ma preuve de leur *légèreté* relative : en voici une autre qui la fortifiera.

L'air ne dissout pas l'eau à la façon des menstrues.

702. Le Phénomène, dont je veux parler, se présente tous les jours à nos yeux de mille manières : j'en choisirai un seul exemple. On renferme pour l'ordinaire les eaux thermales sous une voûte ou dans quelqu'autre espèce de bâtiment. La *vapeur* qui sort de ces sources, s'élève d'abord verticalement, & s'appuie contre la voûte : celle qui succéde pousse horizon-

Inflexion des vapeurs quand elles trouvent des obstacles à leur ascension.

talement celle qui la précéde, jufqu'à ce que celle-ci trouve quelque iſſue : dès qu'elle eſt libre, elle s'élève comme auparavant. Je ne vois point de différence entre ce Phénomène & celui que nous montreroit une colonne d'huile, qui s'élevant du fond de l'eau, trouveroit un obſtacle ſur ſa route.

703. Quand l'air eſt chaud, il s'élève bien rarement des *vapeurs viſibles* naturelles; & celles qui ſont produites par des cauſes particulières, comme par l'ébullition de l'eau, ou par les ſources chaudes, ne ſont pas abondantes, parce que les *vapeurs inviſibles* qui s'élèvent de ces mêmes eaux, le ſont davantage, & les premières ceſſent même bientôt d'être viſibles, en ſe raréfiant toujours plus, à meſure qu'elles montent dans l'air. Cette ſeconde évaporation des *vapeurs viſibles*, qui a lieu quand l'air eſt chaud, ne ſe fait point dans les *brouillards*, tant que l'air n'eſt pas réchauffé par quelque cauſe nouvelle; & même jufqu'alors les *brouillards* s'élèvent peu. Tantôt ils repoſent ſur la plaine; & s'ils ſont abondans, ils y forment une couche de 50 à 60 toiſes d'épaiſſeur; en d'autres circonſtances ils s'élèvent & obſcurciſſent la plaine comme le feroient des nuages. Mais cette couche ne s'élève guères plus de 300 *toiſes;* & l'air reſte ſerein au-deſſus. Or, la raiſon pour laquelle cette eſpèce de *vapeur* ne s'élève pas fort haut, eſt bien évidente : c'eſt que la grande différence de *chaleur* entre l'air & l'eau d'où elles s'élèvent, fait que le *feu* ſortant de l'eau avec plus de rapidité, il en détache des molécules trop groſſes, pour former

avec lui un tout beaucoup plus *léger* que l'air inférieur.

704. Si l'air se réchauffe par la seule action du soleil, les *brouillards* se dissipent : & l'air reste serein. Mais si ce changement de température vient d'un vent de *Sud* ou de *Sud-Ouest*, les *brouillards* s'élèvent & forment des *nuages*. Cette ascension est ordinairement un signe de pluie, & le Baromètre baisse en même tems (*a*).

Ils se dissipent quand l'air se réchauffe sans cesser d'être sec.

Ils s'élèvent & forment des nuages quand l'air devient en même tems chaud & humide.

705. Je n'ajouterai plus qu'un seul exemple à ceux que je viens de citer ; je le tiens de mon frère qui l'a observé aux volcans d'Italie. Quand l'air est calme, ou que son agitation n'est pas grande, les *exhalaisons* qui sortent du *Vésuve*, de *Vulcano* & de *Stromboli*, s'élèvent jusqu'à une certaine hauteur, & s'étendent ensuite horisontalement du côté où le courant de l'air les détermine. Cette couche horisontale sert de Baromètre aux habitans du Pays ; elle s'élève ou s'abbaisse (toutes choses d'ailleurs égales) comme le mercure monte ou descend dans le Batomètre. C'est là une preuve bien évidente que ces *exhalaisons* ne s'élèvent que par la différence de leur pesanteur spécifique, avec celle de l'air ; puisque, si la densité de l'air diminue, la couche d'*exhalaisons* s'abbaisse ; & réciproquement.

706. On dira peut-être que les *exhalaisons* des volcans sont poussées dans l'air par la même force qui lance quelquefois des pierres embrâ-

Objection tirée de l'impulsion que peuvent recevoir ces exhalaisons.

(*a*) Voyez la note du § 724.

fées ; & que ces *exhalaisons* étant parvenues à une certaine hauteur par cette impulsion, s'y soutiennent par la résistance qu'elles éprouvent à traverser l'air pour redescendre. Mais ce qui arrive à l'*Ætna*, & que mon frère a observé très - distinctement, prévient cette difficulté. Ce volcan est d'une hauteur telle que, malgré la chaleur du climat où il est situé, son sommet demeure très-souvent couvert de neige pendant tout l'été. Par cette grande élévation, la bouche du volcan atteint une région où l'air n'est pas assez dense pour soutenir les *exhalaisons* qui en sortent : & tandis qu'à *Vulcano*, au *Vésuve* & à *Stromboli*, elles s'élèvent en sortant de leur sommet, à l'Ætna au contraire elles s'abbaissent, & redescendent le long de la montagne, jusqu'à ce qu'étant parvenues dans une couche d'air à-peu-près de même pesanteur spécifique qu'elles, elles s'étendent horisontalement. Le point où ces *exhalaisons* cessent de descendre, varie, comme celui où les *exhalaisons* de *Vulcano*, de *Stromboli* & du *Vésuve* cessent de monter ; ils dépendent l'un & l'autre du plus ou moins de densité de l'air.

707. Dans les Phénomènes que je viens de rassembler, on a vu des *vapeurs* & des *exhalaisons* qui s'élèvent dans l'air, parce qu'elles pèsent moins que ce fluide. Il ne s'agit donc plus que de prouver leur analogie, à cet égard, avec les *vapeurs invisibles*. Et cela même n'est plus nécessaire, puisqu'il est démontré que l'eau des *vapeurs*, le soufre & les sels des *exhalaisons*, étant réunis au *feu*, deviennent

moins pesans que l'*air*. On a vu , outre cela ,
par tout ce que j'ai dit précédemment , que le
feu est l'agent principal dans l'évaporation ; il
n'y a donc entre les deux cas aucune différence que du plus au moins. Or il est aisé de
concevoir que , si la chaleur du fluide qui s'é-
vapore est beaucoup plus grande que celle de
l'*air* , elle produira une *évaporation visible* ;
parce que le *feu* sortant plus rapidement , en-
levera des molécules plus grosses : leur grosseur & la quantité de *feu* dont elles seront pénétrées , faciliteront leur ascension ; elles mon-
teront donc avec rapidité dans l'air , sans se
mêler avec lui. Mais si la différence de *chaleur*
entre l'eau & l'air se trouve moindre ; si elle devient même contraire , comme il arrive en Été
dans les grandes masses d'eau , le fluide igné
agira alors par sa seule agitation , & non comme
un *courant* : les particules qu'il détachera de
l'eau seront plus petites ; elles se mêleront plus
intimément à l'air , & n'altèreront pas sa trans-
parence.

708. On objectera peut-être contre l'ascension des *vapeurs* par leur moindre pesanteur
spécifique relativement à l'air , l'évaporation
des liqueurs dans le *vuide*. Mais c'est-là un phénomène d'une autre espèce. Le *feu* s'élance très-
aisément dans le *vuide* ; on voit le *fluide électri-*
que s'y porter avec abondance ; il remplit les
vâses dont on a pompé l'air , dès qu'on les présente au *conducteur* de la machine. L'air est très-
raréfié dans de grands fourneaux tels que ceux
des Verreries ; cependant on sait avec quelle
violence la matière du feu agit sur tout ce qu'on

introduit dans ces fourneaux. Bien loin donc que le *fluide igné* ait befoin de l'air pour fortir des corps qui le renferment, il s'échappe au contraire avec plus d'impétuofité, quand on le délivre de cet obftacle : & fi ces corps font de nature à être facilement divifés, il en détache des particules qu'il entraîne avec lui. Mais il eft très-probable , & M. *Homberg* l'a déjà remarqué, (Mémoire de l'Académie, année 1693), que le *feu* laifferoit échapper les particules d'eau qu'il a féparées de la maffe dont il eft forti, fi les récipiens vuides d'air avoient affez de hauteur , comme il abandonne les particules vifibles de cuivre & de plomb qu'il détache par fes élancemens , lorfque ces métaux font dans une forte fufion.

J'aurois pu porter toutes ces propofitions à un plus grand dégré d'évidence, fi j'étois entré dans de plus grands détails, Je crois cependant en avoir dit affez, pour qu'il me foit permis de pofer comme un principe certain, que les *vapeurs s'élèvent dans l'air, parce qu'elles font fpécifiquement moins pefantes que ce fluide.* Je vais maintenant examiner l'effet qu'elles doivent opérer dans l'Atmofphère.

Caufe principale des variations du Baromètre.

La réfiftance qu'oppofe l'air à la féparation de fes parties, fait obftacle à l'afcenfion des vapeurs.

709. Il fe fait une continuelle *évaporation* de l'eau de la mer , & les *vapeurs* qui en fortent s'élèvent dans l'air par leur *légèreté* : mais en même tems leurs particules font fi petites , qu'elles font arrêtées dans leur afcenfion, quand la différence entre leur pefanteur fpécifique &

celle de l'air n'est plus assez grande pour surmonter la résistance qu'oppose ce fluide à la sé-
paration de ses parties ; ou , ce qui revient au
même , elles sont retenues par le frottement
qu'elles éprouvent dans l'air. Je pourrois peut-
être me dispenser de m'arrêter sur ce point
qu'il est difficile de ne pas admetre; cependant,
comme il est fondamental dans mon hypothèse,
je crois devoir prévenir les objections en donnant un exemple de la difficulté qu'éprouvent
les fluides mêlés ensemble , à se ranger dans
l'ordre qu'exigeroit leur pesanteur spécifique.

710. Lorsqu'on remplit un Baromètre , il
arrive le plus souvent qu'un grand nombre de
petites bulles d'air restent engagées dans le mercure , & sur-tout entre le mercure & le verre.
Je ne considère ici que les bulles visibles par
leur grosseur : néanmoins la quantité d'air qui
sort du mercure quand on le fait bouillir , &
l'augmentation de sa pesanteur spécifique après
cette opération , deviendront une nouvelle
preuve. Ces bulles d'air qui sortent du mercure sont bien moins pesantes que lui. Cependant comme leur surface est très-grande relativement à leur volume , le frottement qu'elles
éprouvent contre le mercure empêche qu'elles
ne puissent s'en dégager : quelquefois même les
secousses qu'on donne au tube , ne font qu'augmenter la résistance , en les divisant de plus en
plus. Mais si ces bulles sont en grand nombre ,
& peu distantes les unes des autres, les secousses
produisent un effet contraire : les bulles voisines
se réunissent ; & , leur surface totale diminuant
par ce moyen , elles se dégagent avec plus de

Exemple ti-
ré de l'ascen-
sion de l'air
dans le mer-
cure.

facilité. On les voit alors s'élever à chaque fe-
coufle ; les plus groffes font le plus de chemin,
elles atteignent les plus petites, & les abfor-
bent ; & lorfqu'elles fe font accrûes fuffifamment par leur réunion avec celles qu'elles ont
rencontrées dans le chemin, elles s'élèvent &
s'échappent d'elles-mêmes fans qu'on agite le
mercure. Les particules invifibles d'air mêlées
avec le mercure dont on remplit le Baromètre,
acquièrent la même force quand on le fait
bouillir. Lorfqu'elles font dilatées par l'action
du feu, leur furface diminue relativement à
leur volume qui augmente ; elles s'uniffent les
unes aux autres, & deviennent vifibles. En cet
état elles montent dans le mercure : mais elles
s'arrêtent bientôt, quand elles font hors de
l'action du feu, & qu'elles fe condenfent en
communiquant au mercure une partie de leur
chaleur : enfin elles ne fe dégagent totalement
que par le concours de celles qui s'élèvent continuellement par l'action du feu.

711. Les *vapeurs* qui montent dans l'Atmofphère, éprouvant de la réfiftance, y font
donc auffi arrêtées plutôt que ne l'exigeroit
leur pefanteur fpécifique confidérée feule. Par
conféquent l'air renferme alors un *fluide* fpécifiquement moins pefant que lui. Il fuit de-là
qu'une colonne d'air qui renferme des *vapeurs*, doit moins pefer que les autres colonnes, & que par-tout où les vents portent
une grande quantité d'air *mêlé de vapeurs*, le
Baromètre doit baiffer.

712. J'ai lieu de croire que *Newton* avoit
eu la même idée ; on trouve du moins dans

son *Traité d'Optique* un passage où ce grand Physicien pose en fait ce que je viens d'expliquer. C'est à l'occasion de son hypothèse sur la production d'un nouvel air dans la dissolution des corps ; il pensoit que les particules des corps solides, qui, dans le contact, étoient le plus fortement adhérentes, étant une fois séparées par la fermentation ou par une grande chaleur, se repoussoient & s'éloignoient avec le plus de force, & devenoient plus, difficiles à rapprocher ; ce qui produisoit, selon lui, un *véritable air permanent.* « Et parce » que, dit-il, les particules de l'air perma- » nent sont plus grosses que celles des va- » peurs, & proviennent de substances plus » denses que celles qui produisent les vapeurs, » *le véritable air est par cela même plus pesant* » *que les vapeurs, & une Atmosphère humide* » *est plus légère qu'une Atmosphère sèche, à* » *quantités égales* » (*a*). Je n'examine pas l'hypothèse ; j'ai voulu seulement montrer par ce passage (qui n'est accompagné d'aucune autre explication) que *Newton* alléguoit comme un fait dont il ne pensoit pas qu'on pût douter, que *l'air mêlé de vapeurs pèse moins que l'air pur.*

C'est-là le principe d'où découleront très-naturellement les explications des divers Phénomènes du Baromètre. Mais il faut lever au-

l'air mêlé de vapeurs pesoit moins que l'air pur. Son hypothèse sur la production d'un nouvel air par la dissolution des corps solides.

Différence de cet air avec les vapeurs ; il pèse plus.

(*a*) *Traité d'Optique*, Tom. I , liv. 3, Question 31me. : Traduction de Coste , Amst. 1720, Tom. I. pag. 567.

paravant une difficulté, qui jufqu'ici a paru très-embarraffante.

713. Les *vapeurs* qui montent dans l'Atmofphère, font une nouvelle matière ajoutée à fa maffe, qui, par conféquent, doit augmenter fon *poids*. C'eft ce qui a été l'écueil de plufieurs des Phyficiens qui ont cherché à expliquer les variations du Baromètre. Cette addition de matière étant une caufe très-réelle de changement dans le *poids* de l'Atmofphère, ils ont effayé d'expliquer, par ce moyen, pourquoi le mercure monte & defcend dans le Baromètre, malgré l'obfervation qui nous montre que, pour l'ordinaire, quand le mercure defcend, & nous indique par-là que l'air pèfe moins, c'eft alors que l'Atmofphère contient le plus de *vapeurs*, puifque la pluie eft prochaine.

Cette contradiction apparente entre une caufe certaine & des Phénomènes inconteftables qui lui font oppofés, s'explique fort aifément par le peu d'effet que cette caufe produit réellement, c'eft-à-dire, par la petite quantité dont la maffe totale de l'Atmofphère eft augmentée, quand elle a reçu les *vapeurs* qui doivent former la pluie.

Après une pluie affez forte, qui a duré tout un jour, nous n'avons guères au-delà d'un *pouce* d'eau; ce qui fait à-peu-près l'équivalent d'une *ligne* de mercure. Par conféquent, c'étoit-là toute l'addition de poids qu'avoient reçu les colonnes d'air qui renfermoient la matière de la pluie. Le mercure auroit fûrement indiqué cette addition, en

montant

montant d'une *ligne* dans le Baromètre, si elle avoit été universelle, & que par conséquent l'équilibre se fût maintenu entre les colonnes de l'Atmosphère. Mais il pleut dans un lieu, tandis qu'il s'élève des *vapeurs* dans l'autre; ainsi la quantité de matière ne doit pas changer sensiblement dans l'Atmosphère.

Ce n'est donc pas à des changemens dans la quantité de matière, que sont dûes les variations d'un & même de deux *pouces* dans le Baromètre, & par conséquent ce n'est pas à cette cause que les Phénomènes doivent être comparés. Voilà qui détruit la contradiction apparente.

714. Des changemens particuliers dans le volume de l'air auront plus de liaison avec l'expérience, par la nature & l'intensité de leurs effets. Cette petite quantité d'eau, réduite en *vapeur*, qui augmente peu la masse de l'Atmosphère, augmente beaucoup le volume des colonnes où elle monte. Ces colonnes se versent sans cesse sur leurs voisines; &, comme la matière qui leur reste est spécifiquement moins pesante que l'air pur, elles pèsent moins que celles qui sont composées de cet air, dont le poids augmente encore par l'addition de la matière qui leur vient des colonnes que les *vapeurs* pénètrent.

Lorsque les vents charrient cet air mêlé de *vapeurs*, ou que celles qui s'élèvent des eaux & de la terre des continens, ont diminué la pesanteur spécifique de certaines colonnes d'air, au point que l'abbaissement du mercure y annonce la pluie, on apperçoit bientôt que

---

Marginal notes:

L'augmentation occasionnée par l'addition des vapeurs dans un lieu, se compense avec la soustraction de la pluie dans un autre.

C'est dans le changement de volume de l'Atmosphere par les vapeurs, qu'il faut chercher la cause des variations du Baromètre.

Différence de pes. spéc. de poids absolu dans les colonnes, par cette cause.

Abondance des vapeurs dans les colonnes sous lesquelles le Baromètre baisse.

les *vapeurs* en occupent une grande étendue. Car on les voit se condenser & former des nuages à une grande hauteur, en même tems que les Hygromètres font connoître que la partie inférieure de ces colonnes en est aussi impregnée. Et dans les grands abbaissemens du mercure, la lumière du soleil est presque toujours interceptée par la seule opacité de l'air, sans qu'on s'apperçoive des nuages (*a*).

Les *vapeurs*, passant toujours de bas en-haut & se succédant sans intervalle depuis leur source, agissent ainsi sur la partie de l'Atmosphère qui pèse le plus, & dont par conséquent le changement de pesanteur spécifique doit le plus influer sur la hauteur du Baromètre.

Il est difficile de déterminer jusqu'à quelle hauteur les *vapeurs* pénètrent l'Atmosphère; mais on ne peut douter qu'elles ne s'élèvent prodigieusement, & d'autant plus que la chaleur est plus grande.

La formation de la *grêle* en Été pourroit devenir une preuve de la prodigieuse hauteur où les *vapeurs* s'élèvent, si l'on admettoit (ce qui me paroît probable) qu'elle est dûe à la chûte des *vapeurs*, qui, par la prodigieuse élévation où elles parviennent, perdent assez de chaleur pour se geler & faire geler autour d'elles les *vapeurs* qu'elles rencontrent dans leur chûte. Le noyau neigeux que chaque grain de *grêle* renferme, paroît un indice de

------

(*a*) Voyez la note du § 724.

cette formation ; car l'eau qui se gêle dans l'état de *vapeur* produit la neige , & il est aisé de concevoir qu'un flocon de neige peut être tellement privé de chaleur , qu'il absorbe celle d'une quantité d'eau égale à un grain de grêle , au point de la faire geler.

Mais sans avoir recours à cette formation de la *grêle* pour prouver que les *vapeurs* s'élèvent fort haut , il suffit de considérer que les plus hauts Pics des *Cordilières* sont couverts de neige , & que les nuages les surmontent de beaucoup ; or, un de ces Pics, nommé *Chimbo-raço*, est élevé de 3200 toises (*a*) ; & si l'on pouvoit y porter le Baromètre, le mercure baisseroit au moins des $\frac{3}{4}$ de sa hauteur au bord de la mer ; car il ne s'y tiendroit plus qu'à 12 *pouces*. La neige couvre les plus hauts Pics des Cordilières

Je conclus donc que les *vapeurs* pénètrent l'Atmosphère en assez grande quantité , & dans une étendue suffisante, pour qu'en diminuant sa pesanteur spécifique par leur mélange , elles produisent les abbaissemens ordinaires du Baromètre. Quant aux abbaissemens extraordinaires , j'aurai occasion d'en parler dans la suite.

715. Si les *vapeurs* répandues dans l'At- Les vapeurs

(*a*) M. de la Condamine dans sa *mesure des trois premiers dégrés du Méridien , &c.* donne *la hauteur des montagnes les plus remarquables de la Province de Quito , dont les sommets sont couverts de neige.* La plus haute de ces montagnes est *Chimbo-raço*, qui est un Volcan , de même que la plupart des plus hauts Pics de la double chaine qui borde cette Province.

T ij

qui ne font pas fort é-chauffées af-foibliffent le reffort de l'air.

mofphère ne font pas dilatées par une grande chaleur, elles affoibliffent le reffort de l'air. C'eft ce que M. *Bouguer* reconnut à *Popayan*, Ville fituée dans l'intérieur de la *Cordilière*, à une moindre élévation que *Quito*. *La den-fité de l'air*, dit ce célèbre Académicien, *n'y confervoit plus le même rapport avec la hauteur du mercure ; elle étoit trop grande à propor-tion. Je trouvai*, ajoûte-t-il, *dans les circonf-tances locales une explication naturelle de ce que j'obfervois ; le pays qui eft en partie cou-vert de bois, n'a prefque pour fol que de l'ar-gile pénétrée d'eau : il n'eft donc pas furprenant que l'air qui s'en élevoit par la chaleur, fe trouvât moins élaftique que dans les Poftes plus découverts, plus hauts & moins humides.* (Mém. de l'Ac. année 1753).

Mais moins qu'elles ne diminuent la pefanteur fpécifique.

La denfité d'une colonne d'air mêlé de *va-peurs* augmente donc davantage de haut en-bas, que celle d'une colonne d'air pur, quoi-que le poids total de la première colonne diminue, parce que, dans une certaine tem-pérature, les *vapeurs* diminuent plus la pe-fanteur fpécifique de l'air, qu'elles n'affoiblif-fent fon reffort ; en forte que, toutes chofes d'ailleurs égales, & en fuppofant que l'air eft peu chaud, la *différence* de hauteur du mercure dans le Baromètre obfervé en deux poftes différemment élevés, doit être plus grande quand l'air eft impregné de *vapeurs*, que quand il ne l'eft pas. C'eft ce qu'indi-quent les expériences dont j'ai fait mention dans le commencement de ce Chapitre, (666, 669).

716. Mais s'il fait fort chaud, les *vapeurs* doivent produire un effet contraire. On sait à quel point des *vapeurs* chaudes écartent & chassent l'air dans les *pompes à feu*, puisqu'on y fait le vuide par ce moyen. Si donc les *vapeurs* répandues dans l'air sont fort dilatées par la chaleur, elles acquièrent plus de force que l'air même, pour résister à la compression; ou du moins, sous le même volume, elles ont moins de densité que l'air, par le même poids comprimant. Une colonne d'air mêlée de *vapeurs* doit donc alors être moins dense, par le même poids comprimant, que si elle étoit d'air pur, & les abbaissemens du mercure, calculés d'après le principe, que les densités de l'air sont proportionnelles aux poids qui le compriment, doivent donner les *hauteurs* trop petites. C'est ce qui résulte aussi de mes expériences (669).

Mais lorsque j'ai fait ces expériences, je n'avois que l'observation même de la hauteur du mercure, plus ou moins grande dans le même lieu, pour connoître l'état de l'air quant aux *vapeurs*; & la hauteur du mercure ne peut indiquer à cet égard l'état de la portion de colonne qu'on mesure, qu'en tant que cette portion seroit, à ce même égard, dans l'état moyen de la colonne totale qui pèse sur le Baromètre. Or, par des causes que j'indiquerai dans la suite, les *vapeurs* ne sont pas toujours également répandues dans toute la hauteur d'une colonne, & la quantité des *vapeurs* peut changer en *plus* ou en *moins* dans la colonne totale, sans qu'il se faſſe un changement ſemblable dans la portion meſurée ; il peut même s'y faire des changemens oppoſés. L'indication du Baromètre ne ſuffit donc pas pour faire connoître l'état de la colonne d'air qu'on meſure, quant à la quantité de *vapeurs* qu'elle contient, & par conſéquent on ne doit pas trouver conſtamment un même rapport entre les variations du Baromètre & du Thermomètre, & celles de la denſité de cette portion de colonne. C'eſt ce qui réſulte encore de mes expériences.

Telles ſont les exceptions que les *vapeurs* doivent naturellement produire dans la meſure des *hauteurs* par le Baromètre ; & ce ſont ces exceptions mêmes, que j'ai cru remarquer, qui m'ont conduit à croire que le mercure s'abbaiſſe dans le Baromètre ſédentaire, quand les *vapeurs* ſe mêlent à l'*air*. Je reviens aux autres preuves que les Phénomènes nous fourniſſent de la liaiſon de ces deux choſes.

Nouvelles preuves de la préſence des vapeurs dans l'air, quand le Baromètre baiſſe.

717. Les Hygromètres dont j'ai parlé ci-devant, ne ſont pas les ſeules preuves que fournit l'obſervation, de la préſence des *vapeurs* dans l'air, quand le Baromètre baiſſe ; bien d'autres Phénomènes, auxquels on fait moins d'attention, concourent à la prouver.

Pellicule verte ſur les eaux croupiſſantes.

Les gens de campagne ont pluſieurs ſignes auxquels ils reconnoiſſent que la pluie eſt prochaine, & ces ſignes dépendent tous de l'*humidité* de l'air ; je ne parlerai que d'un ſeul, qu'ils m'ont fait remarquer plus d'une fois. C'eſt que les marres & d'autres eaux dormantes ſe couvrent alors d'une pellicule verte. Or cette pellicule eſt formée par un

amas de petites plantes aquatiques mucila-
gineuses, qui croîssent à la surface de l'eau,
& qui ont besoin du contact de l'air, comme
plusieurs autres plantes de cette espèce, mais
vraisemblablement d'un air *humide*.

Ceux qui font attention aux divers manèges
des animaux, en divers tems, trouvent dans
leurs différences des indices de pluie; par la
nature de leurs travaux, par les inquiétudes
qu'ils témoignent, par la différence de leurs
cris, & par les précautions qu'ils prennent
pour se mettre à l'abri de la pluie, ou en
état de la supporter sans danger. C'est une
chose connue, & sur-tout chez les oiseaux.

Différence dans le ma-
nége des animaux.

Des oiseaux sur-tout.

Par-là ils indiquent que l'air agit sur eux
d'une manière particulière, quand la pluie
est prochaine. Ce ne peut pas être par la différence de sa pesanteur; car les oiseaux, passant fréquemment du haut des montagnes
dans les plaines, éprouvent de bien plus
grandes différences de pression. Ce n'est point
non plus par la différence de la chaleur; car
il pleut à toute température au-dessous de la
congélation. Il faut donc que ce soit par une
disposition particulière dans l'air même, que
les animaux soient avertis; & rien n'est plus
propre à produire cet effet sur leurs corps,
qu'un air plus ou moins *humide*.

718. Nous aurions, sans doute, les mêmes
avertissemens, ou le même instinct que les
animaux, si, comme eux, nous étions restés
dans l'état de nature. Mais quoique nous ayons
beaucoup perdu de cette délicatesse du tact,
que nos vêtemens empêchent l'action immé-

Nous ne jugeons pas aussi sûre-ment ceci & pourquoi

diate de l'air fur nous, & que la multitude d'idées qui nous occupent, abforbe prefque toujours les impreffions délicates de la nature, nous ne laiffons pas d'appercevoir encore quelques-uns de ces avertiffemens ; & en les étudiant, nous reconnoîtrons que les *vapeurs* en font la vraie caufe.

719. On a obfervé, qu'en Hiver, lorfque le *froid* diminue fubitement, c'eft un préfage de pluie. Ce changement de température provient quelquefois d'un changement de vent ; fouvent auffi il fe fait en des tems où l'air paroît calme ; & dans l'un & l'autre cas, ce font les *vapeurs* qui fe répandent dans l'air, & qui communiquent aux corps infenfibles & aux nôtres, le feu qu'elles contiennent.

720. Quelquefois auffi nous fentons en Été une augmentation fubite de chaleur, qui préfage de même la pluie, quoiqu'elle ne paroiffe pas produite par un changement de vent. Ce font encore des *vapeurs* répandues dans l'air, qui arrêtent & fixent dans les couches où elles fe trouvent, la chaleur qui procède des rayons du foleil ; en forte que ces couches s'échauffent bien davantage, que fi elles étoient compofées d'air pur (678). Cette chaleur étouffante ne diminue point, lors même que les nuages font raffemblés, & que le foleil ne paroît plus. Mais elle ceffe bientôt, & une fraîcheur quelquefois incommode lui fuccède, quand il tombe de ces nuages une pluie abondante, parce qu'elle abforbe la plus grande partie du *feu* répandu dans l'air, & qu'elle le communique à la terre dans laquelle

elle pénètre. Nos corps sont plus sensibles à cette diminution de chaleur que les Thermomètres, parce qu'il se fait une très - grande dissipation de chaleur naturelle dans l'air *humide*, comme je l'ai dit ci-devant (697) (*a*).

721. Nous éprouvons souvent, aux approches de la pluie, une sensation incommode, provenant de ce que nos membres paroissent accablés d'un fardeau. Ceux qui ne s'occupent pas de réflexions physiques, ne sont point arrêtés dans l'explication de ce Phénomène; ils disent que l'air est devenu *pesant*. Mais il n'en est pas de même de ceux qui observent le Baromètre; & qui voient que le poids de l'air a diminué. Ce Phénomène s'explique encore très-aisément par l'entremise des *vapeurs*. Elles relâchent les fibres de nos muscles, qui alors ne peuvent opérer les mêmes mouvemens sans se gonfler davantage (*b*); il se fait ainsi une plus grande dissipation d'esprits animaux ou de fluide nerveux, comme il ar-

> Nous éprouvons quelquefois en Été une sorte d'accablement qui présage la pluie.
>
> Il est produit par des vapeurs chaudes repandues dans l'air.

(*a*) Ce que je dis de la diminutions de chaleur de l'air occasionnée par la pluie, & de l'effet qu'elle produit sur notre corps, se prouve ajourd'hui 21.me Août 1764. Beaucoup de gens sont auprès du feu à la campagne, où je suis retenu par la pluie : le Thermomètre est à ─┼─ 8, tandis qu'avant la pluie il étoit à ─┼─ 22.

(*b*) J'emploie ici le terme de *gonfler* pour fixer les idées ; mais quelque système qu'on embrasse sur l'action des muscles, il sera toujours vrai que l'allongement de leurs fibres produit une sensation de fatigue proprement dite. Le meilleur nâgeur seroit bientôt épuisé, s'il nâgeoit dans de l'eau tiède.

riveroit si nous étions obligés de faire mou-voir un plus grand poids ; & la sensation est la même.

Enfin, il y a des gens qui ne sont que trop sensibles aux changemens d'état de l'air, qui produisent les variations du Baromètre ; ce sont ceux qui, par leur constitution, ou par quelque cause antérieure, comme foulure, blessure, &c., sont sujets au retour de cer-taines douleurs, auxquelles on donne figuré-ment le nom de *Baromètre*, parce qu'elles annoncent la pluie. Si la différence du poids de l'air entroit pour quelque chose dans cet effet, ces douleurs se feroient sentir quand on passe de la plaine sur les montagnes ; si elles étoient occasionnées par la différence de chaleur, elles suivroient la marche du Ther-momètre & ne prédiroient rien. Mais ces dou-leurs annoncent la pluie, à toute hauteur & dans toute saison. Il faut donc chercher leur cause dans des changemens d'une autre es-pèce, auxquels l'air doit être sujet. Une cir-constance nous conduit à cette cause ; c'est l'*humidité* locale qui réveille ces douleurs, comme l'approche de la pluie. Voilà donc une autre espèce d'*hygroscope*, qui, le plus souvent d'accord avec le Baromètre, nous indique encore, que, quand l'air devient moins pesant, il est aussi plus *humide*. Je par-lerai bientôt des exceptions.

En prouvant que les minéraux & les vé-gétaux, de même que les corps des animaux & les nôtres, annoncent la pluie comme *hy-groscopes*, j'ai déja expliqué plusieurs des Phénomènes auxquels il faut que tout système satisfasse, pour être admis avec raison. Je vais continuer d'appliquer le mien aux autres Phénomènes, qui regardent particulièrement la liaison ordinaire de l'état de l'air, avec les variations de l'*Hygromètre* & du Baromètre.

Explication des Phénomènes qui ont du rapport aux variations du Baromètre.

722. Ier. *Phénomène.* L'air *mêlé de vapeurs* étant transporté par les vents, depuis la surface de la mer jusques dans les climats les plus éloignés, diminue le poids de l'Atmosphère par-tout où il passe & où il séjourne; le Baromètre doit donc y baisser (711). Mais si cet *air* n'est pas en quantité suffisante, si les vents ne trouvent aucun obstacle & suivent paisiblement leur cours (*a*), ou s'ils sont trop violens, il ne se formera pas même des *nuages.* Ce transport peut avoir lieu sans être apperçu, lorsque ces vents n'atteignent pas la surface de la terre.

723. IIme. *Phénomène.* Si la quantité de cet *air mêlé de vapeurs* est plus grande, & s'il en parvient successivement beaucoup dans le même lieu, les *vapeurs* étant en plus grande quantité, se prêtent mutuellement des forces pour surmonter la résistance qu'oppose l'air à leur ascension, parce que leurs particules se réunissent. Elles s'élèvent donc peu-à-peu,

---

(*a*) Voyez la note du § 724.

comme fait l'air dans le mercure (710), jufqu'à ce qu'elles foient parvenues dans une couche où elles foient en équilibre avec l'air. Elles s'accumulent à cette hauteur-là & forment des *nuages.* Quelquefois ces amas vifibles de *vapeurs* fe forment à notre vue ; ils augmentent & fe réuniffent les uns aux autres, fans que nous appercevions d'où leur vient cet accroîffement. Ils produifent fouvent ainfi ce qu'on nomme un *Ciel pommelé*, préfage ordinaire de pluie. D'autres fois ils fe font formés hors de notre horifon, & les vents nous les apportent.

Ils peuvent couvrir un pays fans que le mercure y baiffe dans le Baromètre.

Les *nuages* n'opèrent pas un changement fenfible dans le poids de l'Atmofphère, parce que, pour l'ordinaire, leur pefanteur fpécifique eft à-peu-près égale à celle de la couche d'air qui les contient. Ainfi le mercure baiffera, non à caufe des *nuages*, mais parce qu'il y aura beaucoup de vapeurs mêlées avec l'air. Et fi les *nuages* ne fe condenfent pas fuffifamment, il ne pleuvra pas.

Caufe de la pluie.

724. IIIme. *Phénomène.* Quand, par l'abondance des *vapeurs*, par l'appui d'une chaîne de montagnes, par l'action d'un vent contraire (a), ou enfin par la réfiftance que les

---

(a) Le commencement de Décembre de l'année 1763 m'a fourni un exemple bien remarquable de l'influence des vents contraires pour condenfer les vapeurs en pluie ou en neige ; & en même tems de la quantité de *vapeurs* que l'air peut contenir fans qu'elles fe condenfent, quand le vent qui les tranfporte ne trouve aucun obftacle en fon chemin. Un froid affez vif avoit fait

nuages opposent eux-mêmes aux vents qui les transportent, ces *nuages* viennent à se condenser, les gouttelettes d'eau se touchant alors,

---

élever de notre Lac une grande quantité de *brouillards* qui, comme à l'ordinaire (695) ‘ avoient réchauffé l'air inférieur, dont la température n'étoit plus qu'aux environs de la *congélation* ; tandis que sur les montagnes & dans les vallées, où les *brouillards* n'avoient pu pénétrer, le Thermomètre descendoit à — 8 de la *division en* 80 *parties*, peu de tems après le coucher du soleil. Le Baromètre étoit à *Genève* aux environs de 27 *p. 4 lig.* ; & l'air étoit calme. Le 10me. du même mois, le Baromètre commença à baisser par un vent du Sud ; &, l'air s'étant réchauffé, les *brouillards* s'élevèrent au-dessus des montagnes, & formèrent çà-&-là des *nuages* qui se confondirent avec les *vapeurs* dont l'air parut chargé, lorsque le ciel fut découvert (704). C'étoit le 12me., & ce jour-là le mercure avoit déjà beaucoup baissé. Mais le 13me. au matin il n'y eut personne qui ne fût surpris en regardant le Baromètre : de mémoire d'homme il n'avoit été aussi bas ; le mien étoit à 25 *p.* 10 *lig.* ¾. La prédiction la moins effrayante que portent les Baromètres ordinaires pour un abbaissement moindre que celui-là, est une *tempête* ; en sorte que le bruit courut bientôt de bouche en bouche, que le Baromètre étoit beaucoup au-dessous de la *tempête*, & qu'on devoit s'attendre à un tems affreux.

Examinant attentivement ce qui se passoit dans l'air, je ne pus appercevoir aucun nuage, soit qu'il n'y en eût point en effet, soit qu'une prodigieuse quantité de *vapeurs* mêlées à l'air empêchât de les découvrir. Il faisoit un petit vent du Sud, dont le courant étoit plus égal qu'il ne l'est d'ordinaire. L'air offroit à mes yeux les causes de l'abbaissement extrême du Baromètre ; jamais je ne l'avois vu si fort obscurci par les *vapeurs* ; mais il n'étoit point menaçant, parce qu'il n'y avoit point de ces nuages obscurs qui, s'abbaissant par leur densité, & presse réunissent ; les particules ignées qui leur servent de véhicule , se réunissent aussi , & s'échappent d'autant plus facilement que l'air est plus rare (677); les montagnes mêmes servent à les absorber ; les gouttes de pluie se forment & tombent , parce qu'elles sont plus pesantes que l'air.

Chûte de la pluie observée à son origine.

J'ai vu quelquefois assez distinctement la formation de la *pluie* dans les montagnes : & voici un des Phénomènes de ce genre qui s'est passé sous mes yeux. J'étois à l'Ouest , & à la distance d'un quart de lieue d'une montagne d'environ 200 *toises* de hauteur , dont la face tournée de mon côté , étoit coupée presque à Pic. Les nuages charriés par un vent d'Est , râsoit le sommet de la montagne qui sembloit les attirer ; du moins une

---

sant l'air sous eux , occasionnent ces tourbillons impétueux qui font un des caractères de la *tempête*.

Le Baromètre resta peu à cet extrême abbaissement ; le 14me. il fut à 26 *pouces* , & les jours suivans il monta insensiblement jusqu'à 26 *p*. 3. *lig.* : il tomba quelques gouttes de pluie pendant cet intervalle. Enfin la nuit du 18me. au 19me. il commença à neiger par un vent Nord-Ouest , moins chaud que le Sud qui l'avoit précédé : la température de l'air étoit à-peu-près à la *congélation*. J'éxaminai de tems en tems dans la matinée du 19^ne. ce qui se passoit dans l'air, qui pût produire de la *neige* , tandis que pendant les six jours précédens les *vapeurs* ne s'étoient point condensées ; & il me parut manifestement que ce changement étoit produit par l'action de deux vents contraires. Car après avoir vu la neige entraînée par le Nord-Ouest , je remarquai qu'elle étoit poussée par le Sud ; & pendant tout le tems qu'elle tomba , elle fut pour ainsi dire balotée par ces deux vents.

portion de la couche s'y condensoit & devenoit si épaisse & si pesante, que ne pouvant
plus être soutenue par l'air, elle se précipi-
toit continuellement comme un torrent par
une espace d'environ 50 *toises* : après quoi elle
se dissolvoit en pluie, & cessoit d'intercep-
ter la montagne par son opacité. Cet effet
étoit assez semblable à celui qu'on voit dans
les fourneaux où l'on affine le fer : la masse
de gueuse se présente à leur embouchure ; on
la pousse successivement par derrière, & cependant son extrémité antérieure ne paroît pas
s'avancer, parce qu'elle se fond à mesure
qu'elle avance. C'étoit ainsi que le nuage se
résolvoit en *pluie*, toujours à-peu-près à la
même hauteur. Ce Phénomène dura plus d'un
quart-d'heure, depuis que j'eus commencé à
l'observer. Il cessa par la retraite apparente
des *nuages* vers le haut de la montagne ; c'est-
à-dire, qu'ils cesserent de descendre, mais non
pas de se résoudre en *pluie* ; jusqu'à ce que le
sommet de la montagne fût totalement découvert. Dans le même instant, je vis la formation d'un nuage de l'espèce de celui que j'ai
décrit ci-devant (694) : il parut d'abord comme
un petit flocon à la hauteur où la pluie se formoit auparavant : il grossit considérablement
en montant peu-à-peu, & il atteignit la couche générale où je le perdis de vue.

725. IVme. *Phénomène. L'air mêlé de vapeurs*
peut être porté de proche en proche dans une
contrée, & y prendre la place de l'air sec,
sans qu'on apperçoive d'une manière sensible le vent qui le charrie. L'air demeure serein

cure, & pré-
fagent la
pluie.

malgré ces *vapeurs*, lorfqu'elles font fubtiles & en petite quantité. Pendant la nuit, elles fe condenfent par la diminution de la chaleur, & elles produifent une *rofée* beaucoup plus abondante que celles des jours précédens, qui, en hiver, fe convertit en *gelée blanche*. Voilà pourquoi ceux qui obfervent les préfages naturels des changemens de *tems*, peuvent affez fûrement annnoncer la pluie, quand la *rofée* ou la *gelée blanche* font plus abondantes que le pays ou la faifon ne les auroient produites naturellement. Le Baromètre eft le plus fouvent d'accord avec ce préfage : *l'air mêlé de vapeurs* commence e le faire baiffer ; & , fuivant que cet abaiffement eft plus ou moins rapide, la *pluie* eft ordinairement plus ou moins prochaine.

Effet des différens vents fur la pef. fpée. de l'air, & par conféquent fur le Baromètre.

726. Vme. *Phénoméne.* Les vents de Sud, de Sud-Oueft & d'Oueft viennent par rapport à nous des plus vaftes mers ; l'air qu'ils charrient doit donc être très-chargé de *vapeurs* ; c'eft par cette raifon qu'ils font baiffer le mercure, avec cette différence dans la quantité de leur effet, que le Sud & le Sud-Oueft venant des Pays chauds, charrient des *vapeurs* plus dilatées, & par conféquent un air plus léger que celui qui eft tranfporé par le vent d'Oueft. Auffi le mercure baiffe-t-il ordinairement moins par ce dernier vent, que par les premiers.

Les vents du Nord, du Nord-Eft & de l'Eft ont traverfé de très-grands continens pour parvenir jufqu'à nous : c'eft pourquoi l'air qu'ils nous apportent, eft ordinairement fec. Auffi font-ils monter le mercure ; le Nord-Eft,

Est, sur-tout, parce qu'il est le plus sec & le moins chaud.

Les vents qui font baisser le mercure, amènent la *pluie*, & ceux par lesquels le mercure s'élève, produisent le *beau tems* : on voit assez la liaison de ces effets entr'eux & avec leur cause.

727. VIme. *Phénomène.* Les vents qui rendent ordinairement l'air serein, peuvent quelquefois amener la *pluie*; & le *beau tems* au contraire, peut accompagner ceux qui, le plus souvent, obscurcissent l'air. Le premier cas a lieu, quand le Sud ou le Sud-Ouest ont porté du côté du Nord beaucoup de *nuages*, que les vents de ces régions nous rapportent : dans le second cas, le Sud & le Sud-Ouest viennent à nous sans *vapeurs*. Mais ces cas sont peu fréquens, & leurs effets ne sont pas de durée. Dans ces tems-là, le Baromètre semble n'être pas d'accord avec l'état de l'air.

728. VIIme. *Phénomène.* Si pendant que la *pluie* se forme dans les *nuages*, & tombe, le concours de l'*air chargé de vapeurs* vient à cesser, la *pluie* elle même, en tombant, entraîne les *vapeurs* qui restoient mêlées avec l'air inférieur; de nouvel air *pur* leur succède; souvent même il est apporté par un autre vent. Le poids de l'air augmente alors, & le Baromètre monte, tandis qu'il pleut encore; mais si le Baromètre continue à monter, c'est une marque certaine que la *pluie* ne sera pas de longue durée.

729. VIIIme. *Phénomène.* Quand le Baromètre ne monte que parce que le vent qui charrioit les *vapeurs* a cessé, il peut *pleuvoir* encore

Tome III.   V

le tems qui s'écoule depuis que le Baromètre est monté jusqu'à la cessation de la pluie.

pendant quelque tems ; c'est-à-dire , tant que les *nuages* sont encore assez denses pour produire la *pluie* ; & ces *nuages* peuvent rester encore long-tems dans l'air, depuis que, par la diminution de leur densité , il a cessé de pleuvoir. Mais si ce changement est opéré par un vent qui amène de l'air *sec*, comme le Nord-Est, dans nos climats, cet air, qui peut absorber beaucoup de *vapeurs*, dissout , pour ainsi dire , les *nuages* : leurs particules se divisent & se mêlent de nouveau avec l'air ; nous les voyons diminuer & disparoître , avant qu'ils aient eu le tems de sortir de notre horison.

Observation d'un nuage dissipé dans l'air sec.

J'ai été témoin d'un des plus singuliers Phénomènes de cette espèce , en voyageant dans les Alpes. Il avoit plu pendant la nuit précédente ; l'air étoit devenu serein par un petit vent Nord-Est, & il ne restoit plus de *nuages* que dans les enfoncemens des montagnes. J'étois alors fort avancé dans la largeur de la chaîne des Alpes (*a*), & par conséquent, quoique je voyageasse dans une large vallée , j'étois déjà très-élevé.

Je quittai le grand chemin, pour visiter une mine de plomb (*b*), & je fus obligé, pour y parvenir, de monter assez haut sur la montagne, avant d'entrer dans une gorge qui conduit à cette mine. Lorsque je fus dans cette petite vallée , je n'apperçus plus le vent Nord-Est qui régnoit dans la grande , & je vis venir

---

(*a*) Au Bourg *St. Maurice* en Tarentaise.
(*b*) A *Pessei.*

à moi une bande de *nuages*, qui parcouroit lentement le côté de la montagne opposé à celui où je me trouvois, & à-peu-près à ma hauteur. Je m'attendois à voir ces *nuages* acquérir un mouvement plus rapide, & une direction différente, lorsqu'ils seroient parvenus dans la grande vallée ; c'est-pourquoi je les suivis des yeux ; mais je fus fort surpris de ce qu'ils parurent au contraire se fixer en cet endroit-là. Je crus d'abord que le vent s'opposoit à leur sortie, & qu'ils s'accumuleroient à l'embouchure du défilé, parce que le mouvement progressif continuoit par derrière ; mais cela n'arriva point, & mon attention redoubla par cette singularité. Je m'arrêtai pour considérer ce Phénomène ; & comme l'endroit où les *nuages* paroissoient se fixer, n'étoit éloigné de moi, que d'environ 100 *toises*, je vis distinctement, que, dès qu'ils étoient parvenus à ce point, le vent occasionnoit un peu d'agitation à leur extrémité ; il en séparoit de petits flocons, qui diminuoient de volume, en s'éloignant peu-à-peu de la masse dont ils avoient été détachés, & qui se dissipoient entièrement à une petite distance ; de sorte qu'au bout d'une heure, cette chaîne de *nuages*, qui avoit au moins 200 *toises* de longueur, fut entièrement absorbée. Je vis aussi, que les autres *nuages* parsemés autour des montagnes, se dissipoient comme celui que j'avois observé. L'air devint enfin absolument serein.

730. IXme. *Phénomène.* Lorsqu'une grande quantité de *vapeurs* se rassemble dans une contrée, & que par leur abondance elles s'élèvent

Comment il peut pleuvoir sans que le Baromètre baisse.

jusqu'à une couche d'air, où elles se forment en *nuages* (*Ph.* II.) ; si un vent vient à souffler dans cette couche seule, & qu'il transporte les *nuages* dans une autre contrée où le Baromètre est *haut* ; ces nuages pourront s'y condenser par les mêmes causes qui contribuent au *Ph.* III. sans que le mercure s'abbaisse dans le Baromètre ; parce que le vent n'aura point apporté d'*air mêlé de vapeurs.* Il pleuvra donc dans cette contrée-là , tandis qu'il ne pleuvra pas dans celle où les nuages se forment, & où le mercure a baissé , parce que les *vapeurs* y abondent (*Ph.* II.). L'expérience indique cette action des vents dans des couches particulières de l'air ; j'en ai senti de très-violens sur les montagnes, pendant que l'air étoit calme à leur pied ; & j'ai éprouvé fort souvent le cas contraire. Quand l'air est serein , on ne peut appercevoir ces différences dans les plaines ; mais s'il y a des *nuages* dans l'air à diverses hauteurs , il est très-ordinaire de les voir transportés en plusieurs sens, & même quelquefois dans des directions absolument opposées.

Vents qui soufflent dans différentes couches de l'Atmosphère.

731. Xme. *Phénomène.* Le Baromètre reçoit l'impression de tous les changemens qui arrivent dans la colonne d'air qui le soutient ; mais l'Hygromètre n'est sensible qu'à ceux dont la couche où il est placé, se trouve affectée. C'est pourquoi les variations de ces deux instrumens ne peuvent être , ni proportionnelles , ni même constamment uniformes. Il est vrai qu'ordinairement , l'*air mêlé de vapeurs,* descend jusqu'à la partie inférieure de

Accord & différence dans les mouvemens du Baromètre & de l'Hygromètre.

l'Atmosphère : l'Hygromètre doit donc indiquer le plus souvent une augmentation d'*humidité*, en même tems que la diminution du *poids* se fait appercevoir par l'abbaissement du mercure. Mais il peut arriver, par l'élévation du vent, par l'opposition de quelque hauteur, par l'action d'un vent contraire, & par plusieurs autres causes particulières & locales, qu'une couche de l'Atmosphère ne reçoive que peu ou point de cet *air mêle de vapeurs* ; & si l'Hygromètre est placé dans cette couche, il n'indiquera pas une augmentation d'*humidité*, quoique le mercure ait baissé dans le Baromètre. Mais si l'Hygromètre au contraire est placé dans un lieu où quelque cause particulière introduit des *vapeurs* dans l'air, il fera connoître ce melange, sans que le Baromètre baisse sensiblement ; & même pendant qu'il monte, par d'autres causes qui ne peuvent agir sur l'Hygromètre, à cause de sa position.

732. XIme. *Phénomène.* Les mêmes circonstances qui contribuent au *Phénomène* précédent, peuvent occasionner les exceptions que j'ai indiquées dans le §. 665. Car si l'air n'est imprégné de *vapeurs* que jusqu'à une certaine élévation, cette cause produira beaucoup d'effet sur les observations qu'on fera dans cette étendue, pour mesurer les *hauteurs* ; mais elle influera moins sensiblement, quand le Baromètre supérieur sera porté plus haut. On trouvera donc des exceptions aux règles générales dans les stations inférieures ; parce que la densité ne sera plus proportionnelle au

Comment on peut faire des erreurs contraires dans la mesure des hauteurs en observant à des élévations différentes dans le même jour.

poids supérieur, & aux effets de la chaleur sur un air homogène (715). Mais ces exceptions ne s'étendront pas dans les lieux élevés au-dessus des *vapeurs*; on y appercevra même des exceptions contraires, si l'air est proportionnellement plus *pur* dans le haut, qu'il n'est mêlé de *vapeurs* dans le bas, parce que la fixation de ma règle est tirée de l'ensemble de mes observations, & suppose par conséquent une *humidité* moyenne. Les exceptions seront contraires, si l'air est plus *pur* dans le bas, & plus *impregné de vapeurs* dans le haut, que le terme moyen qui a servi de bâse à ma règle.

733. XIIme. *Phénomène.* La chaleur dilate l'air & diminue son poids; mais elle agit bien plus puissamment sur les *vapeurs*. Ainsi plus il y a de différence dans un climat, entre la température de l'Hiver & celle de l'Été, & entre la quantité de *vapeurs* que l'air de ce climat contient en divers tems, plus aussi l'étendue des variations du Baromètre doit y être considérable. Car si à la chaleur de l'Été & aux *vapeurs* qu'elle produit naturellement, se joint le concours d'un vent qui apporte une grande quantité d'*air mêlé de vapeurs*, le mercure doit s'abbaisser beaucoup dans le Baromètre. Voilà ce qui produit ces grandes variations dans le *Nord*, où la différence de chaleur de l'Été à l'Hiver est fort considérable, & où le mélange des *vapeurs* avec l'air tient à plusieurs causes qui ne sont pas permanentes. La température de l'air sous l'Equateur étant beaucoup plus uniforme, sa constitution re-

lativement aux *vapeurs* l'est aussi par cela même ; c'est - pourquoi le Baromètre y fait peu de variations.

734. XIIIme. *Phénomene.* Lorsqu'il se joint à la cause dont j'ai parlé jusqu'ici, quelqu'une des autres causes qui contribuent aux variations du Baromètre, comme l'augmentation ou diminution de poids, produites dans la masse totale de l'Atmosphère, par le plus ou le moins de *vapeurs* qu'elle renferme ; les dilatations & condensations qui procèdent des variations de la chaleur ; la plus grande ou la moindre abondance de *vapeurs* locales ; l'accumulation de l'air occasionnée par des vents contraires ; lors, dis-je, que ces causes ou d'autres même se combinent avec la principale, il se fait alors des exceptions. Si leur action est en sens contraire, l'effet total doit être plus petit ; mais si elles concourent, comme cela peut être, elles produisent sans doute alors les grands écarts que nous observons dans la hauteur du Baromètre, qui sont pour l'ordinaire momentanés.

Diverses causes particulières des variations du Baromètre.

Elles diminuent l'effet de la cause principale, quand elles agissent en sens contraire ;

Ou produisent des variations extraordinaires, quand elles concourent avec cette cause.

735. Je pourrois porter plus loin le détail des combinaisons de l'*air mêlé de vapeurs* avec l'*air pur*, & expliquer par ce moyen un plus grand nombre de Phénomènes ; mais il suffit d'avoir montré comment les *vapeurs* sont la principale cause des *variations* du Baromètre, & pourquoi ces *variations* ne sont pas nécessairement liées avec la *pluie* & le *beau tems*, quoique le plus souvent elles les annoncent. Il faut par une longue suite d'observations locales, transmises, pour ainsi dire, d'une génération

Remarque sur les prédictions du Baromètre.

à l'autre, lier certains Phénomènes particuliers avec les variations du Baromètre, pour rendre ſes prédictions plus certaines. Mais les obſervations faites dans un pays ne ſerviroient preſqu'à rien pour un autre ; c'eſt - pourquoi je me ſuis borné aux indications les plus générales.

Recherche à faire pour perfectionner la meſure des hauteurs, par la connoiſſance des effets que les vapeurs produiſent dans l'air.

Je reviens maintenant aux obſervations du Baromètre qui ſont relatives à la meſure des *hauteurs*. Nous pouvons eſpérer, de ces obſervations, des conſéquences plus certaines, que des précédentes, parce que les changemens de hauteur du mercure dans un Baromètre fixe, ſont l'effet de ceux qui arrivent dans toute la colonne qui pèſe ſur lui, & dont nous ne pouvons examiner qu'une bien petite partie ; au-lieu que dans les obſervations qui ſont relatives à la meſure des *hauteurs*, toute la colonne meſurée peut être ſoumiſe à nos expériences. C'eſt donc une connoiſſance plus exacte de l'état actuel des colonnes qu'on meſure, qu'on doit chercher à acquérir.

La cauſe des variations du Baromètre peut avoir produit une partie des exceptions trouvées dans les obſervations précédentes.

736. En expliquant la principale cauſe qui fait deſcendre le mercure dans un Baromètre ſédentaire, & l'influence de cette cauſe ſur l'élaſticité & la denſité *abſolues* & *relatives* des couches d'air, je me ſuis propoſé de faire voir qu'elle peut produire une grande partie des exceptions qui ſe trouvent encore dans

mes expériences. J'aurois donc pu donner à leurs résultats une plus grande uniformité, en ajoutant à ma règle quelques corrections relatives à cet objet. Mais n'ayant pas dirigé mes expériences vers ce but, je n'aurois pu énoncer cette correction que bien imparfaitement. C'est-pourquoi j'ai préféré de démontrer simplement que cette plus grande uniformité est possible.

737. Voilà donc un nouveau champ ouvert aux expériences. Il s'agit de déterminer quel changement on doit faire à la *hauteur* trouvée par les *logarithmes*, quand l'air est plus ou moins chargé de *vapeurs* qu'un certain point fixe, & de *vapeurs* échauffées plus ou moins qu'un certain dégré. *Il faut cherche une nouvelle équation pour cet objet.*

738. Il me semble que, pour découvrir cette *Loi*, il faudroit pouvoir joindre l'observation d'un *Hygromètre* comparable à celle du Baromètre & du Thermomètre. Car le point essentiel consiste à connoître, s'il y a des *vapeurs* dans la colonne d'air qui est interceptée par les deux stations, & quelle est leur quantité, puisque, si les *vapeurs* qui font baisser le Baromètre, sont plus élevées que cette colonne, elles ne changent point la Loi générale qui sert de fondement au calcul. *Nécessité d'avoir pour cela des Hygromètres comparables.*

739. Lorsqu'on aura obtenu ce premier point, il sera facile de connoître par l'expérience, 1°. si les *vapeurs* influent de la même manière, quelle que soit la densité de l'air produite par la pression supérieure, & par conséquent, quelle que soit la hauteur du *Route à suivre dans cette correction.*

mercure dans le Baromètre ; 2°. quel rapport il y a entre la quantité des *vapeurs* exprimée par les *dégrés* de l'*Hygromètre*, & la diminution d'élasticité de l'air, par une température donnée ; ou, plus directement, quelle partie proportionnelle il faut déduire de la *hauteur* trouvée par le calcul, ou ajouter à cette *hauteur*, pour chaque *dégré* de l'*Hygromètre*, quand l'air est à cette température : ce qui conduira en même tems à placer le *zéro* de l'*Hygromètre* au dégré d'*humidité* où les *logarithmes* donnent immédiatement la hauteur en millièmes de toise. 3°. enfin, quelle modification doit éprouver ce *rapport*, lorsque la chaleur est plus ou moins grande que le *point fixe* auquel la force expansive des *vapeurs* est égale à celle de l'air.

Je conviens que tout cela présente bien des soins & des peines au premier coup - d'œil. Mais j'ai éprouvé plus d'une fois, que les difficultés connues s'applanissent beaucoup quand on les affronte avec courage.

CHAPITRE DIXIÈME.

Indications de quelques moyens d'éviter, dans la mesure des hauteurs par le Baromètre, les erreurs que peuvent y introduire les causes indiquées dans les Chapitres précédens.

J'AI rassemblé dans les Chapitres précédens, ce que je regarde comme les principales causes des différences qui subsistent encore dans les résultats de mes observations. Elles forment des points de vues fixes pour de nouvelles recherches, & par cela même on peut espérer de porter plus loin les découvertes sur cette matière. Mais en attendant que par de nouvelles expériences, on soit parvenu à s'assurer de l'existence de ces causes, & à connoître leurs effets, je puis indiquer quelques moyens d'éviter assez sûrement les erreurs qui en résultent.

740. Le premier de ces moyens, & qui suffira seul le plus souvent, découle de ce que j'ai remarqué, dans le cours de mes observations, que la plupart des causes d'exceptions aux règles générales ne sont pas permanentes, & qu'elles varient même dans un court espace de tems. Toutes les fois donc qu'on peut rester quelques heures dans le lieu dont on cherche à connoître la hauteur relativement à un autre lieu, par le moyen du Baromètre, il faut faire, chaque quart-d'heure, les observations correspondantes aux deux stations, & en prendre le milieu. Plus leur nombre sera grand, plus ce terme moyen approchera de l'exactitude. C'est ce dont on peut voir bien des preuves dans le détail que j'ai donné de mes expériences à la montagne de *Salève*, parce que j'en ai fait quelquefois plusieurs, dans le même jour, au même endroit, dont les différences de résultat, relativement à la hauteur réelle, sont en sens contraire. Et comme il n'y a pas beaucoup plus de variation à cet égard, d'un jour &

même d'une faifon à l'autre , qu'entre les heures du même jour ; je puis encore donner pour preuve de l'utilité de cette précaution, le réfultat moyen de mes expériences en chaque ftation , dont on a vu le dégré d'exactitude.

Les obfervations font généralement plus fûres à la cinquième partie du jour qu'à toute autre heure.

741. Mais fi l'on ne pouvoit fe procurer un certain nombre d'obfervations dans un même endroit ; il eft encore une reffource ; c'eft d'obferver pendant la moyenne chaleur du matin , qui correfpond à la cinquième partie de tems pendant lequel le foleil doit demeurer fur l'Horifon (596) ; il eft peu de mes obfervations faites dans la matinée , aux environs de ce tems-là , qui ne donnent la hauteur du lieu avec une grande juftefle. Sans

Caufes probables de cette régularité.

doute que dans cette partie du jour, la denfité de l'air eft plus exactement telle que l'exige la température , c'eft-à-dire , qu'on eft éloigné de ces momens , où pour l'ordinaire il fe fait des condenfations ou des dilatations fubites, qui troublent la Loi générale , à caufe de l'inertie de l'air (659) ; peut-être auffi que le terrein n'étant pas échauffé , comme il l'eft plus tard , les vapeurs , les exhalaifons & les réverbérations de chaleur n'agiffent pas encore auffi puiffamment pour altérer l'effet des Loix générales.

On peut eftimer jufqu'à un certain point l'effet des caufes locales & des vapeurs.

742. Après qu'on aura fait l'obfervation du Baromètre avec toutes les précautions que j'ai indiquées, il conviendra de noter tout ce qu'on pourra remarquer d'un peu certain , relativement à la chaleur locale & aux vapeurs répandues dans l'air. Ces notes ferviront peut-être à

concilier les obfervations où l'on trouvera quelque différence ; mais fur-tout elles peuvent conduire à la découverte de quelque règle fixe pour corriger ces petites erreurs.

743. En général, pour obtenir par les expériences du Baromètre des réfultats qui approchent toujours plus de l'exactitude, il eft important de s'accoutumer à voir les circonftances momentanées & locales, & à juger de leur influence. Ce n'eft pas dans la *mefure* des *hauteurs* que cette précaution eft plus effentielle ; car fi l'on y fait attention, on verra que la colonne d'air mefurée eft ordinairement affez à l'abri des influences de ces caufes ; c'eft celle qui s'élève verticalement au-deffus de la ftation la plus baffe, jufqu'au point horifontalement correfpondant à la ftation la plus élevée. Auffi a-t-on vu que cette *mefure* eft portée à une affez grande perfection. Mais nous devons tirer de ces expériences le moyen de connoître fûrement l'état local & actuel de l'air, & c'eft-là un point important pour la Phyfique. J'y reviendrai lorfque j'aurai expofé tout ce qui regarde la *mefure* des *hauteurs*.

CHAPITRE ONZIÈME.

Du Nivellement des routes & de la détermination des hauteurs des Villes, par le Baromètre. Exemples de cette efpèce de mefure.

744. **D**ans tout ce que j'ai dit ci-devant en établiffant les règles relatives à la *mefure*

des hauteurs par le Baromètre, j'ai supposé que les observations *corrspondantes* étoient faites à une petite distance horisontale, & l'on sent bien que cette condition est nécessaire à l'exactitude.

L'état de l'air change presque continuellement; & quoique, par sa fluidité, il tende toujours à se mettre en équilibre, il faut du tems pour qu'il y parvienne, & cet équilibre dure peu. Tant que les causes qui opèrent des changemens dans la densité de l'air agissent dans une contrée, avec quelque rapidité que leurs effets puissent se communiquer au loin par les vents qu'elles produisent, ces changemens doivent se maintenir plus grands à leur source que par-tout ailleurs, jusqu'à ce que leurs causes aient cessé. On a vu des

exemples des différences qui en résultent dans les rapports des hauteurs du Baromètre en divers lieux par les observations correspondantes entre *Genève* & *Gènes*, & *Turin*; & entre *Genève* & *Beaucaire*, que j'ai rapportées ci-devant.

Voici ce qui oblige à rapprocher, le plus qu'il est possible, les stations du Baromètre, lorsqu'on veut connoître exactement les différences de hauteur des lieux. Cette règle a cependant une certaine latitude: par exemple, mes deux stations les plus élevées dans la montagne de *Salève* étoient éloignées de plus de deux lieues, horizontalement & en droite ligne, de la station correspondante dans la plaine. La distance des stations pour la mesure de la *Dole* (643), étoit d'environ 4 lieues ; elle étoit de douze à treize pour celle des montagnes de *Sixt* (645). Cependant on a vu que les différences des résultats en divers tems, à ces distances, ont été peu considérables.

745. Mais quand on voyage, & qu'on rapporte à un même lieu les observations faites dans la route, la distance va toujours en augmentant. C'est cependant la méthode la plus sûre, parce que, pour l'ordinaire, il y a bien plus de différence dans l'état de l'air, dans l'intervalle seulement de cinq ou six heures, qu'il n'y en a entre deux lieux même assez distans, à la même heure. Par conséquent, on ne peut point compter sur la comparaison des observations faites de lieu en lieu dans les voyages ; je le montrerai bientôt, par les écarts qui se sont trouvés entre plusieurs *nivellemens* d'une même route, faits de cette manière.

Lors donc qu'on voudra entreprendre cette espèce de *nivellement*, il faudra toujours s'assurer d'observations *correspondantes* dans un lieu fixe, auquel on rapportera toutes celles qu'on fera en voyageant. C'est la première condition requise pour opérer avec exactitude.

746. La seconde, qui découle de la même considération, est de convenir de certaines heures fixes auxquelles on observera. J'ai trouvé qu'il y avoit plus de sûreté dans les observations faites précisément à la même heure, que dans celles qui avoient été faites à des distances de tems assez petites. Cela

vient de ce qu'en obfervant à la même heure, on évite de plus grands écarts, en facrifiant la poffibilité d'une plus grande exactitude. Ces écarts proviennent de ce que les variations du Baromètre commencent quelquefois plutôt, d'autres fois plus tard, dans un lieu, comparativement à un autre lieu. Si donc les obfervations correfpondantes n'ont pas été faites en même tems, il eft auffi probable que l'écart poffible a été augmenté, qu'il eft probable qu'il a été diminué. Et dans l'incertitude, il vaut mieux négliger la probabilité de quelque diminution dans l'écart poffible, pour éviter celle d'une augmentation. C'eft ce qu'on fait en obfervant à la même heure. On eft fûr par-là, que, quand on obfervera un certain nombre de fois dans les mêmes lieux, il n'y aura pas de fi grands écarts entre les réfultats particuliers & le réfultat moyen.

747. Mais on n'eft pas toujours affuré, lorfqu'on voyage, de pouvoir obferver exactement aux heures convenues. Il faut donc que l'Obfervateur fédentaire répète plufieurs fois fes obfervations, de quart - d'heure en quart-d'heure, aux environs du tems dont on eft convenu. Il convient même qu'il les multiplie le plus qu'il pourra dans le cours de la journée, foit parce que le *Voyageur* peut obferver fur la route dans quelque endroit intéreffant, foit par la raifon que je vais dire.

Le *Voyageur* doit auffi faire le plus d'obfervations qu'il lui eft poffible dans chaque lieu,

lieu, en mettant cependant entr'elles au moins un quart-d'heure d'intervalle. On diminuera beaucoup, par ce moyen, l'inconvénient des diſtances. Lorſque j'ai ſéjourné quelque tems dans un lieu, & que j'ai pu y obſerver ſouvent, le terme moyen des *hauteurs* conclues par les obſervations d'un même jour s'eſt preſque toujours rapproché du terme moyen réſultant de toutes les obſervations faites en pluſieurs jours. Les grands écarts ne ſont pas permanens, à cinquante ou ſoixante lieues de diſtance.

748. Quand les obſervations correſpondantes à celle du *voyageur* pourront ſe faire à la campagne, on y gagnera beaucoup pour l'exactitude. L'air des Villes n'eſt preſque jamais à la température de l'air vraiment libre. La chaleur s'y concentre en Eté, & réſiſte à la fraîcheur de la nuit. En Hiver, le *froid* y devient preſque permanent; on n'y éprouve point les adouciſſemens que le ſoleil procure dans le jour à la campagne. Cependant il eſt très-néceſſaire dans ces obſervations, de connoître exactement le dégré de chaleur de l'air. Il faudra donc préférer la campagne aux Villes, pour l'*obſervatoire* fixe, à moins qu'on ne trouve dans les Villes des lieux bien aërés, où l'on puiſſe ſuſpendre en plein air, dans un lieu expoſé aux vents & au ſoleil le plus qu'il ſera poſſible, un Thermomètre, tel que je l'ai décrit (537 *& ſuiv.*). C'eſt ainſi qu'ont été faites à *Genève* toutes les obſervations auxquelles j'ai comparé celles que j'ai faites dans mes voyages. Je ſuppoſe au reſte que, ſi l'*obſervatoire*

X

fixe eft à la campagne, on cherchera, par le Baromètre ou autrement, la hauteur du lieu, relativement à quelque Ville ou Rivière voifine ; c'eft-à-dire, à quelqu'autre lieu plus remarquable qu'une maifon de campagne.

Le voyageur doit bien choifir auffi le lieu où il obfervera la chaleur de l'air.

Il n'eft pas moins néceffaire que le *voyageur* choififfe bien le lieu où il devra obferver le dégré de chaleur de l'air. J'ai toujours fufpendu mon Thermomètre dans quelque lieu bien expofé au vent ou au foleil, lorfqu'il en faifoit ; & fi je ne trouvois pas quelqu'endroit fpacieux, comme un jardin, une grande cour, une Place, ou une rue bien percée, je cherchois l'endroit le mieux expofé de la maifon, & j'y fufpendois mon Thermomètre hors de la fenêtre.

Et laiffer prendre à fon Baromètre celle du lieu où il l'aura placé.

Telles font les principales précautions qu'on doit prendre pour mefurer les hauteurs par le Baromètre, à des diftances un peu grandes. Le *voyageur* intelligent fuppléera par lui-même aux détails dont je m'abftiens (*a*). Il comprendra, par exemple, que lorfque fon Baromètre aura été échauffé ou refroidi dans la route, plus que ne le fera le lieu où il voudra l'obfer-

---

(*a*) Je mets en note un avis qui paroîtroit minutieux dans le texte, & qui cependant pourra épargner aux *voyageurs* les difficultés que j'ai éprouvées dans le premier voyage où j'ai porté mon Baromètre. Il n'eft pas fi commun qu'on pourroit le penfer, de trouver où fufpendre convenablement un Baromètre dans les auberges. J'y ai pourvu en portant un petit foret que je plante dans quelque boifage. Je préfère ordinairement ceux qui font autour des fenêtres, pour que mon Baromètre foit bien éclairé : pourvu qu'en même tems il foit à l'abri des chocs, & que je puiffe aifément le mettre à plomb.

ver, il devra lui en laiſſer prendre la tempé-
tature, afin que ſon Thermomètre lui indique plus ſûrement celle du Baromètre. En un
mot, il y a quelques petits ſoins à prendre,
que l'expérience enſeignera aux gens attentifs.

749. Je vais donner des exemples de l'eſpèce de *nivellement* que je propoſe ; & je commencerai par celui de la route de *Genève à Gènes.*
Je rappellerai à cette occaſion, ce que j'ai dit
ailleurs ; que c'eſt une vérification très-réelle,
que la comparaiſon des *hauteurs* d'un même
lieu, conclues en différens tems (642). Ce
ſera donc montrer aſſez ſûrement le dégré de
confiance qu'on peut avoir dans cette méthode ; que de rapporter les obſervations de
ce genre, que j'ai faites aux mêmes lieux dans
mes voyages.

J'ajouterai aux réſultats de ce premier *nivellement*, un exemple des *hauteurs* que j'aurois trouvées par la ſeule comparaiſon des obſervations ſucceſſives, priſes même aux moindres intervalles de tems. On comprendra combien cette méthode eſt peu ſûre, par les écarts
des *hauteurs* conclues en différens tems de cette
manière ; tandis qu'il s'en trouve peu dans
celles qui réſultent d'obſervations correſpondantes pour le tems, faites dans un lieu fixe
plus éloigné.

Comme dans les auberges on eſt logé le
plus ſouvent au premier étage ; c'eſt toujours
au *premier étage* que j'ai obſervé, ou que j'ai
rapporté mes obſervations, en ayant égard à
la différence. Lorſque j'aurai eu quelque raiſon
d'obſerver ailleurs, je les indiquerai.

X ij

Et le niveau du *Lac de Genève*, ainsi que ce lui de la *Mer méditerranée*, pour termes de comparaison.

Toutes les *hauteurs* que je donnerai relativement à *Genève*, seront rapportées au niveau du *Rhône* à sa sortie du *Lac*, en Eté où il est le plus haut. J'y joindrai les *hauteurs* sur le niveau de la *Mer Méditerranée*, en ajoutant aux premières ou en en retranchant, suivant les cas, 188 *toises*, ou bien la hauteur du *Lac* sur ce dernier niveau, conclue des expériences que j'ai rapportées ci devant (647 *& suiv.*).

450. *Nivellement* de la route de *Genève* à *Turin*, par des observations *successives.*

Hauteurs moyen. sur le *Lac* à *Genève* en Été. **TOISES.**

			Toises
CROZEILLE.		Observation du 17me Août 1752.	207
ANNECI	{	16. Mai 1762. . . . . 30 } 16. Août . . . . . 45 }	38
St.-FELIX		16. Août 1762.	14

abbaissemens sous le même niveau.

CHAMBÉRY.	{	17. Mai 1762. . . . 74 } 15. Août . . . . 37 }	55
PLANÉSE		17. Mai 1762.	35
AIGUEBELLE.	{	27. Mai 1757. . . . 43 } 16. Mai 1762. . . . 47 } 15. Août. . . . 8 }	33

Hauteurs sur le même niveau.

LA CHAMBRE.	{	18. Mai 1762. . . . 40 } 14. Août. . . . 81 }	61
St.-MICHEL	{	28. Mai 1757. . . . 121 } 19. Mai 1762. . . . 155 } 14. Août. . . . 212 }	163
MODANE	{	28. Mai 1757. . . . 303 } 19. Mai 1762. . . . 339 } 14. Août. . . . 391 }	344
BRAMAN		13. Août.	473
LANS-LE-BOURG	{	29. Mai 1757. . . . 68 } 20. Mai 1762. . . . 489 } 13. Août. . . . 540 }	499
LA RAMASSE.		13. Août.	846
TOVET-DESSUS.		13. Août (hors du gr. chemin à l'Est).	897
LA GRAND-CROIX.	{	29. Mai 1757. . . . 726 } 20. Mai 1762. . . . 733 } 13. Août. . . . 775 }	745
LA FERRIÈRE.	{	20. Mai. . . . 510 } 13. Août. . . . 552 }	531
LA NOVALAISE.	{	29. Mai 1757. . . . 201 } 20. Mai 1762. . . . 205 } 13. Août. . . . 250 }	219
SUZE	{	29. Mai 1757. . . . 33 } 21. Mai 1762. . . . 50 }	41

abbaissemens sous le même niveau.

St.-AMBROISE.	{	21. Mai. . . . + 16 } 12. Août. . . . 8 }	4
AVILLIANE.		30. Mai 1757.	36
TURIN	{	30. Mai. . . . 92 } 21. Mai 1762. . . . 76 } 11. Août. . . . 53 }	74

751. *Nivell.* de la route de *Genève* à *Turin* & à *Gênes*, par des observations correspondantes avec *Genève.*

		Hauteurs sur le *Lac* à *Genève* en Eté. TOISES.	Hauteurs sur la *Mer* Méditerranée. TOISES.
GENÈVE	Au niv. du *Lac* ou du *Rhône* en Eté.	0	188
CROZEILLE	Observation du 17me Août 1762.	207	395
ANNECI	{ 16. Mai 1762 . . . 36 16. Août . . . 35 }	35	223
ST.-FÉLIX	15. Août	12	200
		abbaissemens sous le même niveau.	
CHAMBERY	{ 17. Mai . . . 48 15. Août . . . 47 }	47	141
PLANÉSE	17. Mai	15	173
AIGUEBELLE	{ 27. Mai 1757 . . . 22 18. Mai 1762 . . . 25 15. Août . . . 22 }	23	165
		Hauteurs sur le même niveau.	
LA CHAMBRE	{ 18. Mai . . . 64 14. Août . . . 54 }	59	247
ST.-MICHEL	{ 28. Mai 1757 . . . 171 19. Mai 1762 . . . 174 14. Août . . . 180 }	175	363
MODANE	{ 28. Mai 1757 . . . 355 19. Mai 1762 . . . 353 14. Août . . . 357 }	355	543
BRAMAN	13. Août	434	622
LANS-LE-BOURG	{ 29. Mai 1757 . . . 511 20. Mai 1762 . . . 500 13. Août . . . 502 }	504	692
LA RAMASSE	13. Août	809	997
TOVET-DESSUS	{ 13. Août (hors du grand chemin à l'Est). }	844	1032
LA GRAND-CROIX	{ 29. Mai 1757 . . . 770 20. Mai 1762 . . . 756 13. Août . . . 741 }	756	944
LA FERRIÈRE	{ 20. Mai . . . 529 13. Août . . . 514 }	521	709
LA NOVALAISE	{ 29. Mai 1757 . . . 234 20. Mai 1762 . . . 226 13. Août . . . 212 }	224	412
SUZE	{ 29. Mai 1757 . . . 72 21. Mai 1762 . . . 66 }	69	257
		abbaissemens sous le même niveau.	
ST.-AMBROISE	{ 21. Mai . . . 7 12. Août . . . 23 }	15	173
		Elévation sur le même niveau.	
AVILLIANE	30. Mai 1757	1	189
		Abaissemens sous le même niveau.	
TURIN	Rez-de-chaussée de l'*Ac.* (647)	65	123
GÊNES	Niveau de la *Mer* , (647)	8	9

752. *Nivellement* de la route de Genève à *Motier-Travers* & à *Neufchatel*, en 1763.	*Hauteurs* sur le niveau du *Lac* de *Genève* en Eté. TOISES.	*Hauteurs* sur la *Mer* *Méiterranée*. TOISES.
GENÈVE . . . Au niveau du *Lac*, en Eté.	o	188
NION . . . . . { Le 21. Novembre au bord du *Lac*, niveau d'Eté. }	3	191
MORGES . . . . { Le 21. de même (devroit être à-peu-près au même niveau que *Nion*. }	1	189
GOUMOENS . . Le 23.	123	311
YVERDON . . { Le même jour, au bord du *Lac de Neuf-chatel*. }	25	213
BONVILLARD. Le 24.	50	238
ROMEIRON . . { Village sur le penchant de la montagne qu'il faut traverser depuis *Bonvillard*, pour aller à *Motier-Travers*. }	231	419
L'INVERS . . . { Au-dessus de *Tevenon*, au plus haut du chemin qui traverse la Montagne. }	464	652
PIERNOU . . . { Métairie, sur le penchant de la Montagne du côté de *Motier-Travers*. }	372	560
MOTIER-TRAVERS. { Par des observations du 24me. Nov. au 7me. Déc. }	182	370
BROT . . . . . { Le 7. Déc. Village sur la route de *Motier* à *Neuf-chatel*. }	241	429
NEUF-CHATEL. Le 8. . . . au bord du *Lac*.	28	316

Par l'observation faite à *Neufchatel*, au bord du *Lac* de ce nom, sa hauteur sur le niveau du *Lac* de *Genève* se trouve de 28 *toises*, & par l'observation faite à *Yverdon*, au bord du même *Lac*, sa hauteur sur le même niveau ne seroit que de 25 *toises*. En prenant le milieu entre ces deux résultats, la hauteur *du Lac de Neufchatel*, sur le *Lac de Genève*, seroit de 26 *toises* ½, & de 314 *toises* ½ sur le niveau de la *Mer Méditerranée*.

X iv

753. *Nivellement* de la route de Genève à Berne, en Juin 1764.

		Hauteurs sur le niveau du *Lac* de *Genève* en Eté. TOISES.	Hauteurs sur le niveau de la *Mer Méditerranée.* TOISES.
GENÈVE	Au niveau du *Lac*, en Eté.	0	188
LAUSANNE .	{ Obſervation du 26 Juin, au *Lion d'or.* }	72	260
	{ Le 16me. au plus haut de la Colline de *Lauſanne*, ſur le chemin de *Moudon.* }	270	458
MOUDON . . .	{ Le 15. . . . . 72 } { Le 26. . . . . 71 }	71	259
PAYERNE . . .	{ Le 16. . . . . 40 } { Le 26 & le 27. . . . . 42 }	41	229
MORAT	{ Le 17. à l'*Aigle.*	44	232
	{ Au bord du *Lac.*	29	217
BERNE	{ Au *Faucon*, par des obſervations du 18 au 25. }	87	275
	Au bord de l'*Aar* à la *Matte.*	70	258

Par une obſervation faite au haut de la Tour de la *Cathédrale* de *Berne*, auprès d'une petite *lucarne* qui eſt dans le couvert; comparée à deux autres obſervations faites enſuite, l'une au bas de l'eſcalier de la Tour, & l'autre au pied de la terraſſe, ſur laquelle cette Egliſe eſt bâtie : j'ai trouvé que cette *lucarne* eſt élevée de 160 *pieds* au-deſſus du bas de l'eſcalier de la Tour, & de 245 *pieds* au-deſſus de la bâſe de la terraſſe. Comme je n'avois qu'un Baromètre, je n'ai pas pû ſavoir s'il s'étoit fait quelque changement dans l'air pendant l'intervalle des obſervations, qui fut de 50 *min.* de la première à la dernière.

Par l'obſervation du 17me., j'ai trouvé la hauteur du *Lac* de *Morat* ſur le niveau du *Lac de Genève*, de 29 *toiſes*, & je n'avois trouvé que 26 *toiſes* ; pour celle du *Lac de Neufchatel*, ſur le même niveau. Le *Lac de Morat* & celui de *Neufchatel* ſont parallèles l'un à l'autre, & ſéparés ſeulement par une Colline ; mais le premier de ces *Lacs* eſt en effet un peu plus haut que le dernier ; car il ſe décharge par une petite Rivière, qui coule vers le *Lac de Neufchatel*, & va ſe joindre à celle qui ſort de ce *Lac.*

754. *Nivellement* de la route de *Genève* à *Baucaire* par le *Dauphiné*, en 1770.

		Hauteurs sur le niveau du *Lac* de *Genève* en Eté. TOISES.	Hauteurs sur le niveau de la *Mer Méditerranée.* TOISES.
GENÈVE .	Au niveau du *Lac*, en Eté . . .	0	188
COLONGE. { 4 Juillet . . . . . . 63 / 8 Août . . . . . . 62 }		62	250
CHATILLON .	4 Juillet	76	264
LA VOUTE .	7 & 8 Août	63	251
NANTUA .	7 Août	53	241
CERDON . { Au haut de la descente, au commencement du rocher coupé. { 5 Juillet . 61 / 7 Août . . 66 }		63	251
	Abbaissement sous le même niveau.		
{ Au bas de la descente sur le grand chemin. { 5 Juillet . . 32 / 7 Août . . . 28 }		30	158½
EMBOURNAY.	5 & 6 Juillet	53	135
MEXIMIEUX .	6 Août	70	118
MONT-LUEL . { 6 Juillet . . . . . . 85 / 6 Août . . . . . . 75 }		80	108
LYON . . . { A 4 toises au-dessus du niveau du *Rhône* en Eté, par plusieurs observations en Juillet & Août. }		100	88
St. SAPHORIN.	Le 3 Août	84	104
LE PÉAGE . .	Le 2	91	97
AURIOL . .	Le 1er.	128	60
MONTLIMAR.	Le 31 Juillet & le 1er. Août . .	129	59
PIERRELATE.	Le 31 Juillet	155	33
ORANGE .	Le 30 & le 31	155	33
AVIGNON. { 10 Juillet . . . . . 173 / 30 Juillet . . . . . 175 }		174	14
BAUCAIRE . . { A 7 toises au-dessus du niveau du *Rhône* en Eté, par des observations du 11 au 30 Juillet. }		175	13

Le 8 Juillet j'observai le Baromètre au haut du Clocher de l'Eglise de *Fourvière* à *Lyon :* quelques heures après je l'observai au bord du *Rhône*, au pied de cette Colline. Par la comparaison de ces deux observations, le haut du Clocher de *Fourvière*, seroit élevé sur le niveau du *Rhône*, de 443 *pieds.*

755. *Nivellement* du cours du *Rhône*, depuis *Genève* jusqu'à la *Mer Méditerranée*, en 1770.

	Abbaiſſemens au-deſſous du niveau du *Lac* de *Genève*. TOISES.	Pentes d'un lieu à l'autre. TOISES.	Hauteurs ſur le niveau de la *Mer Méditerranée*. TOISES.
A GENÈVE , ...	0	39	188
AU PONT DE LUCEL. { Lieu éloigné de *Genève* d'environ 4 lieues , où le *Rhône* s'engouffre dans un Rocher, & diſparoit totalement pendant l'eſpace de quelques toiſes. Obſerv. du 8e Août.	39	65	149
A LYON . . { Obſerv. du 6 au 9 Juillet. 105 / Du 3 au 6 Août . . . 104 }	104	14	84
A CONDRIEU. 9e. Juillet	118	13	70
A VALENCE. { 9e. Juillet . . . . 129 / 1e. Août . . . . 133 }	131	34	57
AU ST. ESPRIT. 10e. Juillet	165	12	23
A AVIGNON . { 10e. Juillet . . . . . 175 / 30e. . . . . 178 }	177	5	11
A BAUCAIRE. Obſerv. du 11 au 30 Juillet .	182	6	6
A ſon embouchure dans la *Mer Méditerr.* (639)	188		0

Il me ſemble que la Pente de *Condrieu* à *Valence* eſt trop petite comparativement à celle de *Valence* au *St.-Eſprit.* Elle n'eſt pas proportionnée à beaucoup près à la différence des *trajets* ; & je n'ai pas remarqué non plus dans le *Rhône* une différence de *rapidité* proportionnée à ce qui manque dans la proportion des *pentes* aux *trajets.* Je ſoupçonne l'obſervation du 9me. Juillet à *Valence* d'être très-défectueuſe; & même que *Valence* eſt encore plus bas , qu'il n'eſt indiqué par l'obſervation du 1er. Août.

Je vais raſſembler ici toutes les meſures que j'ai faites avec le Baromètre dans les Montagnes de notre voiſinage, pour la commodité de ceux qui voudroient y avoir recours.

Hauteurs *des lieux les plus connus de la Montagne de Salève.*

	Hauteurs sur le niveau du Lac de Genève en Eté. TOISES.	Hauteurs sur le niveau de la Mer Méditerranée. TOISES.
Le ſol de *Penchat*, vers les Tuillières de *Veſſy*, à une lieue de *Salève*; bâſe des obſervations du Baromètre	24	212
Vers le commencement du *pas de l'échelle* . . .	122	310
Monetier	177	365
Le ſommet du *petit Salève*	267	455
La Grange des *Arbres*	413	601
La Croix ſur *Crevin*	454	642
Le *grand Pitton*, qui eſt la plus haute ſommité . .	512	700

756. Voyage au *Mole*, le 28me. Août 1763.

Les Granges des Communes d'*Aire*	593	781
Le ſommet du *Mole*	760	948

Voyage à la *Dole*, le 29me. Juillet 1764.

GINGIN	87	275
St. SERGUE	338	526
Le ſommet de la *Dole*	658	846

Voyage à la *Dole*, le 20me. Juillet 1765.

BONMONT, au rez-de-chauſſée du Château . .	111	299
La Grange du *Boule*	393	580
La plus haute Grange de la *Dole* .	543	731
Le ſommet de la *Dole* . . .	659	847

757. Voyages aux Montagnes de la Paroisse de *Sixt*, dans le *Faussigny*.

		Hauteurs sur le niveau du *Lac* de *Gen.* en Eté.	*Hauteurs* sur le niveau de la *Mer Méditerr.*
St. JOIRE . . . 24 Août 1765		108	296
TANINGE . . . { 24 Août 1765 . . . . . 160 / 24 Août 1770 . . . . 160⅓ }		160	348
SIXT. . . . . . { 25 Août 1765 . . . . . 187 / 24, 25 & 26 Août 1770 . 187⅙ }		187	375
GRANGES *des* Communes. { 25 Août 1765 . . . . 646 / 26 Août 1770 . . . . 644⅚ }		645	833
GRENIER , *au pied du* Grenairon. { 25 Août 1765 . . . . 1123 / 25 Août 1770 . . . . 1119⅓ }		1121	1309
GRENAIRON . . { Sommet de la Montagne des Communes, 25 Août 1770. }		1294	1392
LES FONDS . . { A une des Granges les plus éle-vées, 21 à 24 Sept. 1770. }		498	686
GRASSE CHEVRE . . { Pâturage au Sud des fonds dans la Grange de l'Abbaye de Sixt, le 22ᵉ. }		662	850
LE PLAN DE LÉCHAUD. { A sa partie la plus élevée, le 25ᵉ. }		892	1080
LE GLACIER DE BUET , au sommet, le 25ᵉ.		1372	1560

Commodi-té de la mé-thode de *ni-veler* les *routes* par le Baromètre.

758. Par les exemples que je viens de rap-porter de *Nivellemens* faits avec le Baromè-tre, on peut voir que cette méthode mérite déjà assez de confiance pour être employée ; & qu'il vaut la peine qu'on travaille à la perfectionner. Il n'en est certainement au-cune qui puisse lui être comparée pour la commodité, lorsqu'il s'agira d'embrasser une grande étendue de terrein. Je transporte mon Baromètre presque sans aucune peine dans mes voyages ; bien loin qu'il m'en coûte aucune pour faire mes observations, c'est une occupation agréable ; je n'éprouve point d'ennui en voyageant, & je fais ainsi avec plaisir & en fort peu de tems ce qui coûteroit un tems & une peine immense par les méthodes ordinaires, savoir le *nivelle-ment* de ma route.

Il est vrai que cette méthode demande des observations *correspondantes* bien faites, c'est-à-dire, qu'il faut que celui qui voudra porter un Baromètre en voyage, pour *niveler* sa route, trouve quelqu'un qui veuille s'assujettir à observer pendant son absence. Il faudra même, quand les voyages seront longs, pouvoir transporter de distance en distance l'*observatoire* fixe, pour mettre plus de sûreté dans les observations. Mais il me semble que ce n'est pas trop attendre du goût qu'on a pris pour la Physique, & qu'on peut compter qu'il se trouvera aisément, au moins dans toutes les Villes, quelqu'Amateur qui se fera plaisir de rendre utiles ses amusemens.

759. Il y auroit un moyen d'applanir les difficultés ; ce seroit, que, dans toutes les principales Villes de l'Europe, quelqu'un voulût se charger du soin d'observer pendant quelques années le Baromètre & le Thermomètre, à des heures fixes de chaque jour, comme à 8 heures du matin, à une heure après midi, & à 10 heures du soir, (ce sont les heures qui me semblent le plus généralement commodes), & de publier ensuite ses observations tous les trois mois dans les Journaux. Par ce moyen les Voyageurs seroient assurés d'avoir des points de comparaison ; ce qui inspireroit le désir d'en profiter.

Mais il resulteroit un avantage plus certain encore de ces observations. C'est que, par leurs termes moyens, on parviendroit à *niveler* l'Europe, du moins le sol de toutes les Villes ; & l'on pourroit joindre alors, avec sûreté , à leur *longitude* & *latitude* , leur *hauteur sur le niveau de la mer.* On a vu comment j'ai déterminé celles de *Turin* , de *Lyon* & de *Baucaire* , comparativement à notre *Lac* & à la *Mer-Méditerranée.* Par des observations plus nombreuses, on s'assureroit d'une plus grande exactitude.

Si l'on étendoit ces observations hors de notre continent , qu'on en fît sur - tout de semblables tout au tour des côtes , je ne doute pas qu'il n'en résultât des découvertes intéressantes , sur les différences de hauteur de la mer , sur les causes des vents & des courants , peut-être même sur la figure de la terre. Il est vrai qu'on ne parviendroit à des conséquences solides à tous ces égards, qu'au travers de bien des difficultés ; mais ces difficultés mêmes seroient intéressantes. Elles ne naîtroient pas des observations ; on les feroit aisément par-tout ; elles naîtroient de leurs conséquences, qui, dans des observations continues , faites à de grandes distances & sous des colonnes *entières* de l'Atmosphère , tiendroient à des principes bien différens de ceux qui sont applicables à des observations simultanées , faites sur des portions de colonnes , à de petites distances. Je crois , en un mot , que de telles observations donneroient lieu à des recherches physiques très - délicates , & dignes d'occuper les génies les plus profonds.

Mais il est si commun de substituer l'appareil de l'exactitude à sa réalité , que je tremble qu'on ne vienne tout bouleverser par des obser

vations mal faites. Combien de Savans, dignes
de trouver le vrai par la fertilité de leur génie, ne se sont pas exercés, dans leur cabinet, à concilier des chimères! Il est donc à
souhaiter que ceux qui n'ont pas une patience
& une dextérité suffisantes, n'apportent rien
au dépôt commun.

CHAPITRE DOUZIEME.

Usage du Niveau *& du* Graphomètre, *joints au*
Baromètre pour mesurer les hauteurs. Mesure
de celle du Mont-blanc, *dans les* Alpes *du*
Fauſſigny.

760. J'A I dit ci-devant que mon Baromètre
me sert en même tems de *niveau* (507). Je
vais expliquer à présent le parti qu'on peut
tirer de ce double usage.

> Le *niveau* joint au Baromètre.

Il en résulte d'abord qu'il n'est pas nécessaire de se transporter, avec le Baromètre,
dans tous les lieux dont on veut connoître
la hauteur ; celle du lieu où l'on se trouve
peut servir à en déterminer beaucoup d'autres, par le moyen du *niveau*. Et en montant
ou descendant sur le penchant d'une haute
montagne, & joignant toujours les observations du Baromètre à celles du *niveau*, on
peut connoître la hauteur de tous les lieux
qu'on découvre dans les environs. J'ai vu un
peu tard cette extension de la mesure des
hauteurs par le Baromètre; c'est-pourquoi je

> Son usage pour étendre la *mesure des hauteurs* par le Baromè-tre.

n'en ai pas fait un grand ufage. Mais il fuffit de l'indiquer, pour qu'on voie d'un coup-d'œil combien elle eft utile & commode.

Autre extenfion par quelques opérations trigonométriques.

761. On peut joindre même à cet ufage du *niveau* quelques opérations aifées de *Trigonométrie*, & porter plus loin encore, par cette réunion, l'utilité du Baromètre dans la mefure des hauteurs. Je vais en donner un exemple.

Le Mont-blanc mefuré géométriquement par M. Fatio de Duillier.

Il y avoit long-tems que nous defirions, mon frère & moi, de mefurer la hauteur du *Mont-blanc*, ou *montagne maudite*. Cette montagne, qui eft dans le *Fauffigny*, eft la plus élevée de la chaîne des *Alpes*, & probablement de tout le Globe à l'exception des *Cordilieres*. M. *Fatio de Duillier* en avoit mefuré la hauteur géométriquement, & il l'avoit trouvée de 2000 *toifes* au-deffus du niveau du *Lac* (*a*). Mais fa *bâfe* étoit trop petite & trop diftante de la montagne, pour qu'on pût compter fur l'exactitude de fon opération.

Projet d'une nouvelle mefure géométrique de cette montagne.

762. Nous avions mefuré depuis long-tems, dans le même deffein, une *bâfe* de 4000 *pieds*. On ne voyoit pas le *Mont-blanc* depuis cette *bâfe*; elle devoit nous fervir feulement à déterminer la diftance de deux points, pris fur des hauteurs voifines d'où l'on voit cette montagne. La raifon de ce

---

(*a*) *Remarque fur l'hiftoire naturelle des environs du Lac de Genève*, à la fin du II. vol. de l'hiftoire de Genève par M. *Spon*.

choix

choix fut que nous pûmes mesurer notre *bâse* en plus grande partie sur la glace. Mais le reste de l'opération demandoit beaucoup de tems, & nous n'en avions jamais eu assez pour l'entreprendre.

763. La hauteur du *Glacier de Buet*, dont j'ai déjà parlé (646); sa proximité du *Mont-blanc*, & la position de cette dernière montagne, dont on découvre une grande partie depuis les environs de *Genève*, nous firent naître l'idée d'une autre espèce de mesure, lorsque, pour d'autres motifs, nous allâmes à ce *Glacier*. Voici quelles ont été les opérations relatives à cette mesure.

Nous cherchâmes d'abord, de dessus le sommet du *Glacier*, quelques points du *Mont-blanc*, de niveau avec ce sommet, & qu'on pût découvrir des environs de *Genève*. L'ayant trouvé, nous fîmes un dessein de cette montagne, dans lequel nous désignâmes notre point. De retour à *Genève*, nous cherchâmes à le découvrir; mais nous éprouvâmes quelques difficultés. D'abord, nous étions en Automne, & le soleil, qui s'étoit abbaissé dans l'intervalle des opérations, n'éclairoit presque plus la partie du *Mont-blanc* où étoit notre objet. Outre cela, les montagnes qui sont en avant du *Mont-blanc*, cachent cette partie pour les environs de *Genève*. Si nous avions prévenu ce dernier obstacle, nous aurions pu prendre plusieurs points dans le même niveau, pour choisir ensuite le plus commode. C'est une attention qu'il faudroit avoir en pareil cas, car on peut aisément

Tome III.   Y

Abandonné.

Autre mesure à l'aide du Baromètre.

Un point dans le *Mont-blanc*, de niveau avec une autre montagne mesurée par le Baromètre.

se tromper, dans les montagnes, sur cette *visibilité* des objets depuis certains lieux éloignés.

Nous parvinmes cependant à découvrir le nôtre, en montant sur les hauteurs de *Prégny*, à demi-lieue de *Genève*, près du *Lac.* Mais il ne fut visible que vers le coucher du soleil. Nous prîmes promptement l'angle de hauteur de ce point & celui du sommet de la montagne, & ils se trouvèrent ainsi :

Angle du sommet du *Mont-blanc* 3°. 14'.
Angle du point de cette montagne, horizontalement correspondant au sommet du *Glacier de Buet* . . . . 2°. 2'.

La hauteur du *Glacier de Buet* sur le niveau du *Lac*, déterminé par le Baromètre, est (646) . . . . 8229 *pieds.*
Par l'observation du Baromètre sur la colline de *Prégny* & au bord du *Lac*, nous trouvâmes que nous étions élevés sur son niveau, de . . . 170

Hauteur du *Glacier de Buet*, & par conséquent du point qui lui correspond horizontalement dans le *Mont-blanc*, sur la station à *Prégny* . . 8059 *pieds.*

En faisant donc la *tangente* de l'angle de

2°. 2′., égale à 8059 *pieds*, nous aurons la hauteur du *Mont-blanc* sur *Prégny*, par cette analogie :

3550 (*tang.* 2°. 2′.) : 8059 :: 5649 (*tang.* 3°. 14′.) : 12824.

Mais cette anologie suppose que les deux points dont nous avons pris les angles de hauteur, sont à même distance de *Prégny*. Or le sommet du *Mont-blanc* en est plus éloigné que le point horizontalement correspondant au sommet du *Glacier de Buet*, & la distance horizontale de ces deux points peut bien différer de 4000 *pieds* ; ce qui, sur une distance de 227000 *pieds*, qui est celle de notre objet à *Prégny*, fait une augmentation de 226 *pieds* sur la hauteur du *Mont-blanc*.

Nous avons donc :

Hauteur du *Mont-blanc* sur
   Prégny, par le calcul, . . *Pieds*. 12824

Pour la différence d'éloigne-
   ment, &c. 226

Hauteur de *Prégny* sur le niveau du *Lac* 170

Hauteur du *Mont-blanc* sur
   le niveau du *Lac* . . . . *Pieds*. 13220

                    Toises. 2203

Hauteur du *Lac* sur le niveau
   de la *Mer Méditerranée*
   (647) 188

Hauteur du *Mont blanc* sur
   le niveau de la *Mer Mé-*
   diterranée . . . . *Toises*. 2391

Le *Pic de Tenerife* passe pour la plus haute

Correction pour la diffé-rence de distan e du point & du sommet.

Le Mont-blanc plus

haut que le *Pic de Ténérife.*

montagne de l'ancien Monde ; cependant elle n'eſt pas ſi haute que le *Mont-blanc* ; car le *P. Feuillée* ayant meſuré géométriquement, en 1704, la hauteur du *Pic de Tenerife*, ne la trouva que de 2213 *toiſes* au - deſſus du niveau de la mer (*a*). Et même par une remarque de MM. *de la Condamine* & *Bouguer* ſur la meſure du *P Feuillée*, cette hauteur ne doit être que de 2070 *toiſes* (281).

Cet exemple de la réunion qu'on peut faire des obſervations baromètriques, aux opérations géométriques , pour abréger celles-ci dans certains cas, fournira peut-être quelques idées utiles. C'eſt dans cette intention que je l'ai donné.

CHAPITRE TREIZIÈME.

Obſervations du Barometre faites par M. Bouguer au Pérou, & par M. l'Abbé de la Caille au Cap - de - Bonne - Eſpérance, qui contribuent à prouver que les dilatations de l'air ſuivent les mêmes Loix , à toute hauteur & dans tous les climats.

Examen de quelques expériences du Baromètre faites en des climats très-éloignés.

764. JE vais terminer ce qui regarde l'uſage du Baromètre pour la *meſure des hauteurs* par l'examen de quelques expériences relatives au même ſujet, faites en des climats fort éloi-

---

(*a*) *Mémoire de l'Académie des Sciences de Paris*, année 1733 , *in-12 , pag.* 60.

gnés du nôtre. Il est intéressant de savoir si cette différence dans les lieux n'en produit point dans les modifications de l'*air*.

J'ai déjà parlé plusieurs fois de la formule qu'a donné M. *Bouguer* pour conclurre les hauteurs des lieux, de l'abbaissement du mercure dans le Baromètre. Cette formule, qui découle d'expériences faites dans un climat bien différent du nôtre, diffère à plusieurs égards de la mienne. Mais j'ai reconnu que ces différences n'en supposent point dans la nature de l'*air*, & qu'elles peuvent être expliquées très-naturellement par les mêmes règles d'où découle ma formule : c'est ce que je vais montrer.

Celles de M. Bouguer au Pérou ne font point contraires aux Loix générales des dilatations de l'air.

Application des règles précédentes aux observations faites par M. Bouguer au Pérou.

765. M. *Bouguer* ayant fait un grand nombre d'expériences du Baromètre à des hauteurs connues dans les *Cordilières*, trouva une formule par le moyen de laquelle les abbaissemens observés du mercure donnoient exactement ces hauteurs. Cette découverte étoit très-intéressante ; elle annonçoit du moins quelque Loi régulière dans les condensations de l'*air* : mais elle perdit beaucoup de son prix, lorsque M. *Bouguer*, voulant appliquer sa formule à des observations faites à de moindres hauteurs, s'apperçut qu'elle n'y quadroit point avec les mesures actuelles, que par conséquent il falloit l'abandonner pour la région de l'*air* où elle eût été le plus utile ; puisque c'est celle que nous habitons.

Il croyoit cependant que ses condensations suivoient dans la partie inférieure de l'Atmosphere, des Loix différentes qu'à de grandes hauteurs.

L'embarras où se trouve M. *Bouguer* dans la recherche des causes de cette différence apparente entre la partie inférieure de l'Atmosphère & les régions plus élevées, lui fit imaginer son systême de l'inégale *vertu* élastique dans les particules de l'*air*, dont j'ai parlé dans ma première Partie. Heureusement que ce systême n'est pas d'accord avec l'expérience ; car s'il l'étoit, il eût fallu renoncer non-seulement à la mesure des *hauteurs* par le Baromètre ; mais en général à celle de la densité actuelle & locale de l'air : & c'eût été un grand vuide dans la Physique.

M. *Bouguer* sentoit, à la vérité, qu'il ne donnoit là qu'une hypothèse dont le principal mérite étoit de donner lieu à de nouvelles expériences, auxquelles il invitoit les Physiciens, désirant beaucoup qu'on pût parvenir à perfectionner cette partie de la Physique générale.

Je fus véritablement satisfait, lorsque je vis pour la première fois cet ouvrage, d'avoir concouru aux vues de son Auteur. Je me félicitois de pouvoir lui apprendre que le haut de la *Cordilière* n'est pas la seule région où les condensations de l'air suivent des loix régulières : sa mort m'a privé de cette satisfaction. Cependant il m'est resté celle de communiquer le succès de mon travail à l'un de ceux qui avoient le plus secondé M. *Bouguer* dans ses expériences, & qui en avoit fait lui-même un grand nombre dans le même climat. C'est de M. *de la Condamine* que je parle : on sait combien il avoit à cœur cette partie de la Physique ; & je dois beaucoup au courage qu'il m'a inspiré par l'intérêt qu'il a pris à mon travail. Quoique je n'aie point fait d'observations suivies dans des lieux élevés de plus de 700 *toises* au-dessus du niveau de la Mer, & que ce soit dans la partie inférieure de l'Atmosphère que j'ai trouvé ma règle, j'ai lieu de croire qu'elle est applicable avec autant & même plus d'exactitude à de plus grandes hauteurs. Car indépendemment de toutes les corrections que j'ai faites au Baromètre, qui le rendent d'une utilité générale, je n'ai rien introduit dans ma méthode qui ne s'accorde avec des principes généraux, que la différence des hauteurs terrestres ne peut changer. On voit même par le détail de mes observations que plus les lieux où elles ont été faites sont élevés, plus les hauteurs données par ma règle approchent de l'exactitude.

Cependant cette règle est différente de celle de M. *Bouguer*, qui parle aussi d'après l'expérience. On pourroit dire que ses observations ont été faites en Amérique, & les miennes en Europe, & que la différence des climats influe sans doute sur la nature de l'*air*. Mais cette solution de la difficulté particulière ne feroit qu'augmenter la difficulté générale. Heureusement je puis démontrer assez bien que les expériences mêmes de de M. *Bouguer* servent de preuve à ma règle; & j'avoue que ma satisfaction à cet égard augmente, par l'idée de rendre utiles des expériences qui ont coûté beaucoup de peine à des hommes rares, & qui peut-être ne feront jamais répétées.

766. Pour établir les différences qui se

trouvent entre la règle de M. *Bouguer* & la mienne , & la conformité qu'il y a cependant entre les résultats de nos expériences , je vais rappeler ici les principaux passages de son Mémoire, qui donnent une idée de cette règle , & des expériences qui lui ont servi de fondement.

Exposition de la règle de M. *Bouguer*.

« (*a*) Si on prend la différence des logarithmes des hauteurs du mercure exprimées en lignes , & qu'on ne se serve que des quatre premières figures après la caractéristique , il suffira d'en retrancher une trentième partie , pour avoir la hauteur de la montagne exprimée en *toises.*

» (*b*) On s'étoit proposé jusqu'à présent de trouver immédiatement les hauteurs absolues des montagnes , en considérant le niveau de la mer comme premier terme; les raisons que nous venons d'exposer , prouvent qu'il faut nécessairement prendre les choses dans le sens contraire , & partir toujours de points très-élevés, qui soient situés dans cette région supérieure , où l'intensité du ressort de l'air est exactement la même , & où la hauteur du mercure est en même temps moins variable. Il faut remarquer aussi que les circonstances dans lesquelles nous nous sommes trouvés, nous ont obligés de charger toujours nos Baromètres sans faire chauffer le mercure. Lors-

---

(*a*) Mémoires de l'Académie des Sciences, année 1753. *in-*12 *pag.* 776. 4°. *pag.* 619.

) *Ibid. in-*12. 791. 4°. *pag.* 529.

» qu'on a donc des expériences faites de la
» même manière fur les plus hautes mon-
» tagnes d'Europe, on pourra trouver, par
» la différence des logarithmes, combien
» elles font moins élevées que celles de la
» *Cordilière* du Pérou, & on en inférera en-
» fuite la hauteur abfolue. Le P. Sébaftien
» Truchet obferva, par exemple, fur le Mont-
» d'or, que le mercure s'y foutenoit à 22
» *pouces* 2 *lignes;* cette hauteur, comparée
» à 15 *pouces* 11 *lignes*, qui eft la hauteur
» du mercure fur Pitchincha, fera trouver
» que le Mont-d'or eft moins haut que l'autre
» montagne, de 1391 *toifes*, & qu'il a par
» conféquent 1043 *toifes* de hauteur; ce qui
» ne diffère que de 5 *toifes* de la hauteur
» (1068 *toifes*) déterminée géométriquement
» par M. Caffini.

767. Pour ne pas entrer dans de trop grands détails dans la comparaifon de mes expériences & de ma méthode avec celle de M. *Bouguer*, je réduirai aux quatre chefs fuivans les différences qui fe trouvent entr'elles, ou ce que je regarde comme des défauts dans celle de M. *Bouguer*. *Défaut de fa méthode.*

1º. Son Baromètre n'avoit pas été purgé d'air par le feu, & il étoit fait d'un tube droit, plongé dans un vâfe de mercure. Par ces deux raifons, ce Baromètre devoit fe tenir plus bas que le mien qui eft exactement purgé d'air, & dont le tube eft un fimple fiphon (346 & 384). De cette première difparité entre la méthode de M. *Bouguer* & la mienne, c'eft-à-dire, de ce que fon Ba- *Son Baromètre devoit fe tenir trop bas.*

Il trouvoit donc les hauteurs trop grandes par les logarithmes.

romètre devoit constamment se tenir plus bas que le mien, il en résulte, qu'à égale différence de hauteur du mercure, celle des *logarithmes* devoit être plus grande pour les observations de M. *Bouguer* que pour les miennes, parce que les différences des *logarithmes* des nombres également éloignés l'un de l'autre dans l'échelle numérique, deviennent d'autant plus grandes que les nombres sont plus plus petits (556).

Il n'exige point qu'on ait égard à la différence de chaleur du mercure.

2°. Les corrections que je fais sur la hauteur du mercure dans le Baromètre, quand la température est différente d'un certain point fixe, réduisent cette hauteur à ce qu'elle seroit, si le Baromètre étoit toujours affecté du même dégré de chaleur. M. *Bouguer* n'a point fait cette correction, & cependant l'augmentation de la chaleur devoit faire baisser son Baromètre, parce qu'il n'étoit pas purgé d'air au feu (353); desorte qu'indépendamment des variations produites par la différence d'élévation des lieux, il se faisoit d'autres variations dans ce Baromètre, produites par les différences de la chaleur, dont M. *Bouguer* ne tenoit pas compte.

Ni à celle de l'air.

3°. Dans les observations du Baromètre, relatives à la mesure des hauteurs, j'ai égard au dégré de chaleur de l'air, & je réduis toutes les observations à une température fixe (372). M. *Bouguer* ne fait pas cette correction.

Il fait une déduction constante sur la différence

4°. Enfin, il soustrait toujours une trentième partie de la hauteur donnée par les logarithmes, au-lieu que je n'y fais point de

changement fixe ; il eſt même une température de l'air pour laquelle je n'en fais point,
la hauteur étant donnée immédiatement par
les logarithmes dans cette température (587).

Je ne regarde pas comme une différence
eſſentielle , d'abandonner la *caractériſtique* des
logarithmes , comme le fait M. *Bouguer* ,
parce qu'elle eſt la même pour tous les logarithmes des hauteurs du mercure qu'on
peut obſerver ; cependant elle eſt néceſſaire
quelquefois , comme on le verra dans la ſuite.

768. Les différences que je viens d'indiquer , ſont certainement eſſentielles. Cependant la nature des circonſtances qui accom-
pagnèrent les expériences de M. *Bouguer* , ſa
méthode & la mienne peuvent donner les
mêmes réſultats dans ces cas particuliers. Je
vais indiquer ces circonſtances & leurs effets.

769. Je remarque d'abord que les deux
premiers défauts de la méthode de M. *Bouguer*
peuvent s'être compenſée dans ſes expériences.

On ſait que la chaleur diminue à meſure
qu'on monte ſur les montagnes ; celles du
Pérou ne s'écartent pas de la règle générale ,
puiſque la neige couvre leurs ſommets. Ainſi ,
puiſque le Baromètre de M. *Bouguer* étoit
conſtruit de manière qu'il devoit ſe tenir
d'autant plus haut que la chaleur étoit moindre , il devoit ſe tenir trop haut dans la ſtation ſupérieure , relativement à l'inférieure ;
ou , ce qui revient au même , il ne devoit
pas autant baiſſer lorſqu'on montoit , qu'il
auroit baiſſé ſans ce défaut. La différence des
hauteurs du mercure dans les deux poſtes

étoit donc moindre qu'elle ne devoit être naturellement, & par conséquent la différence des *logarithmes* de ces hauteurs devoit être trop petite pour donner la *hauteur* des lieux. Mais par le premier défaut de la méthode de M. *Bouguer*, cette différence des *logarithmes* devoit être trop grande (767 1°.). Donc les effets de ces deux premières différences de la méthode de M. *Bouguer* comparée à la mienne, ont pu se compenser, & le résultat des deux méthodes, à ne considérer que ces différences, a pu se trouver le même.

770. Je vois une compensation plus probable encore, dans les deux dernières différences de nos méthodes. M. *Bouguer* n'avoit pas égard à la température de l'air, pendant ses observations; mais conduit par ses expériences, il déduisoit toujours une trentième partie de la différence des *logarithmes* des deux hauteurs du mercure. Or, je fais une déduction égale à celle-là, quand la chaleur de l'air est — 16 ⅞ de mon Thermomètre (611), qui correspondent à-peu-près au *tempéré*; & je crois pouvoir supposer très-probablement que c'étoit-là le dégré moyen de chaleur de l'Atmosphère dans les lieux où M. *Bouguer* fit ses observations; puisque toutes les relations des voyageurs s'accordent avec la sienne pour nous apprendre que, vers la hauteur moyenne de la *Cordilière*, on éprouve un printems perpétuel (*a*).

Le premier tend à l'augmenter.

Les deux autres se compensent plus sûrement encore. La Température constante dans les Cordilières exige la déduction constante faite par M. Bouguer sur la différence des logarithmes.

(*a*) Voici comme s'exprime M. *Bouguer* dans un Mémoire sur la dilatation des métaux. (Mémoire de

771. Il reste un point à expliquer dans les expériences de M. *Bouguer*, c'est leur uniformité entr'elles & avec celles de MM. *de la Condamine & Godin*, quoiqu'ils n'aient pas employé des précautions que j'ai indiquées comme indispensables. Je crois pouvoir attribuer cet accord à un heureux coucours de circonstances qu'il n'est pas difficile de concevoir. Ce que je viens de dire sur l'égalité de température de l'air dans la moyenne région des *Cordilières*, qui est un fait, lève déjà la plus grande partie de la difficulté. Car cette circonstance contribue non-seulement à l'uniformité de poids de l'Atmosphère ; mais encore à celle du rapport des hauteurs du mercure dans les Baromètres placés à différentes élévations, quoiqu'on ne fasse point de correction pour la différence de chaleur dont le mercute est affecté. J'ajouterai que, suivant les observations de MM. *de la*

Raisons de l'accord des expériences de M. Bouguer avec celles de MM. de la Condamine & Godin.

L'égalité de température.

Le peu de variation du Baromètre.

---

l'Académie des Sciences de Paris, année 1745). « Presque toutes les fois que j'ai parlé de *Quito*, j'ai eu occasion de dire que la température de cette Ville, pendant toute l'année, pouvoit se comparer à celle dont on jouït en France vers le milieu du printems ou le milieu de l'automne. Non-seulement l'air qu'on respire dans cette Capitale, de même qu'à la campagne, qui est toujours ornée de verdure, marque le climat *tempéré* ; mais le Thermomètre de M. *de Réaumur* y indique ordinairement 13 ou 14 dégrés ». Comme les observations du Baromètre rapportées par M. *Bouguer* ont été faites sur des montagnes plus élevées que *Quito*, on peut supposer sans erreur sensible, comme je l'ai fait dans le texte, que la température moyenne de la colonne d'air mesurée par le Baromètre étoit au *tempéré*, soit aux environs de 10 *dégrés* de M. de *Réaumur*.

Condamine & *Goain*, le Baromètre ne varie presque point dans ces climats.

Ce n'est donc pas à un concours de compensations dans des vicissitudes de l'Atmosphère, qu'il seroit difficile d'admettre ; mais à un singulier assemblage d'uniformités particulières au climat où ces MM. ont fait leurs observations, qu'on doit attribuer l'accord qu'elles ont entr'elles. Il faut remarquer aussi que les lieux auxquels ils rapportoient leurs observations, étoient élevés de plus de 1000 *toises* au dessus du niveau de la mer : ce qui augmente beaucoup la probabilité d'un état permanent de l'Atmosphère. Aussi a-t-on vu que M. *Bouguer* remarque lui-même que, lorsqu'il descendoit plus bas, il ne trouvoit plus la même Loi.

772. Tout ce que j'ai dit ci-devant des vicissitudes auxquelles la partie inférieure de l'Atmosphère est exposée, & ce que l'on connoît des variations du Baromètre sur les montagnes de l'Europe, s'oppose à l'idée qu'avoit M. *Bouguer*, que, pour mesurer les montagnes par le Baromètre, il falloit comparer les nouvelles observations avec celles qu'il avoit faites sur quelque Pic des *Cordilières*, dont la hauteur étoit connue.

Il est vrai que cette méthode lui a réussi pour estimer la hauteur du *Mont-d'or* en Auvergne, comparativement à celle de *Pitchincha* qui est une sommité de la *Cordilière*. Il se sert pour cela d'une observation faite en 1705 par le Père *Sebastien Truchet* sur le *Mont-d'or*, où il trouva la hauteur du mercure à 22 *pouc.* 2 *lig.* Mais cette hauteur n'est pas invariable, puisqu'on voit dans les Mémoires de 1740 que M. *Caffini de Thury* ayant obfervé le Baromètre au même endroit, le trouva à 22 *pouc.* 5 *lig.*, ce qui diminue de 47 *toifes* le réfultat du calcul. Je fuis perfuadé même que cette différence peut être plus grande encore, car il pleuvoit lorfque M. *Caffini* fit fon obfervation; & il eft poffible que, s'il eût fait beau tems, le mercure fe feroit tenu plus élevé; & qu'ainfi, la différence de la hauteur obfervée au *Mont-d'or*, comparée à celle que M. *Bouguer* obferva fur *Pitchincha*, étant plus grande, elle auroit affigné encore moins de hauteur à la première de ces montagnes : car plus la hauteur du mercure fur le *Mont-d'or* fera grande, plus elle s'éloignera de la hauteur obfervée fur *Pitchincha* qui eft moindre, & par conféquent plus le fommet du *Mont-d'or* paroîtra abbaiffé au-deffous de celui de *Pitchincha*.

773. Je penfe avec M. *Bouguer* qu'il ne faut point chercher la hauteur abfolue des lieux, en confidérant le niveau de la Mer comme le premier terme (550). Mais on peut connoître la hauteur d'une montagne fur un lieu donné, par l'obfervation du Baromètre dans ce lieu & fur la montagne. C'eft ce que j'ai prouvé par le détail de mes expériences.

On peut trouver la hauteur d'une montagne fur un lieu donné, par des obfervations fimultanées.

774. Si M. *Bouguer* n'eût pas trouvé tant d'uniformité dans les réfultats de fes obfervations & de celles de MM. *de la Condamine* & *Godin*, faites vers le haut de la *Cordilière*; & qu'au contraire il y eût éprouvé les mêmes variations qu'il remarqua, lorfqu'il defcendit au-deffous de *Quito*, la fertilité de fon génie lui en

Les condenfations de l'air font foumifes aux mêmes loix dans les montagnes d'*Europe* & dans celles d'*Amérique*.

auroit fait sûrement soupçonner les raisons. Mais le manque de loisir & de bons instrumens ne lui auroit peut-être pas permis de pousser bien-loin ses recherches. On peut donc regarder comme une circonstance très-favorable l'uniformité d'état de l'air dans les principales de ces observations. En mon particulier je dois à cette circonstance & au travail de ces Messieurs, une preuve très-forte que ma règle peut être employée avec succès à la mesure des plus grandes hauteurs, & dans des pays fort éloignés de ceux où j'ai fait mes expériences : puisque je viens de montrer qu'elle s'accorde très-naturellement avec leurs observations faites sur les plus hautes montagnes de la terre, & dans un climat bien différent de celui que nous habitons.

*Application des mêmes règles à des observations du Baromètre , faites par M. l'*Abbé de la Caille *au* Cap de Bonne-Espérance.

Observations du Baromètre faites au *Cap de Bonne-Espérance* par M. *l'Abbé de la Caille.*

775. Aux preuves tirées des observations faites au *Pérou* , qui établissent la généralité de ma règle , je puis en ajouter une autre qui fortifiera ces premières. Je la tire d'un Mémoire de M. *l'Abbé de la Caille* , qui a pour titre , *diverses observations Astronomiques & Physiques faites au Cap de bonne-Espérance* (Mémoire de l'Académie , année 1751). Parmi les choses intéressantes que ce Mémoire renferme , on y voit des observations du Baromètre faites sur la montagne *de la Table* , voisine de la Ville du *Cap.* Le soin qu'a pris M. *de la Caille* d'indiquer

diquer la plupart des circonstances qui ont accompagné ces observations, me met en état de les comparer aux miennes. J'entreprends cet examen d'autant plus volontiers, qu'en montrant par-là quel parti on peut tirer d'expériences bien décrites, je justifierai les détails dans lesquels on m'a vu entrer, & qui auront pu paroître des longueurs.

776. M. *l'Abbé de la Caille*, ayant mesuré géométriquement l'élévation de deux signaux qu'il avoit établis sur la montagne *de la Table*, trouva le *signal Oriental* élevé de 534 *toises* ½, & le *signal Occidental* de 542 ½ ; l'une & l'autre de ces hauteurs étant comptées depuis le niveau de la mer.

Mesure géométrique de la hauteur de 2 signaux sur la montagne de *la Table*.

777. Le 22me. Septembre 1751, après avoir fait bouillir le mercure dans son Baromètre, il observa sa hauteur auprès des deux signaux, & il la trouva à 11 heures ½ du matin de 24 *pouc.* 10. *lig.* ¾ à la partie Orientale ; & à midi ½ de 24 *pouc.* 9 *lig.* à la partie Occidentale.

Observation du Baromètre aux 2 signaux.

778. Le Baromètre auquel les observations faites à la montagne devoient être rapportées, étoit placé dans l'observatoire de M. *de la Caille*, élevé de 12 à 15 *pieds* au-dessus du niveau de la mer. Le mercure avoit aussi bouilli dans son tuyau, & par conséquent il devoit être a-peu-près d'accord avec celui de la montagne. La hauteur du premier étoit à quatre heures du matin, 28 *pouc.* 3 *lig.* ¾ ; & à midi, 28 *pouc.* 1 *lig.* ¾ : il continua à baisser jusqu'au soir. Il s'étoit donc fait une

Observations correspondantes au bord de la mer.

Tome III.   Z

variation de plus de 2 *lignes* dans 8 heures ; ce qui fait environ $\frac{1}{4}$ de *ligne* par heure : de forte qu'à 11 heures $\frac{1}{2}$ le mercure devoit être dans le Baromètre du *Cap* , à 28 *pouc.* 1 *lig.* $\frac{19}{24}$; & à midi $\frac{1}{2}$ à 28 *pouc.* 1 *lig.* $\frac{11}{24}$.

Remarque fur les Baromètres employés par M. *l'Abbé de la Caille.*

779. Les Baromètres de M. *de la Caille* avoient un *réfervoir* ; & par conféquent , ils devoient fe tenir un peu plus bas que celui dont je me fuis fervi pour mes expériences (384). Je fuppofe que cette différence eft d'1 *ligne* que j'ajoûte uniformément à toutes les obfervations ci-deffus , tant du *Cap* que de la *Montagne* , pour les calculer par les *logarithmes* fuivant ma règle (551). Ainfi les hauteurs du mercure feront :

Pour la partie Orientale.

à 11 heures $\frac{1}{2}$ $\begin{cases} \text{Au } Cap\ldots 28\,p.\ 2\,l.\ \frac{19}{24}.\ \text{foit}\ldots 338\,l.\ \frac{11}{24} \\[2mm] \text{à la } Montag.\ 24\ldots 11\,\frac{2}{7}\ldots\ldots 298\,.\frac{2}{7} \end{cases}$

Pour la partie Occidentale.

à midi $\frac{1}{2}$ $\begin{cases} \text{Au } Cap\ldots 28\ pou.\ 2\,li.\ \frac{11}{24},\ \text{foit}\ 338\ lig.\ \frac{11}{24} \\[2mm] \text{à la } Montag.\ 24\ldots 10\ \ldots\ldots 298 \end{cases}$

780. En prenant la différence du *loga-*

rithme de ces hauteurs du mercure, & divisant par 1000, on trouvera 537 *toises*,
pour la *partie Orientale* ; & 554, pour la
partie Occidentale : & comme le Baromètre
du *Cap* étoit élevé d'environ deux *toises* au-
dessus du niveau de la Mer, il faut les
ajouter à ces deux hauteurs qui seront alors
559 & 556 *toises*. La différence du premier
résultat avec la hauteur réelle, est donc
quatre *toises* $\frac{1}{2}$; & celle du second treize
toises $\frac{1}{2}$.

Calcul des observations.

781. Il s'agit à présent de chercher quelle
peut être la raison de ce que la dernière de
ces différences est plus grande que la première. On a pu voir dans la description
que j'ai donnée de mon Baromètre & de toutes les pièces dont il est accompagné, combien de précautions il faut prendre, pour
observer uniformément ; une *demi-ligne* de
différence dans la hauteur du mercure à l'une
des stations de M. l'Abbé *de la Caille*, suffi-
roit pour rendre égales les différences des
résultats de ses observations. Or une erreur
de *demi-ligne* peut se faire très-aisément,
soit par la mesure des colonnes dans un tube
isolé comme étoit celui de M. *de la Caille*,
soit par la situation de ce tube, mais sur-tout
par une différence dans le dégré de chaleur
dont le mercure est affecté. Je remarquerai
sur ce dernier objet, que M. l'Abbé *de la
Caille* partit du *Cap* le matin même du jour
où il fit les observations dont je parle ; il

Remarques sur les *diffé-
rences*.

La diffé-
rence de cha-
leur du mer-
cure peut
avoir produit
le petit excès
de l'une sur
l'autre.

Z ij

avoit à monter 534 *toifes* en hauteur verticale, fur une montagne qui eft à quelque
diftance de la Ville ; lorfqu'il fut au fommet,
il chargea fon tube, & il fit bouillir le mercure fur un feu qu'il fallut préparer. Cependant à 11 heures ½ du matin, il fit fa première expérience. Ce court efpace de tems
me fait préfumer que le mercure de fon Baromètre étoit plus chaud dans ce moment-là
qu'il ne le fut une heure après, lorfqu'il fit
fa feconde obfervation, & que par conféquent
il devoit fe tenir trop haut dans la première.
Cela feul peut avoir occafionné la différence
dont il s'agit.

782. De la comparaifon des réfultats entr'eux, fi l'on paffe à leur différence moyenne
d'avec les hauteurs mefurées géométriquement, on trouvera que les *hauteurs* fournies
par ma règle excèdent de 9 *toifes* ces hauteurs mefurées. Si le Thermomètre eût été
obfervé auprès du Baromètre, à la *montagne*
& au *Cap*, pour corriger les hauteurs obfervées du mercure, cette différence feroit
probablement moins grande. Car il devoit
faire plus chaud dans la plaine qu'au fommet
de la montagne ; &, par conféquent, le Baromètre du *Cap* devoit être plus échauffé que
celui dont M. *de la Caille* fe fervoit, fur-
tout dans la dernière obfervation. Si cela eft,
le Baromètre de la montagne étoit trop bas
relativement à celui de la plaine, & par cela
même il indiquoit trop de hauteur.

783. Je n'ai confidéré encore que le calcul immédiat des abbaiffemens du mercure fur la montagne de *la Table* ; il s'agit à préfent d'examiner quelle eft la température de l'air qu'indiquent les réfultats. Lorfque le calcul des abbaiffemens du mercure donne immédiatement la hauteur des lieux, cela fuppofe que la température eft à + 16 ¾ du Thermomètre de mercure divifé en 80 parties (588) ; mais dans le cas préfent, il donne 9 *toifes* de trop, en ne faifant aucune correction pour la différence de chaleur dont le mercure étoit affecté au *Cap* & fur la *montagne* ; ce qui fuppofe que la température de l'air étoit à + 14, ou un peu plus haut, fi l'on fait quelque correction pour cette différence. Or, ces obfervations ont été faites le 22 Septembre, c'eft-à-dire, à l'entrée du Printems, par un fort beau jour, dans un climat où le terme moyen entre la chaleur de l'Été & celle de l'Hyver eft + 16. Il eft donc trèsprobable que l'air étoit alors au *Cap* à-peu-près à cette température.

784. Les limites étroites dans lefquelles fe trouve renfermé ce qu'il y a d'arbitraire dans mes conjectures, me permettent donc de penfer, qu'en faifant au *Cap de Bonne-Efpérance* les mêmes obfervations que j'ai faites à *Genève*, on trouveroit les mêmes réfultats. Et joignant à cette conféquence celles que j'ai tirées ci-devant des expériences faites dans les *Cordilieres*, il me paroît affez évident que l'air

Remarques fur la température de l'air indiquée par ces *différences* ;

Et fur la température probable.

L'air eft donc foumis aux mêmes loix en *Europe*, en *Afrique*, en *Amérique*, & probablement par-tout.

suit par-tout les mêmes loix dans ses modifications , & que ma règle , pour mesurer les
hauteurs par le Baromètre, peut être regardée
comme générale.

Fin du troisième Volume.